INTERNET POUR LES NULS

dans le monde entier

FRANCE
10-12, villa cœur-de-vey
75685 PARIS Cedex 14
Tél. : (1) 40 52 03 00
Télécopie : (1) 45 45 09 90
MINITEL 3615 SYBEX

U.S.A.
2021 Challenger Drive
Alameda - California 94501
Tél. : (510) 523 82 33
Télécopie : (510) 523 23 73
Telex : 336311

R.F.A.
Sybex Verlag GmbH
Postfach 150361
Erkrather Straße 345-349
40080 Düsseldorf
Tél. : (211) 9739-0
Télécopie : (211) 9739-199

PAYS-BAS
Birkstraat 95
3760 DD Soest
Tél. : (2155) 276 25
Télécopie : (2155) 265 56

distributeurs étrangers

BELGIQUE FRANCOPHONE
Presses de Belgique
117, boulevard de l'Europe
1301 Wawre
Tél. : (010) 41 59 66

SUISSE *(Librairies)*
Office du Livre
Case Postale 1061
CH-1701 Fribourg
Tél. : (37) 835 111

ESPAGNE
Diaz de Santos
Lagasca, 95
28008 Madrid

MAROC
SMER Diffusion
3, rue Ghazza
Rabat

TUNISIE & LYBIE
Librairie de l'Unité Africaine
14, rue Zarkoun
Tunis

BELGIQUE NEERLANDAISE
Wouters
Groenstraat, 178
B-3001 Heverlee
Tél. : (016) 40 39 00

SUISSE *(Grands magasins et computer shops)*
Micro Distribution SA
2, route du Pas de l'Echelle
CH-1255 Genève Veyrier
Tél. : (022) 784 34 82

CANADA
Diffulivre
817, rue Mac Caffrey
Saint-Laurent - Québec H4T 1N3
Tél. : (514) 738 29 11

PORTUGAL
Lidel
Rua D. Estefânia, 183, r/c.-Dto.
1096 Lisboa Codex

ALGERIE
E.N.A.L.
3, boulevard Zirout Youcef
Alger

SYBEX SARL au capital de 2 886 700 F - RC Paris B 305 418 436 000 47

John R. Levine - Carol Baroudi

SYBEX

Paris • San Francisco • Düsseldorf • Londres • Amsterdam

SYBEX ne pourra en aucun cas être tenu pour responsable des préjudices de quelque nature que ce soit pouvant résulter de l'utilisation de ces programmes.

Traduction : Véronique Lévy

Sybex n'est lié à aucun constructeur.

Tous les efforts ont été faits pour fournir dans ce livre une information complète et exacte. Néanmoins, Sybex n'assume de responsabilités, ni pour son utilisation ni pour les contrefaçons de brevets ou atteintes aux droits de tierces personnes qui pourraient résulter de cette utilisation.

Copyright (c) 1993 IDG Books Worldwide, Inc.
All rights reserved including the right of reproduction in whole or in part in any form.
This edition published by arrangement with the original publisher, IDG Books Worldwide, Inc., San Mateo, California, USA.

Copyright (c) 1994 Sybex

Tous droits réservés. Toute reproduction, même partielle, par quelque procédé que ce soit, est interdite sans autorisation préalable. Une copie par xérographie, photographie, film, bande magnétique ou autre, constitue une contrefaçon passible des peines prévues par la loi sur la protection des droits d'auteur.

ISBN 2-7361-1298-9   (Version originale 1-56884-024-1)

ISSN 1248-4601

Sommaire

Introduction .... **XV**

Première partie : Les premiers pas dans le monde d'Internet ... **1**

Chapitre 1 : Présentation d'Internet **3**
   Que désigne Internet ? 3
      Quelques exemples d'utilisation 3
      Quelques caractéristiques importantes 5
   Suis-je branché sans le savoir ? 6
   Les services proposés 7
   Un peu d'histoire 8
      Pendant ce temps à la fac... 9
      ... Et à la National Science Foundation 10

Chapitre 2 : Numéros, noms et règles **13**
   Résumé 13
   Les numéros 14
      Les numéros de réseau 15
      Les numéros multiples 17
   Les noms 17
      Les zones 18
      Les zones à trois lettres 19
      Les zones à deux lettres 19
      Les autres zones 21
   Les règles 21

Chapitre 3 : Les utilisateurs de PC sous DOS **23**
   Votre PC est-il branché ? 23
   TCP/IP ou passerelle ? 24
   Les types de connexion 25
      Ethernet 25
      Token Ring 27
      Les interfaces série 27
   DOS c'est bien, Windows c'est mieux 29
   Les PC et la notion de client/serveur 29

Chapitre 4 : Les utilisateurs d'UNIX **33**
   Votre système UNIX est-il branché ? 33
   Etes-vous prisonnier d'un réseau local ? 35

UNIX est doublement à votre service 35
Mais où sont passés mes fichiers ? 36
Quelques caractéristiques NFS 36
UNIX et les boîtes aux lettres 37
Le système d'information NIS 37
    NIS et le courrier électronique 38

Chapitre 5 : Les autres utilisateurs **41**
Les mac 41
    Le câblage Mac 42
    Les protocoles de communication 43
    Maintenant, qu'est-ce que j'en fais ? 44
Les systèmes VMS 46
    La messagerie électronique sous VMS 48
    Le transfert de fichiers sous VMS 48
Les terminaux X 49
Et puis quoi encore ? 50

Chapitre 6 : Internet : Comment ça marche ? **53**
La poste et les télécommunications 53
Commutation de paquets ou de circuits 54
Comment définir Internet ? 55
Les voies du paradis 56
    Les ponts 56
    Les routeurs 56
    Les passerelles 57
    Les B-Routeurs 58
TCP : le facteur le plus rapide du monde 58
Mais où sont passés mes paquets ? 58
Les ports : dernier arrêt 59

Deuxième partie : Courrier et petits potins *63*

Chapitre 7 : La messagerie électronique : les bases **65**
Le b a ba de la messagerie 65
Adresses et boîtes aux lettres 66
Les programmes de messagerie électronique 69
    Envoyer un message 69
    Qu'en est-il des autres types d'ordinateurs ? 72
    Recevoir un message 73
Le savoir-vivre des utilisateurs de messagerie 75
    Les messages mal interprétés 75
    La messagerie est-elle confidentielle ? 75

Chapitre 8 : La messagerie électronique : les astuces **77**
Maintenant que j'en ai, qu'est-ce que j'en fais ? 77

Faire suivre un message	78
Sauvegarder un message	79
Archiver un fichier de messages	81
Imprimer un message	81
Hep ! M. le robot	82
Son, image et vidéo	82
Bien gérer son courrier électronique	83

Chapitre 9 : Où et comment trouver des adresses électroniques 87

Mais où sont-ils tous passés ?	87
Une commande au doigt et à l'oeil !	88
Retrouver des amis éloignés	91
La commande whois	91
La messagerie : norme et diversité	93
X.400 : la messagerie normalisée	93
X.500 : la messagerie normalisée, le retour	95
Quelques systèmes de messagerie	96
America Online	96
AT&T Mail	96
BITNET	96
BIX	97
CompuServe	97
Easylink	97
FIDONET	98
MCI Mail	98
Prodigy	98
Sprintmail (Telemail)	99
UUCP	99

Chapitre 10 : Les listes de messagerie 101

Généralités	101
Comment s'abonner à une liste ou résilier son abonnement	102
LISTSERV, le gestionnaire de messagerie	103
Quelques commandes LISTSERV	105
Envoyer un message à une liste	107
Répondre à un message d'une liste	109
Quelques listes intéressantes	110
Où et comment trouver d'autres listes	112

Chapitre 11 : Les news de USENET 115

Tout ce que vous avez toujours voulu savoir sur USENET...	115
Groupes et groupies	117
Les noms de groupe	117
Les groupes régionaux	118
Au corps à corps avec USENET	118
Des groupes de news à foison	121
Ignorer des articles plus rapidement avec trn	122

  Une oeuvre d'art à n'en point douter 122
    Les fichiers binaires 123
    Les groupes de fichiers 123
    Thésauriser les oeuvres 124
  Mémento trn et rn 125
  Numéros et identifications 126
  Comment devenir célèbre 127
    Adresser une réponse à l'auteur d'un message 128
    Adresser une réponse à tous les lecteurs 128
    Envoyer votre premier message 129
  Petite ou grande distribution 129

Chapitre 12 : Un échantillon des ressources USENET 133
  Quelques groupes courants 133
  Informatique encore et toujours... 134
  Divers 138
  Jeux et amusements 139
  Dr. Science 142
  Sociétés et phénomènes sociaux 142
  Blablabla 143
  Catégories annexes 144

Chapitre 13 : Conversations interactives 149
  La commande talk 149
    Trouver sa victime 150
  Converser à plusieurs grâce à IRC 151

Troisième partie : Internet et le temps réel *153*

Chapitre 14 : La magie de la connexion à distance 155
  La magie de telnet 155
    Les types de terminaux 157
    Au secours, je n'arrive plus à sortir de ma connexion ! 159
    Les serveurs de terminaux 159
    Les systèmes multifenêtres 160
    Telnet au doigt et à l'oeil 161
    Les ports 162
    Nous venons d'IBM et nous savons ce qu'il vous faut 163
  La magie de rlogin 164
    Comment échapper à rlogin 165
    Soyez mon invité 165
    Soyez mon hôte 165
  La petite magie de rsh 167

Chapitre 15 : Quelques bonnes adresses pour vous servir 169
  Quelques grandes bibliothèques 169

Où trouver d'autres bibliothèques accessibles 172
　Bases de données diverses 173
　　　Géographie 173
　　　Histoire 174
　　　Espace (cosmique) 174
　　　Aviation 175
　　　Littérature 175
　Systèmes de passerelle 176
　Services commerciaux 176
　Loisirs et amusements 177

Chapitre 16 : Le transfert de fichiers 179
　FTP : Présentation 179
　　　Transférer des fichiers : Version simplifiée 179
　　　Les types de fichiers 181
　　　Les erreurs à ne pas commettre 182
　Les répertoires 183
　Transférer des fichiers vers votre système 185
　Transférer des fichiers depuis votre système 188
　Les numéros à trois chiffres 189
　Transférer des fichiers incognito 190
　　　Les petits trucs anonymes 190
　　　Les systèmes multifenêtres 191
　Mémento FTP 192
　Quelques mots de Berkeley 193

Chapitre 17 : Identifier et manipuler les différents types de fichiers 195
　Les catégories de fichiers 195
　　　Les fichiers texte 196
　　　Les fichiers exécutables 196
　　　Les fichiers d'archivage et les fichiers compactés 196
　　　Les fichiers de données 196
　Les fichiers texte 197
　Une dernière requête avant votre exécution ? 198
　Sachez décompacter 198
　　　Compactage classique 199
　　　Une histoire de brevet 199
　　　PKZIP : des fichiers à ZIPper 200
　　　Autres archiveurs 200
　Dans les archives 201
　　　Le programme tar 201
　　　Le programme cpio 201
　　　Le programme pax 202
　Pour les amateurs d'art 203
　　　Le format GIF 203
　　　Le format JPEG 203
　　　Le format MPEG 204

>   Et les autres... 204
>   Transférer des fichiers par courrier électronique 205
>   Comment savoir quels fichiers demander ? 207
>   Si vs pvz lr cc vs svz dcdr 207
>
> **Chapitre 18 : FTP : les meilleurs morceaux** 209
>   Des gigaoctets d'informations 209
>   Recommandations anonymes 209
>   Miroir, miroir... 210
>   Plan de route 210
>   Le hit-parade FTP 211
>   UUNET 211
>   SIMTEL20 212
>   WUARCHIVE 212
>   RTFM 212
>   INTERNIC 213
>   NSFNET 213
>   La liste des listes 213
>   Les systèmes universitaires 214
>   Sciences sociales 214
>   Culture virtuelle 214
>   Kermit 214
>   Logiciel numérique 214
>   Compilateurs 215

Quatrième partie : Les outils de navigation 217

> **Chapitre 19 : Archie** 219
>   J'ai lu quelque chose à ce sujet... 219
>   Archie via telnet 221
>   La commande show 221
>   La recherche : quel casse-tête ! 222
>   Combien de temps êtes-vous disposé à chercher ? 224
>   Cherchez ! 224
>   La commande whatis pour tout comprendre 227
>   Comment transférer les informations 228
>   Archie en direct 228
>   Xarchie 230
>   Archie via e-mail 230
>
> **Chapitre 20 : Gopher** 233
>   Bienvenue dans le monde de Gopher 233
>   Le bon, le mauvais et l'abominable 234
>   Mais où donc puis-je trouver Gopher ? 235
>   Faites un tour au pays de Gopher 235
>   Quand Gopher cherche, il trouve 239

    Enfin, voilà les fichiers 240
    Mémento Gopher du système UNIX 240
    Comment passer facilement d'un système à l'autre 241
    Veronica, à l'aide ! 243
    Les signets 244
    Le Gopher haut de gamme 244

Chapitre 21 : WAIS 249
    Présentation générale 249
    Un problème d'interface 250
    WAIS : version classique 251
        Par où commencer ? 251
        Sélectionner la source 252
        Les mots clés 253
        Paramètres strictement optionnels 254
    WAIS : le haut de gamme 255
        WinWais 255
        La recherche au doigt et à la souris 258
        La recherche pertinente 259
    Le logiciel de demain 259

Chapitre 22 : WWW (World Wide Web) 261
    Pour une recherche exhaustive 262
    Le monde de Web 264
    Enfin célèbre ! 268
    Web : une entité à multiples facettes 268

Cinquième partie : Les petits trucs d'Internet *271*

Chapitre 23 : Les problèmes courants et comment les éviter 273
    La panne de réseau 273
        Votre ordinateur fonctionne-t-il ? 274
        Votre ordinateur est-il relié au réseau local ? 274
        Y a-t-il quelqu'un au bout du fil ? 276
        Cela vient peut-être du réseau, après tout 277
    Quelle est mon adresse ? 277
    Les vrais problèmes de réseau 278
    Comment vous faire des ennemis grâce aux articles et messages électroniques 279
    Les listes de messagerie et les groupes d'utilisateurs USENET 279
    Soyez raisonnable 280
    A l'aide, je ne peux plus sortir de ma connexion ! 280
    Une idée capitale 281
    Pourquoi le protocole de transfert de fichiers FTP a-t-il mutilé votre fichier ? 282

Chapitre 24 : Comment résoudre les incidents indépendants de votre volonté 283
Le réseau est défectueux 283
La connexion est refusée 283
L'hôte est introuvable ou le réseau inaccessible 284
Le silence est total 285
Le protocole FTP serait-il défaillant ? 285
Les redoutables changements de version 286

Chapitre 25 : Les raccourcis sympas pour une meilleure utilisation d'Internet 289
Les commandes à distance 289
L'abréviation des noms d'hôte 291
Résumé des astuces FTP 291
Automatisez votre connexion 292
Comment puis-je conserver cette maudite liste des répertoires à l'écran ? 292
Le compactage n'a pas de secret pour vous 293
Voyage au pays FTP 294
Créer un répertoire d'un seul coup 294
Quelques astuces destinées aux adeptes des systèmes multifenêtres ... 296

Chapitre 26 : Les petits plus d'Internet 299
Partager une blague 299
Apprendre une (seconde) langue étrangère 300
Faites le tour du monde grâce à USENET 300
Une seconde langue internationale 300
Ecrire une lettre au Président des Etats-Unis 301
Parfaire ses connaissances juridiques 301
Etudier l'Histoire 301
Des montagnes de documents 302
Voyagez à travers le temps 302
Se faire de nouveaux amis 302
Se faire de nouveaux ennemis 302
Utiliser un supercalculateur 303
Lire un livre 303
Pour en savoir plus 304

Sixième partie : Le cercle des références 305

Chapitre 27 : Les fournisseurs de services Internet publics 307
Que contient cette liste ? 307
Deux sortes d'accès 308
Inscription 309
Où trouver son fournisseur 309
Petit décodeur de liste 310

Fournisseurs américains	310
Fournisseurs canadiens	313
Fournisseurs australiens	313
Fournisseurs anglais	313
C'est gratuit !	314

Chapitre 28 : Sources de logiciels Internet 319
    Généralités 319
    MS-DOS et logiciels TCP/IP Windows 320
    Applications de réseau Windows et DOS 327
        Applications WINSOCK 329
    Logiciel TCP/IP Macintosh 329
    Applications de réseau Macintosh 330

Chapitre 29 : Pour en savoir plus 333
    Publications 333
    Organismes 334

Annexe A : Les zones géographiques d'Internet 337

Annexe B : Les prestataires de services 347

Index 355

Introduction

Bienvenue à *Internet pour les Nuls* ! De nombreux livres ont été écrits sur les réseaux, mais la plupart d'entre eux s'adressent à des experts ou, tout au moins, à des utilisateurs ayant de bonnes connaissances en informatique. En outre, peu d'entre eux traitent d'Internet, l'*interréseau planétaire*, autrement dit, le plus grand réseau de réseaux au monde.

Ce livre est différent ; il n'a pas pour objet de vous transformer en fanatique des réseaux. Il vous explique, dans un français simple et clair, comment devenir un *Internaute* (personne naviguant sur Internet avec habileté), comment démarrer, quelles commandes utiliser dans quelles circonstances, et à quels moments vous devez vous résigner à demander de l'aide.

Quelques mots à propos du livre

Cet ouvrage a été conçu dans un esprit utilisateur. Consultez-le comme un outil de référence. Dès que vous rencontrez un problème sur Internet, du style "J'ai cru saisir une commande me permettant de me connecter à un ordinateur éloigné, mais celui-ci ne me répond pas...", plongez-vous quelques minutes dans ce livre, vous y découvrirez sans aucun doute la solution.

Voici une liste non exhaustive des différents thèmes traités :

- Que signifie *Internet* ?
- Communiquer au moyen du courrier électronique.
- Utiliser d'autres ordinateurs sur Internet.
- Transférer des fichiers et des données d'un ordinateur à l'autre.
- Où et comment trouver tout et n'importe quoi sur Internet.
- Comment résoudre ou éviter les problèmes courants.
- Où trouver les services et logiciels d'accès à Internet.

Comment l'utiliser ?

Utilisez ce livre comme un dictionnaire ou une encyclopédie. Recherchez le thème ou la commande qui vous intéresse dans la table des matières ou dans l'index. Vous serez alors rapidement orienté vers les sections présentant une description pratique de ce que vous devez faire et, éventuellement, une définition de quelques termes techniques (seulement si nécessaire, bien sûr).

Si vous devez saisir une commande, celle-ci apparaît sous la forme suivante :

```
Taper ces lettres
```

Saisissez-la exactement comme elle apparaît. Respectez les casses (minuscules ou majuscules) que nous utilisons ; certains systèmes sont très sensibles à la différence entre les lettres CAPITALES et les minuscules. Ensuite, après avoir saisi l'instruction, appuyez sur la touche Entrée.

Ce livre vous explique en détail les fonctions de chaque commande et vous guide dans vos choix éventuels.

Les Chapitres 23 et 24 dressent la liste des messages d'erreur que vous risquez de rencontrer et de quelques fautes d'utilisation courantes. Lisez-les attentivement pour éviter de commettre des erreurs, et ainsi ne pas perdre de temps à essayer de les corriger.

A qui s'adresse ce livre ?

Voici en quatre points votre portrait-robot :

- Vous avez ou aimeriez avoir accès à Internet.
- Vous souhaitez l'utiliser à des fins personnelles ou professionnelles.
- Un grand gourou des réseaux (un collègue de bureau ou un ami précieux) a tout installé pour vous de sorte que vous puissiez utiliser votre ordinateur pour accéder à Internet sans avoir à tirer quelques câbles, à installer des récepteurs satellites, voire à prononcer des formules magiques inintelligibles.
- Vous ne cherchez pas à détrôner le plus grand expert du monde dans le domaine des réseaux et de l'interconnexion de réseaux.

Organisation du livre

Ce livre contient six parties, toutes indépendantes les unes des autres, si bien que vous pouvez le lire dans l'ordre qui vous plaît. Sachez toutefois qu'il est préférable de commencer par la Première partie, car elle vous permettra de vous familiariser avec Internet et de prendre connaissance de quelques termes techniques incontournables.

Première partie : Les premiers pas dans le monde d'Internet

Cette partie explique ce qu'est Internet et propose un tour d'horizon de tous les trésors qu'il est possible d'y puiser. Vous y trouverez également une base terminologique et conceptuelle vitale qui vous aidera tout au long de votre lecture et de votre voyage dans l'espace Internet, ainsi que des explications vous permettant de bien démarrer quel que soit votre environnement initial.

Deuxième partie : Courrier et petits potins

Une fois les présentations effectuées, entrons dans le vif du sujet. Vous apprendrez ici à échanger du courrier électronique avec des personnes de l'autre côté du couloir ou de l'autre côté du continent, et à utiliser des listes de messagerie pour échanger toutes sortes d'informations avec d'autres utilisateurs aux intérêts communs. Vous découvrirez également comment faire partie d'un groupe *USENET*, et comment consulter les milliers de sujets adressés par USENET (dont certains sont listés en fin de partie).

Troisième partie : Internet et le temps réel

Dans un monde où vitesse et efficacité sont des maîtres mots, il est tout naturel d'attendre qu'Internet soit capable de proposer des services en temps réel. Et quels services ! Vous pouvez utiliser un ordinateur situé à l'autre bout de la planète comme si vous y étiez, et transférer des fichiers dans la direction qui vous plaît et où vous voulez. Evidemment, vous apprendrez également comment exploiter ces fichiers une fois récupérés.

Quatrième partie : Les outils de navigation

Cette partie présente quatre programmes magiques qui vous aideront à rechercher, trouver et récupérer absolument *tout* ce qui peut sembler utile sur les millions (si, si !) d'ordinateurs connectés à Internet.

Cinquième partie : Les petits trucs d'Internet

Comme son nom l'indique, cette partie vous propose tous les petits plus d'Internet : comment résoudre, voire éviter des problèmes courants, comment transmettre des instructions sans trop vous fatiguer, et enfin comment vous distraire et vous instruire grâce aux multiples trésors proposés par cette petite merveille de la technologie.

Sixième partie : Le cercle des références

Comme il est nécessaire de *se connecter* pour pouvoir bénéficier de tous ces avantages, cette dernière partie dresse la liste de quelques fournisseurs de connexions Internet, des logiciels Internet commercialisés, en shareware, ou gratuits, et de quelques points d'information (magazines et sociétés) pour en savoir plus.

Enfin, les deux annexes vous donnent quelques renseignements complémentaires sur les zones géographiques d'Internet, les principaux prestataires de services Internet France et une liste d'adresses en Belgique et en Suisse.

Suivez le guide !

Cette icône vous prévient qu'une information (bien évidemment) technique vous attend au tournant. Si vous n'êtes pas friand de jargon informatique, passez votre chemin. En revanche, si vous souhaitez en savoir un peu plus, ces petites rubriques sauront vous enrichir.

Cette icône annonce des raccourcis et astuces qui facilitent la vie des utilisateurs.

Attention danger : Points délicats à l'horizon ! Prenez-en bonne note si vous ne voulez pas provoquer de catastrophes (toutes proportions gardées évidemment).

Cette dernière icône présente des trésors d'informations relatives à la localisation de quelqu'un ou de quelque chose sur Internet.

A vous de jouer

Vous voilà maintenant prêt à entrer dans l'espace Internet. Dès que vous rencontrez un obstacle, consultez la table des matières ou l'index du livre, et dirigez-vous directement sur la page contenant la solution. Vous trouverez illico la réponse à votre problème, ou vous saurez qu'il est temps de faire appel à la sagesse d'un expert des réseaux.

Dans la mesure où Internet s'est développé principalement sous l'influence de techniciens extrêmement savants, il n'est pas toujours très simple pour une personne dite "normale" de l'utiliser. Aussi, ne vous inquiétez pas si vous devez vous y prendre à plusieurs reprises avant de vous sentir complètement à l'aise. Avec un peu de pratique et votre guide à portée de la main, vous deviendrez très vite un Internaute averti.

Première partie
Les premiers pas dans le monde d'Internet

COMMENT SAURAIS-JE POURQUOI ILS L'ONT ÔTÉ DE LA LISTE ?
PEUT-ÊTRE N'Y AVAIT-IL PAS ASSEZ DE FANS
POUR CONSTITUER UN NEWSGROUP «CABOTS POUR ELVIS».

Dans cette partie...

Internet offre une connectivité universelle. C'est un nouveau monde qui s'ouvre à vous. Dans les chapitres qui suivent, vous découvrirez quelques principes de base et comment commencer votre périple sur Internet à partir de différents systèmes.

Chapitre 1
Présentation d'Internet

Dans ce chapitre...

Que désigne *Internet* ?
Suis-je branché sans le savoir ?
Les services proposés
Un peu d'histoire

Que désigne Internet ?

Internet est le plus grand *réseau* informatique au monde, un réseau de réseaux (ou plus précisément une interconnexion de réseaux), tous pouvant échanger des informations en toute liberté, depuis les grands réseaux d'entreprises, tels Digital Equipment, AT&T et Hewlett-Packard, jusqu'aux petits plus informels, tel celui qui se trouve dans mon grenier (composé de deux vieux PC achetés par petites annonces). Entre ces deux catégories, se situent les réseaux d'universités et des grandes écoles, lesquels existent depuis longtemps, et ceux plus récents des écoles, collèges et lycées. En août 1993, Internet comprenait plus de 14 000 réseaux, sa croissance étant de 1 000 nouveaux réseaux par mois.

Quelques exemples d'utilisation

Comprenez le terme *Internet* comme une entité désignant à la fois les personnes qui l'utilisent, et les informations qui y résident.

- Les élèves de l'école de San Diego utilisent Internet pour échanger des lettres et des histoires avec d'autres élèves en Israël. Internet est essentiellement pour eux un moyen de s'amuser et de se faire des amis dans un pays étranger ; une étude y a même vu un moyen d'épanouir les enfants et d'extérioriser leurs talents, puisqu'il s'est avéré qu'ils écrivent beaucoup mieux lorsqu'ils bénéficient d'une véritable audience !

- Dans certains pays, Internet est le moyen le plus rapide et le plus sûr d'échanger des informations. En 1991, lors du coup d'état soviétique, RELCOM, un petit réseau, en liaison avec le reste du monde Internet par l'intermédiaire de la Finlande, s'est trouvé être la seule voie transitant des informations fiables vers l'extérieur et l'intérieur de Moscou. En effet, les journaux étaient interdits de publication, et les lignes téléphoniques coupées. Les membres de RELCOM se sont alors organisés pour envoyer depuis Moscou des informations qui auraient dû paraître dans les journaux, des déclarations de Boris Eltsin (délivrées en mains propres par des amis), ainsi que des commentaires personnels.

Mais au fait, qu'est-ce qu'un réseau informatique ?

Si vous savez déjà ce qu'est un réseau informatique (ou réseau d'ordinateurs), vous pouvez passer directement à la section suivante. Toutefois, il serait peut-être intéressant de vous assurer que nous parlons bien de la même chose.

Un réseau informatique désigne, à la base, un ensemble d'ordinateurs interconnectés d'une certaine façon. (Dans le monde de l'informatique, nous aimons bien ces définitions claires et précises.) On peut le comparer à un réseau de chaînes de télévision ou de stations de radio, reliées ensemble de sorte qu'elles puissent partager le tout dernier épisode des *Simpson*.

Toutefois, il ne faut pas pousser cette analogie trop loin. Les réseaux de télévision envoient les mêmes informations à toutes les chaînes en même temps (c'est ce que l'on appelle des *émissions* télévisées, pour d'évidentes raisons). Dans les réseaux informatiques, chaque message particulier est généralement acheminé vers un ordinateur particulier. Contrairement aux réseaux de télévision, ces réseaux permettent de véritables *échanges*, si bien que, lorsqu'un ordinateur A envoie un message à un ordinateur B, B peut aussitôt envoyer une réponse à A.

Certains réseaux informatiques sont constitués de stations éloignées, connectées à un ordinateur central (par exemple, un service informatique de réservations aériennes comprendra des milliers de terminaux situés dans des aéroports et agences de voyage, et un ordinateur central). D'autres, dont Internet, sont plus égalitaires, et permettent à tous les ordinateurs du réseau de communiquer entre eux.

On distingue généralement deux types de réseaux : les *réseaux locaux* (en anglais *LAN* pour *Local Area Network*), limités en taille (bâtiments ou site distants, de 1 à 20 km), et les *réseaux étendus* ou *à grande distance* (en anglais *WAN* pour *Wide Area Network*), couvrant des aires géographiques beaucoup plus larges que celles autorisées par les précédents.

Internet peut également être utilisé à des fins plus prosaïques :

- Vous pouvez y puiser toutes sortes d'informations directement ou indirectement en y glissant un message, les utilisateurs se feront un plaisir de vous venir en aide très rapidement.

- Internet constitue sa propre source de logiciels, et la meilleure qui soit. Chaque fois que j'entends parler d'un nouveau service (tels ceux traités dans les Chapitres 19 à 22), quelques minutes suffisent pour trouver le logiciel, le télécharger sur mon ordinateur (un 386 portable qui tourne sous Windows), et le lancer. Sans compter que la plupart des logiciels disponibles sur Internet sont gratuits !

- Internet comprend également des particularités régionales et locales. Le jour où je me suis enfin décidé à vendre mon fidèle mais vieux minivan, une note sous une rubrique "A vendre" a su trouver un acheteur en moins de deux jours.

Quelques caractéristiques importantes

Internet est donc un réseau de réseaux (ou interréseau), et il est gigantesque. Toutefois, dans la mesure où il est constitué d'un ensemble de petits réseaux différents reliés entre eux, et que la somme totale de ces connexions n'est répertoriée nulle part, personne ne connaît sa taille exacte.

Plus d'un million de machines sont connectées à Internet, avec plusieurs millions d'utilisateurs de tous les continents (voir la section "Tous les continents ?"). S'il est impossible de connaître sa taille exacte, nous savons en revanche que son évolution exponentielle est énorme - environ 10 % par mois, soit 100 000 nouveaux ordinateurs par mois !

Une autre caractéristique importante : Internet représente l'interréseau le plus *ouvert* au monde. Des milliers d'ordinateurs fournissent des services et utilitaires à toute personne ayant accès à Internet. Cette situation est peu commune ; en effet, la plupart des réseaux sont très restrictifs quant aux domaines accessibles par les utilisateurs, requérant des arrangements spécifiques et des mots de passe pour chaque service. Bien qu'il existe certains services payants (il y en aura probablement davantage à l'avenir), la grande majorité des services proposés sur Internet sont gratuits.

La dernière particularité d'Internet est qu'il ne présente aucune barrière sociale ; il est "socialement non stratifié". En d'autres termes, aucun ordinateur n'est mieux loti qu'un autre. Ce que vous êtes sur Internet dépend totalement de la manière dont vous vous présentez via votre clavier. Si ce que vous dites vous fait apparaître comme une personne intéressante et intelligente, vous *serez* cette personne. Peu importe votre âge ou votre apparence, que vous soyez étudiant, cadre ou ouvrier dans le bâtiment, ou même que vous ayez un handicap. Je corresponds avec des utilisateurs qui sont non voyants ou sourds et, s'ils ne m'avaient jamais informé de leur handicap, je ne m'en serais jamais aperçu. Certaines personnes sont plus connues que d'autres dans la communauté Internet, pas toujours pour leurs qualités d'ailleurs, mais leur réputation est toujours la conséquence de leurs propres efforts.

Tous les continents ?

Certains lecteurs sceptiques qui douteraient des propos ci-avant, dans lesquels j'affirme qu'Internet s'étend sur tous les continents, souhaiteraient peut-être préciser que l'Antarctique est un continent, bien qu'il soit peuplé principalement de pingouins, qui (aux dernières nouvelles) ne s'intéressent pas aux réseaux informatiques. Est-ce qu'Internet y est présent ? Eh bien oui. Quelques machines situées à la base Scott de l'Antarctique sont reliées par liaison radio à la Nouvelle-Zélande. Cette base est censée disposer d'une liaison avec les Etats-Unis, mais son adresse électronique n'est pas connue. (Sachez également que le Groenland est entré dans le monde Internet en 1992.)

Suis-je branché sans le savoir ?

Si vous avez accès à un ordinateur ou à un terminal, vous êtes peut-être sur Internet. Voici comment le vérifier :

- Si vous avez un compte sur un service interactif tel que CompuServe, GEnie ou MCI Mail, vous pouvez utiliser le *courrier électronique* (*e-mail* en anglais) pour échanger des messages avec toute personne connectée à Internet. Certains services du genre, notamment Delphi, procurent d'autres services Internet encore plus directs.

- Si vous utilisez un BBS (Bulletin Board System) qui échange des messages avec d'autres BBS, vous pourrez également échanger du courrier électronique à travers Internet.

- Si votre compagnie dispose d'un service de messagerie électronique interne, elle est peut-être connectée à Internet. Renseignez-vous auprès d'un autochtone expert en la matière.

- Si votre compagnie possède un réseau local, celui-ci peut être connecté directement ou indirectement à Internet pour ses services de messagerie ou pour une plus grande variété de services. Les réseaux de stations UNIX utilisent généralement les mêmes normes qu'Internet, si bien que leur connexion est relativement simple du point de vue technique. Les réseaux de PC ou Mac utilisant différentes normes nécessiteront, quant à eux, la présence de *passerelles* pour traduire les informations.

Les services proposés

Internet procure aux utilisateurs une très grande variété de services. Il est impossible d'en établir la liste complète ici (ce qui occuperait en fait plusieurs livres volumineux), mais les quelques exemples suivants vous encourageront à poursuivre votre lecture :

- **Courrier électronique** : Le service de messagerie électronique est sans aucun doute le plus employé. Il permet d'échanger des messages avec des millions de personnes à travers le monde. Les utilisateurs ont ici recours au courrier électronique de la même façon qu'ils utiliseraient les moyens de communication via le téléphone ou le courrier traditionnel pour échanger des potins, des recettes, des ragots, etc. Il paraît même que certaines personnes s'en servent pour des raisons professionnelles. Des *mailing lists* électroniques (que nous appellerons *listes de messagerie*) permettent de joindre des discussions de groupes et de rencontrer des gens à travers le réseau. Des *serveurs de messagerie* (systèmes répondant aux messages électroniques, tels que le Minitel en France) vous permettent de consulter toutes sortes d'informations. Reportez-vous aux Chapitres 7, 8 et 10 pour en savoir plus sur ces services.

- **Conversation interactive** : Vous pouvez converser en temps réel avec n'importe quel utilisateur Internet. Si ce type de conversation n'a rien de palpitant lorsque votre interlocuteur se situe au bout du couloir, il est très intéressant en revanche pour tout "bavardage" intercontinental, et plus particulièrement lorsque les deux partis n'ont pas la même langue maternelle (dans ce cas, il est souvent plus facile et plus compréhensible de passer par l'intermédiaire du clavier).

- **Recherche documentaire** : De nombreux ordinateurs disposent de fichiers d'informations libres d'accès. Ces fichiers peuvent comprendre des catalogues de cartes postales numérisées, mais également des arrêts de la Cour suprême des Etats-Unis, ainsi qu'une multitude de logiciels allant des jeux aux systèmes d'exploitation. La plupart des outils traités dans ce livre vous permettront de naviguer sur les eaux Internet, et de savoir où et comment trouver ce qui est disponible. Comme mentionné dans l'Introduction, l'icône "Navigation" indique que la section concernée soulève des points vous permettant de mieux gouverner votre navire (et non votre *galère* !) Internet.

- **BBS** : Les BBS (Bulletin Board System) sont créés autour de différents thèmes. Il en existe des centaines aux Etats-Unis (et quelques-uns en France), dont le gigantesque USENET. Ils proposent le plus souvent des petites annonces, des bases de données, et des conférences électroniques sur les thèmes favoris des accrocs de la micro, ou encore sur des loisirs, tels que le vélo ou la couture, des sujets politiques ; bref, toute information, même la plus stupide et inutile, y a sa place.

- **Jeux et potins** : Internet propose également divers moyens pour vous divertir, tels que le service IRC permettant d'entretenir des conversations plus ou moins intéressantes avec d'autres utilisateurs de par le monde. Ce service est particulièrement fréquenté par des étudiants qui s'ennuient, mais vous pouvez tomber sur *n'importe qui*. Un jeu intitulé MUD (Multi-User Dungeon, ou le donjon multiutilisateur) vous permettra également d'occuper vos temps libres, voire même de vous faire veiller très tard ; là encore, vous pourrez jouer avec un adversaire du bout du monde.

Un peu d'histoire

A l'origine d'Internet se trouve le projet intitulé *ARPANET* du Département de la Défense américaine (DOD). ARPANET a été développé en 1969 en vue d'expérimenter un système de réseau fiable et d'établir une liaison entre la Défense américaine et des entrepreneurs dans le domaine de la recherche militaire (dont un grand nombre d'universités effectuant des recherches financées par l'armée). *ARPA* est l'acronyme de *Advanced Research Projects Agency* (centre de projets pour la recherche avancée), et désigne la branche de la Défense responsable de la distribution de fonds monétaires. Les trois dernières lettres, *NET*, constituent évidemment une abréviation de *network* (réseau en anglais). Afin d'accentuer la confusion, ce centre est maintenant connu sous le nom de *DARPA* (D pour Défense, au cas où il subsisterait encore quelque doute quant à l'origine de ces fonds).

Ce système de réseau fiable devait comprendre un *reroutage dynamique* ; si l'une des liaisons du réseau était attaquée par l'ennemi, les données y circulant seraient automatiquement dirigées vers d'autres liaisons. Fort heureusement, le réseau n'a jamais vraiment été attaqué. Toutefois, un câble mal connecté ou défectueux peut constituer un ennemi tout aussi redoutable.

ARPANET fut une véritable réussite, intéressant toutes les universités américaines. Sa croissance considérable accentua la complexité de son système de gestion. Il fut donc nécessaire de séparer ce réseau en deux : *MILNET* pour les sites militaires, et un nouvel *ARPANET* comprenant les sites non militaires. Ces deux réseaux restaient toutefois connectés grâce à un procédé technique appelé *IP* (*Internet Protocol*), permettant le routage de données d'un réseau à un autre. Tous les réseaux utilisant ce protocole Internet parlent le *langage IP*, et sont ainsi capables d'échanger des messages.

Bien qu'il n'y ait eu à cette époque que deux réseaux, le protocole IP a été conçu pour permettre un échange entre des milliers de réseaux composés d'équipements informatiques hétérogènes. Tous les ordinateurs utilisant ce protocole étaient censés être capables de communiquer avec n'importe quelle autre machine. Ce principe de communication peut sembler trivial aujourd'hui, mais il faut savoir qu'à l'époque la plupart des réseaux étaient constitués de quelques ordinateurs centraux énormes et d'un grand nombre de *terminaux* éloignés qui ne communiquaient qu'avec les gros serveurs et non pas entre eux.

Internet est-il capable de résister à l'ennemi ?

Apparemment oui. Lors de la guerre du Golfe en 1991, la force militaire américaine a eu le plus grand mal à paralyser le système de réseau irakien. Il s'est avéré que l'Irak utilisait des routeurs de réseaux dotés du protocole Internet. En d'autres termes, le reroutage dynamique a parfaitement fonctionné ; toutefois, on s'en serait peut-être passé à l'époque.

Pendant ce temps à la fac...

A partir de 1980, le système informatique des universités est passé progressivement de quelques gros ordinateurs travaillant en *temps partagé* (chacun d'eux servant simultanément des centaines d'utilisateurs), à un grand nombre de petites *stations* (ou *postes de travail*) destinées à des utilisateurs individuels. Ces stations permettaient de se débarrasser des inconvénients du système en temps partagé tout en conservant ses avantages tels que le partage de fichiers et le courrier électronique. (Un sage a dit un jour : "Ce qu'il y a de bien avec les postes de travail, c'est qu'ils ne vont pas plus vite en plein milieu de la nuit.")

La plupart des postes de travail plus récents utilisent *UNIX*, un système d'exploitation très populaire (pratiquement gratuit pour les universités) développé à l'université de Californie, à Berkeley. La version d'UNIX de ces universitaires, mordus de réseau informatique, ne pouvait que présenter tous les éléments logiciels permettant de se connecter à un réseau. Les fabricants de postes de travail incluent à leur tour tous les éléments matériels de réseau, si bien que tout ce qui restait à faire pour constituer un réseau était de connecter les postes de travail ensemble au moyen d'un câble ; tâche que les universités faisaient d'ailleurs pour un coût extrêmement faible car elles trouvaient généralement des étudiants pour s'en charger.

Ainsi, ARPANET n'était plus constitué d'un ou de deux mais de plusieurs centaines d'ordinateurs. De plus, chaque station était considérablement plus rapide que la totalité d'un système multiutilisateur des années soixante-dix. Une seule de ces stations pouvait générer suffisamment de données pour submerger ARPANET, lequel menaçait de se planter sous le poids de ces informations. Il fallait faire quelque chose.

... Et à la National Science Foundation

L'événement majeur suivant fut la mise au point de cinq centres dotés de *supercalculateurs* par la *National Science Foundation* (*NSF*). Un supercalculateur est un gros ordinateur extrêmement puissant et rapide, d'un prix colossal (environ 10 millions de dollars). A l'origine, la NSF avait pour objectif de financer quelques supercalculateurs, de les mettre à la disposition de chercheurs américains par l'intermédiaire d'ARPANET pour qu'ils puissent faire traiter leurs programmes et leur envoyer ensuite les résultats.

Toutefois, ce projet ne fut pas réalisé pour diverses raisons, certaines politiques, d'autres d'ordre plus technique. Aussi, la NSF, décida d'élaborer son propre réseau, encore plus rapide, pour relier ces grands centres informatiques : le *NSFNET*. Celui-ci reliait différents réseaux régionaux qui eux-mêmes regroupaient les utilisateurs de chaque région.

Ce réseau fut un succès. En 1990, la plupart des utilisateurs étaient passés de ARPANET à NSFNET, de sorte qu'après 20 ans d'utilisation ARPANET fut obligé de fermer ses portes. Toutefois, les grands centres informatiques s'avérèrent peu satisfaisants : certains supercalculateurs ne fonctionnaient pas, et les autres se révélaient terriblement onéreux. Nombre de clients potentiels se tournèrent vers des postes de travail performants. Heureusement, lorsqu'il fut clair que ces supercalculateurs allaient être abandonnés, NSFNET était déjà si implanté dans Internet qu'il survécut à la crise aux dépens de son projet initial.

Le réseau NSFNET autorise uniquement le transit de données relatives à la recherche et à l'éducation. Aussi, des services de réseau IP commercialisés et indépendants, pouvant être utilisés pour d'autres types de circulation de données, sont apparus sur le marché. Ces réseaux commerciaux relient les réseaux régionaux exactement comme NSFNET, procurant aux clients des connexions directes. (Reportez-vous au Chapitre 27 pour une liste de ces services.)

Les réseaux IP sont également présents dans beaucoup d'autres pays, soit sponsorisés par des compagnies téléphoniques, soit gérés par des indépendants nationaux ou régionaux. Nombre d'entre eux sont connectés indirectement ou directement à des réseaux américains, de sorte qu'ils peuvent tous échanger des informations entre eux.

Chapitre 2
Numéros, noms et règles

Dans ce chapitre...

Résumé
Les numéros
Les noms
Les règles

Comme indiqué dans le chapitre précédent, il existe plus d'un million de machines connectées à Internet. Vous pouvez accéder à l'une d'entre elles de deux façons différentes, chacune étant identifiée par un numéro et un nom.

Résumé

Vous ne serez pas surpris d'apprendre que l'attribution des noms et numéros sur Internet relève d'un procédé assez technique. Voici une présentation succincte des éléments composant ces identifications et des règles qui en découlent, au cas où vous souhaiteriez n'en voir les détails que plus tard.

- Chaque machine reliée à Internet (également appelée *hôte* ou *ordinateur hôte*) dispose d'un numéro qui lui est propre afin de pouvoir être identifiée par les autres hôtes. Ce numéro comprend quatre parties, par exemple : 123.45.67.89. Il est très utile de noter le numéro de la machine hôte que vous utilisez le plus (les autres n'étant pas indispensables).

- La plupart des hôtes possèdent également un nom, lequel est plus facile à retenir. Ce nom est à son tour divisé en différentes parties par des points, par exemple *chico.iecc.com*, qui est le nom de mon ordinateur. Certains hôtes sont composés de plusieurs noms que vous pouvez utiliser indifféremment.

- Certaines règles plus ou moins compliquées gouvernent la façon dont sont assignés ces noms et numéros. Toutefois, dans la mesure où vous n'aurez pas à attribuer de telles identifications en tant que simple utilisateur, il n'est pas nécessaire de s'étendre sur ces principes d'attribution.

- Chaque réseau possède ses propres règles quant à la nature du trafic autorisé. Il est important de bien connaître celles qui s'appliquent au(x) réseau(x) que vous utilisez afin d'éviter tout problème.

Les numéros

Tout type d'ordinateur, du plus petit au plus grand, qui est connecté au système Internet, est considéré comme un ordinateur *hôte*. Certains hôtes sont des ordinateurs géants ou des supercalculateurs fournissant des services à des milliers d'utilisateurs. D'autres sont de petits postes de travail ou PC utilisés individuellement, des ordinateurs spécialisés, tels que des *routeurs* reliant les réseaux entre eux, ou encore des *serveurs de terminaux* permettant à des terminaux "non intelligents" de se connecter à d'autres hôtes.

Ces numéros sont-ils importants ?

Dans la mesure où vous pouvez également utiliser les noms des ordinateurs hôtes (décrits dans ce chapitre), qui sont beaucoup plus simples à retenir, ces numéros ne sont pas vraiment indispensables. Toutefois, il peut arriver que ce système de désignation par nom (par opposition à désignation par numéro) tombe en panne, auquel cas les deux numéros suivants (si vous les avez préalablement notés) s'avéreront d'un grand secours :

- Le numéro de l'ordinateur que vous utilisez.
- Le numéro d'un ordinateur voisin auquel vous avez accès.

Si vous composez le second numéro et que vous réussissiez à contacter l'ordinateur qui lui est rattaché, vous pourrez conclure, sans trop vous avancer, que le système de désignation par nom ne fonctionne plus. Si vous n'arrivez pas à établir de liaison dans les deux cas, il se peut que le réseau ou votre connexion de réseau ait un problème. Peut-être s'agit-il tout simplement d'un câble débranché par mégarde...

Un *numéro d'hôte*, composé de 32 unités binaires, est attribué à chaque machine. Le numéro de mon ordinateur, par exemple, est le suivant :

```
10001100101110100101000100000001
```

De toute évidence, mémoriser un tel numéro présentera quelques difficultés. Aussi, pour rendre cette tâche légèrement plus simple, celui-ci est divisé en quatre groupes de 8 bits (ou unités binaires), lesquels sont alors convertis en unités décimales équivalentes. Le numéro de mon ordinateur converti en décimal est le suivant :

```
140.186.81.1
```

Les numéros de réseau

Les numéros d'hôtes Internet (aussi appelés adresses Internet) sont composés de deux parties. La première partie correspond au numéro de réseau (rappelons qu'Internet est une interconnexion de réseaux), et la seconde, la partie *locale*, correspond à un numéro d'hôte de ce réseau. Dans le cas de mon ordinateur, par exemple, dont l'adresse Internet est 140.186.81.1, le numéro de réseau est 140.186, et le numéro d'hôte local (sur ce réseau) est 81.1. On trouve également (rien n'est jamais simple) des numéros de réseau en quatre parties, auxquels des zéros ont été ajoutés, tel 140.186.0.0.

Les réseaux sont classés selon leur envergure, en fonction du nombre d'hôtes qui les composent. Il existe trois tailles différentes : grande, moyenne et petite. Dans les réseaux de grande envergure (réseaux de *classe A*), le premier des quatre nombres correspond au numéro de réseau, et les trois derniers constituent la partie locale. Dans les réseaux de moyenne envergure (réseaux de *classe B*), les deux premiers nombres représentent le numéro de réseau, et les deux derniers, la partie locale. Dans les réseaux de petite envergure (réseaux de *classe C*), les trois premiers correspondent au numéro de réseau, et le dernier constitue la partie locale.

Le Tableau 2.1 dresse la liste de ces différents réseaux en fonction de leur taille et de leur numéro. Toute valeur entre 1 et 126 correspond à un réseau de classe A, entre 128 et 191 à un réseau de classe B, et entre 192 et 223 à un réseau de classe C.

Les grandes structures (entreprises possédant de nombreux ordinateurs) utilisent généralement des réseaux de classe A. Le numéro de réseau d'IBM, par exemple, est 9, celui d'AT&T est 12. Le numéro d'hôte 9.12.34.56 appartiendra donc à IBM, et 12.98.76.54 appartiendra à AT&T. Les entreprises de moyenne envergure, auxquelles sont rattachées la plupart des universités,

Sous-réseaux et super-réseaux

Il arrive assez souvent qu'une entreprise ne disposant que d'un seul réseau souhaite constituer en interne plusieurs réseaux d'ordinateurs. Tous les ordinateurs d'un même service, par exemple, sont alors rattachés à un unique réseau, qui est à son tour relié aux réseaux des autres services. (Les raisons qui motivent une telle démarche sont à la fois administratives et techniques, mais rassurez-vous, nous ne vous accablerons pas de tels détails.)

Selon les principes de base d'Internet, la constitution de 25 réseaux internes impliquait l'attribution de 25 numéros différents. Chaque fois qu'une entreprise souhaitait mettre en place un nouveau réseau interne, elle devait demander un nouveau numéro de réseau. Sans compter que le reste du monde Internet était obligé de mettre à jour ses petites tablettes pour envoyer ses messages à la bonne adresse.

Il va sans dire que ces principes firent très vite l'objet d'une révision plus connue aujourd'hui sous le nom de *sous-réseau*. Le principe est le suivant : un sous-réseau est créé en découpant logiquement un réseau, par division de la partie locale de l'adresse Internet en un champ identifiant le réseau physique et un champ identifiant la machine hôte. Dans le réseau 140.186 par exemple, le troisième nombre identifiera le numéro de sous-réseau, et le quatrième le numéro d'hôte local. Par conséquent, le numéro de sous-réseau de l'ordinateur 140.186.81.1 sera 140.186.81, et le numéro d'hôte 1. Cela permet l'installation de nombreux réseaux locaux (90 des 254 possibilités sont généralement utilisées). Pour le monde extérieur cependant, rien n'est changé, il n'y a toujours qu'un seul réseau : le réseau 140.186.

En règle générale, tous les réseaux, à l'exception des réseaux de très petite taille, peuvent être divisés en sous-réseaux. Lorsque votre ordinateur est relié pour la première fois à Internet, l'administrateur des réseaux chargé de cette installation devra mettre en place un *masque de sous-réseau* dont le but est de refléter soigneusement les conventions de sous-réseaux en application. Si ce masque n'est pas correctement configuré, d'étranges problèmes pourront survenir, tels que l'impossibilité de communiquer avec certains départements de votre entreprise (vous pourrez, par exemple, entrer en contact avec les sous-réseaux de numéros pairs et pas avec ceux de numéros impairs).

Il arrive qu'une entreprise comporte trop d'ordinateurs pour un réseau de classe C (plus de 254), mais pas assez pour justifier une classe B. Une société en pleine expansion peut également souhaiter constituer un réseau de classe A, sans pouvoir obtenir de numéro de réseau disponible. Dans ce cas, l'entreprise pourra obtenir des numéros de réseau adjacents et traiter une partie du numéro de réseau comme un numéro d'hôte, procédé connu sous le nom de *super-réseau*.

Le numéro issu de ce procédé fera à son tour l'objet d'un sous-réseau (subtilité technologique que nous n'aborderons pas, soyez rassuré). Les super-réseaux ne sont pas encore très répandus, mais ils le deviendront immanquablement dans la mesure où de plus en plus d'entreprises se connectent à Internet. Toutefois, comme pour les sous-réseaux, vous n'avez pas à vous en préoccuper, à moins que quelqu'un ne chamboule la configuration de votre système.

Tableau 2.1 : Numéros et tailles des réseaux.

Classe	Premier nombre	Longueur du numéro de réseau	Nombre maximal d'hôtes
A	1-126	1	16 387 064
B	128-191	2	64 516
C	192-223	3	254

disposent de réseaux de classe B. Le numéro de réseau de l'université de Rutgers aux Etats-Unis, par exemple, est 128.6. Les réseaux de classe C sont utilisés par des petites entreprises, et quelquefois par des divisions de grandes entreprises. Le numéro de réseau 192.65.175, par exemple, est utilisé par un laboratoire de recherche d'IBM.

Certains numéros d'hôtes et de réseaux sont réservés à des fins spécifiques. Les valeurs numériques 0 et 255, par exemple, ont une signification particulière et ne pourront pas être utilisées comme numéro d'hôte. (Cette limitation est un peu exagérée, mais assez proche de la vérité dans de nombreux cas.)

Les numéros multiples

Certains hôtes possèdent plus d'un numéro pour une raison très simple : ils font partie de plusieurs réseaux et, par conséquent, nécessitent un numéro d'hôte pour chacun des réseaux auxquels ils sont reliés. Pour contacter une machine comprenant plusieurs numéros d'hôte, vous pourrez utiliser un de ses numéros sans distinction.

Les noms

En règle générale, les noms sont plus souvent utilisés que les numéros. Par exemple, la machine précédemment mentionnée sous le numéro 140.186.81.1 s'appelle *chico*. Au temps d'ARPANET, les machines étaient dotées de noms composés d'une seule partie, et répertoriés dans une liste. Celle d'Harvard, par exemple, était désignée par HARVARD. Aujourd'hui, avec plus d'un million de machines connectées à Internet, il serait assez difficile de trouver des noms différents pour chacune d'elles.

Ainsi, afin d'éviter une pénurie de noms, on eut recours à des noms composés, procédé de désignation appelé *système de nom par domaine* ou *DNS* (pour *Domain Name System*). Un nom d'hôte est donc composé d'une chaîne de mots (ou plutôt d'un assemblage de lettres ressemblant à des mots) séparés par des points. Le véritable nom de chico est CHICO.IEEC.COM. (De toute évidence, le procédé de désignation par nom a été inventé par des personnes *qui aiment les majuscules*. Toutefois, dans la mesure où les lettres minuscules sont également acceptées, nous serons quant à nous plus modérés.)

Les zones

Un nom Internet se décode de droite à gauche. Cette méthode peut sembler surprenante, mais elle s'avère très pratique pour les mêmes raisons que nous plaçons les noms avant les prénoms. (En Angleterre où l'on roule à gauche, les noms d'hôte sont écrits de gauche à droite. Evidemment !)

La partie la plus à droite d'un nom est sa *zone*. Il existe deux catégories de zones, les zones à trois lettres, et celles à deux lettres. Considérons un instant le nom complet de chico ; la partie la plus à droite est *com*, ce qui signifie qu'il s'agit d'un site *commercial*, par opposition à *militaire* ou à tout autre type de zones ; celles-ci sont énumérées dans la section suivante.

La partie suivante d'un nom est celui de l'entreprise : *ieec*. La partie à gauche de ce nom désigne la machine particulière de cette entreprise : *chico*. L'entreprise *iecc* est une entreprise de petite envergure ne comprenant que six ordinateurs. Les amis de chico, milton, astrud et xuxa, sont connus sous les noms de *milton.ieec.com*, *astrud.ieec.com* et *xuxa.ieec.com*.

Le système de désignation par nom est un système égalitaire : *iecc.com*, une entreprise de deux employés, se trouve aux côtés de l'entreprise *ibm.com*, qui comprend plusieurs centaines de milliers d'employés. Les ordinateurs des grandes entreprises sont très souvent subdivisés en sites et départements, de sorte qu'une particule supplémentaire apparaît dans le nom. Chaque entreprise peut définir ses propres noms. Toutefois, les noms composés en cinq parties sont assez rares.

Existe-t-il une liste complète des noms d'hôtes ?

Non. Néanmoins, il est possible, en principe, de consulter les divers systèmes où sont répertoriés ces noms. Certaines personnes, motivées par la curiosité, mais également par le souci de mettre en place des statistiques de réseau, ont déjà tenté d'en dresser une liste complète. Toutefois, Internet est aujourd'hui si vaste qu'il est pratiquement impossible de réaliser un tel projet. Les programmes n'en finiraient pas de tourner.

Si vous saisissez sur le clavier un nom d'hôte simple sans aucun point, votre ordinateur local assumera que le reste du nom est identique à celui de l'ordinateur en cours d'utilisation. Aussi, si j'utilise milton et que je souhaite contacter chico, il me suffira de taper *chico* pour que l'ordinateur local comprenne *chico.ieec.com*.

Les zones à trois lettres

La liste des zones à trois lettres, telles que *com* pour *commercial*, est présentée par le Tableau 2.2.

Tableau 2.2 : Zones à trois lettres.

Zone	Signification
COM	Entreprises commerciales.
EDU	Etablissements liés à l'éducation.
GOV	Institutions gouvernementales.
INT	Entreprises internationales (principalement l'OTAN).
MIL	Sites militaires.
NET	Entreprises de réseaux.
ORG	Autres (tout ce qui n'entre pas dans les catégories pré-citées).

La plupart des sites Internet aux Etats-Unis sont dotés de noms comportant des zones à trois lettres. Partout ailleurs, il est plus fréquent de rencontrer des zones à deux lettres, lesquelles sont traitées ci-après.

Les zones à deux lettres

Les zones à deux lettres sont organisées de façon géographique. Elles correspondent à un pays ou à toute autre entité politique reconnue. Il existe une liste internationale officielle des codes de pays, laquelle est utilisée pratiquement sans modification à cet effet. Le code de pays pour le Canada est CA. Ainsi, un site à l'université de York au Canada est identifié par l'adresse *nexus.yorku.ca*. Les administrateurs de réseau de chaque pays peuvent attribuer les noms qu'ils pensent être les plus appropriés. Certains pays ont recours à des subdivisions du domaine professionnel ; *sait.edu.au*, par exemple, est un site d'une université australienne. D'autres attribuent des noms de façon tout à fait aléatoire.

Peu d'ordinateurs aux Etats-Unis sont dotés de noms comprenant une zone géographique, regroupant villes et états. L'entreprise I.E.C.C étant située à Cambridge dans le Massachusetts, l'ordinateur chico.iecc.com a d'abord été nommé *iecc.cambridge.ma.us* (il ne s'appelait pas encore chico puisque je n'avais qu'un seul ordinateur à l'époque).

Le Tableau 2.3 dresse la liste des zones géographiques les plus courantes. Reportez-vous à l'Annexe A pour une liste complète.

Tableau 2.3 : Zones à deux lettres.

Zone	Pays
DE	Allemagne (République fédérale d').
AU	Australie.
AT	Autriche (république d').
BE	Belgique (royaume de).
CA	Canada.
DK	Danemark (royaume du).
RU	Fédération russe.
ES	Espagne (royaume d').
US	Etats-Unis (Etats-Unis d'Amérique).
FI	Finlande (république de).
FR	France (république française).
IN	Inde (république de l'Inde).
IE	Irlande.
IL	Israël (Etat d').
IT	Italie (république italienne).
JP	Japon.
NO	Norvège (royaume de).
NL	Pays-Bas (royaume des).
UK	Royaume-Uni (le code officiel est GB).
CZ	Tchèque (République).
SU	Union soviétique (terme officiellement obsolète, mais encore utilisé).
SE	Suède (royaume de).
CH	Suisse (Confédération helvétique).
TW	Taiwan, province de Chine.

Chapitre 2 : Numéros, noms et règles

> ### Est-il nécessaire d'avoir un numéro pour obtenir un nom ?
>
> Non. Il est possible d'inscrire un site comme site d'échange de courrier (ou site MX, de l'anglais Mail eXchange), ce qui signifie qu'il n'est pas vraiment sur Internet, mais qu'il est possible de lui envoyer du courrier électronique. De nombreux sites sur d'autres réseaux, dont tous les sites de réseau micro-amateur, sont dotés de noms MX. Pour l'envoi de courrier électronique, un nom MX sera traité comme tout autre nom.
>
> Toutefois, aucun autre service Internet ne peut être accessible par les machines MX. Si vous tentez d'y accéder, soit votre tentative va échouer, soit vous atteindrez une machine Internet qui transmettra votre courrier. La plupart des services interactifs et des services de courrier électronique dont CompuServe, MCI Mail AT&T Mail, et Prodigy sont également accessibles sur Internet de cette manière. Reportez-vous au Chapitre 9 pour tous les détails sur ce point.

Les autres zones

Même si ARPANET n'existe plus officiellement depuis quelques années, un petit nombre de sites sont encore dotés de noms se terminant par *arpa*. En outre, certaines machines des réseaux UUCP et BITNET ont également des noms finissant par *uucp* et *bitnet*. Ces extensions ne sont pas vraiment des noms, mais de nombreux systèmes sont capables de les traiter en tant que tels, et de leur adresser du courrier. Tous les sites BITNET et UUCP peuvent aujourd'hui obtenir de véritables noms d'hôte, aussi les noms *bitnet* et *uucp* sont-ils appelés à disparaître.

Les règles

Certains réseaux imposent des règles de conduite très strictes. Les réseaux régionaux ont des règles peu restrictives, et les réseaux commerciaux encore moins. Toutefois, ils se réservent tous le droit d'interrompre une session pour conduite néfaste ou malveillante. Soyez conscient des règles qui s'appliquent à votre site, et engagez-vous à les respecter.

Sachez également que, même si vous dépendez d'un réseau peu restrictif, lorsque vous contacterez un réseau plus strict, vous serez soumis aux règles les plus contraignantes des deux.

NSFNET, par exemple, est un réseau très contraignant qui interdit toute activité commerciale. Aujourd'hui, la plupart des établissements d'enseignement des Etats-Unis sont rattachés directement ou indirectement à NSFNET (il est question aujourd'hui de les faire passer, pour la plupart, sur réseaux commerciaux). La section suivante énumère les règles de conduite qu'il faut savoir respecter sur NSFNET.

Le règlement de base des services NSFNET

Le réseau NSFNET permet la circulation de données relatives à la recherche et à l'éducation, principalement pour les établissements d'enseignement et de recherche, mais également pour les entreprises commerciales lorsqu'elles ont ce même type d'activités. La liste suivante présente les principales règles à respecter sur NSFNET :

- Vous pouvez l'utiliser pour communiquer avec des personnes connectées à des réseaux étrangers.

- Pour des "exposés professionnels", des conférences, des réunions d'entreprise et autres activités du genre.

- Vous pouvez l'utiliser pour demander ou accorder des aides financières.

- Vous pouvez l'utiliser pour informer les utilisateurs de l'arrivée de nouveaux produits, mais la publicité y est interdite.

- Vous ne pouvez pas l'utiliser à des fins lucratives sauf lorsqu'elles respectent un des alinéas mentionnés ci-avant.

- Vous ne pouvez pas l'utiliser à des fins purement personnelles ou privées.

Chapitre 3
Les utilisateurs de PC sous DOS

Dans ce chapitre...

Votre PC est-il branché ?
TCP/IP ou passerelle ?
Les types de connexion
DOS c'est bien, Windows c'est mieux
Les PC et la notion de client/serveur

Votre PC est-il branché ?

Connecter un gros ordinateur à Internet est une tâche relativement simple. Il suffit d'acheter un coûteux logiciel de réseau correspondant à votre système ; vous devrez ensuite louer les services d'experts, et après six mois de débats avec le personnel d'assistance technique, votre connexion fonctionnera.

La vie n'est pas aussi simple pour des PC tournant sur DOS. Des douzaines de logiciels de réseau compatibles Internet sont disponibles, depuis le simple shareware jusqu'au produit commercial sophistiqué (et vice versa). En outre, et cela ne facilite guère la tâche, les PC peuvent être reliés à Internet selon quatre méthodes fondamentalement différentes.

Vous avez probablement autre chose à faire que d'installer votre propre logiciel Internet et demander à un de vos amis experts de prononcer les incantations nécessaires pour qu'il fonctionne. Dans le cas contraire, sachez qu'il me serait de toute façon impossible de décrire les démarches à suivre pour plus d'un ou deux d'entre eux.

Aussi, ce chapitre se limitera-t-il à présenter les différents moyens possibles pour connecter un PC à Internet, ainsi que les avantages et les inconvénients de chacun de ceux-ci. Le Chapitre 28 dresse la liste de la plupart des logiciels disponibles permettant cette connexion. Le choix idéal consistera tout simplement à utiliser celui que connaît l'expert local.

Les logiciels permettant d'accéder à Internet s'appuient sur le *protocole TCP/IP*. Derrière ce petit sigle se cache en fait un système utilisé par les réseaux pour communiquer entre eux. Reportez-vous au Chapitre 6 pour en connaître toutes les subtilités.

TCP/IP ou passerelle ?

Demandez-vous d'abord si votre PC est doté d'une connexion Internet *native*, ou s'il passe par un autre type de réseau. S'il dispose d'une connexion native, votre PC comporte un logiciel de réseau capable de gérer les protocoles TCP/IP d'Internet.

Dans le cas contraire, votre PC dispose d'un autre type de logiciel de réseau (très souvent Novell NetWare), et il est relié à un système de passerelle comprenant le langage NetWare à une extrémité, et TCP/IP à l'autre extrémité. Sachez néanmoins qu'il est possible de charger à la fois TCP/IP et un autre type de logiciel, et de les utiliser en même temps à partir des mêmes câbles de réseau physique.

Les avantages et les inconvénients de ces types de connexion sont les suivants :

- Si vous possédez déjà un grand réseau NetWare, le superviseur de votre système peut charger une passerelle unique qui pourra être utilisée par tous les autres PC du réseau. Pour que chaque PC puisse gérer TCP/IP de façon autonome, ce protocole devra être chargé sur chacun des PC, ce qui constitue une tâche plus laborieuse.

- TCP/IP fonctionne tout aussi bien sur des *réseaux homogènes* que sur des *réseaux hétérogènes* (composés de différentes sortes d'ordinateurs). En ce qui concerne TCP/IP, la seule différence entre un supercalculateur Cray d'une valeur de 60 millions de francs et un PC de 6 000 francs, c'est que le supercalculateur est un peu plus rapide. Novell fonctionne à merveille sur les réseaux de PC, mais il est moins brillant sur d'autres types d'ordinateurs.

- En fonction de la passerelle particulière utilisée, une passerelle NetWare peut s'avérer plus limitée qu'une connexion native TCP/IP.

Chapitre 3 : Les utilisateurs de PC sous DOS

Le système de sécurité Firewall

Les grandes entreprises utilisent parfois un système de sécurité appelé *firewall* afin d'éviter toute fuite d'information via Internet (même lorsqu'elles sont dotées d'un logiciel TCP/IP en mode natif). Ce système, placé entre le réseau de l'entreprise et le monde extérieur, prévient les infiltrations non désirées dans le réseau interne.

Il est relié à la fois au réseau interne et au réseau externe de sorte que tout trafic de données entre les deux passe automatiquement par le système. Une programmation spécifique du système de sécurité permet de délimiter les connexions pouvant être établies entre l'intérieur et l'extérieur, ainsi que de déterminer les personnes effectuant ces connexions.

Dans la pratique, cela signifie qu'en tant qu'employé d'une entreprise utilisant ce système vous avez libre accès à tous les services Internet disponibles à l'intérieur de cette entreprise. En ce qui concerne les services extérieurs, vous êtes limité par la barrière de sécurité. Toutefois, la plupart des services extérieurs standard tels que : la connexion à des ordinateurs distants, la copie de fichiers d'un ordinateur à un autre, etc., sont généralement disponibles.

Il est souvent nécessaire de se connecter d'abord au système de sécurité, et de contacter le monde extérieur à partir de là. Il est pratiquement impossible d'accéder aux systèmes et services du réseau de l'entreprise depuis l'extérieur (c'est là le but d'un système de sécurité). A l'exception des entreprises paranoïaques, les courriers électroniques sont libres d'entraves dans les deux sens.

Sachez, pour finir, que dans la majorité des cas vous devrez préalablement obtenir une autorisation pour accéder à ce système de sécurité avant de pouvoir utiliser un quelconque service extérieur autre que la messagerie.

Les types de connexion

Imaginons que votre PC gère les protocoles TCP/IP via son propre logiciel de réseau. La question que vous devrez alors vous poser est : Comment est-il connecté au reste du monde Internet ? Les trois possibilités les plus courantes sont *Ethernet*, *Token Ring*, et *les interfaces série* (ces dernières utilisant les protocoles *SLIP* et *PPP* traités plus loin dans ce chapitre).

Ethernet

Ethernet est un type de réseau local (limité à 1 ou 2 km) très populaire car il est rapide et bon marché. (On peut également l'étendre en reliant plusieurs réseaux Ethernet ensemble, mais c'est là une subtilité que nous pouvons ignorer.)

Les trois types de câblage Ethernet les plus répandus sont : le *câble coaxial épais* ou *standard*, le *câble coaxial fin*, et la *paire torsadée*. Le câble coaxial épais (aussi appelé câble jaune) est illustré par la Figure 3.1. Il constitue le média de base, d'une épaisseur de un centimètre environ (vous ne le voyez pratiquement jamais car il est caché dans les plafonds ou dans les murs). Votre ordinateur est connecté au réseau Ethernet par un câble de raccordement de la même taille que le câble Ethernet, mais le plus souvent de couleur grise. Le raccordement avec l'ordinateur se fait à l'aide d'une fiche à quinze broches comportant un astucieux petit loquet.

Si votre ordinateur utilise ce type de câble, et qu'il présente soudainement des troubles de mémoire, vérifiez avant toute chose que le câble est bien branché (un relâchement de ce petit loquet est si vite arrivé).

Figure 3.1 :
Le câble coaxial épais (Thicknet).

Le câble coaxial épais conviendra parfaitement à une entreprise planifiant plusieurs années à l'avance de coûteux aménagements de bureaux pour des connexions de réseau. Toutefois, les entreprises (souhaitant relier leurs ordinateurs sans avoir à abattre de murs) préfèrent généralement le câble coaxial fin, moins cher et plus souple d'utilisation. Ce type de câble illustré par la Figure 3.2 a l'apparence d'un câble de télévision. Il est relié à l'ordinateur par un connecteur en forme de T (appelé connecteur T).

Le câble coaxial fin est assez exigeant dans la mesure où il doit être connecté directement à l'ordinateur ; un câble d'extension, même de un centimètre de long, l'empêcherait de fonctionner. Sachez également que si ce câble venait à être endommagé, toutes les autres connexions du réseau s'arrêteraient de fonctionner.

Figure 3.2 :
Le câble coaxial fin (Thinnet).

La paire torsadée de type non blindé (Unshield Twisted Pair, UTP) constitue le troisième support physique d'Ethernet. Ce média, illustré par la Figure 3.3, est très vite devenu un support préférentiel pour les installations Ethernet parce qu'il est peu onéreux et facile à installer. Il est équipé d'une prise téléphonique de norme américaine que l'on branche à l'arrière de l'ordinateur (Figure 3.4). Chaque ordinateur dispose de son propre câble relié à une boîte centrale, appelée *concentrateur* ou *hub* (laquelle est habituellement bien gardée quelque part), de sorte que débrancher son ordinateur n'a aucune incidence sur les autres ordinateurs.

Figure 3.3 : La paire torsadée (UTP).

Figure 3.4 : Le branchement d'une paire torsadée (similaire à une prise téléphonique de norme américaine).

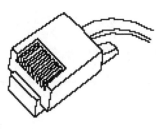

Token Ring

Token Ring est un réseau local développé à l'origine par IBM et standardisé par l'*IEEE* (*Institute of Electrical and Electronic Engineers*). Il utilise la paire torsadée blindée individuellement et la fibre optique pour média. En simplifiant à l'extrême, on peut dire que les différences entre Ethernet et Token Ring sont à 95 pour 100 d'ordre politique. En outre, Token Ring utilise un astucieux connecteur rectangulaire qui se débranche uniquement quand on le souhaite, ce qui constitue un atout par rapport à certaines versions d'Ethernet.

Les interfaces série

Le protocole de réseau TCP/IP d'Internet présente des facilités de connexion inégalées. En effet, il suffit d'un simple port série (disponible sur tous les PC) pour installer une connexion TCP/IP. Cette connexion n'est pas aussi rapide que la connexion Ethernet, mais elle n'est pas non plus aussi coûteuse. Vous pouvez tirer un câble pour vous connecter directement à un ordinateur voisin, ou utiliser un modem et une ligne téléphonique pour contacter un ordinateur d'un autre site.

Toutefois, ces connexions posent quelques problèmes dans la mesure où elles utilisent deux protocoles incompatibles : le *protocole point à point* (*PPP*) et le *protocole SLIP* (ou *Serial Line IP*). Le choix d'un de ces deux protocoles dépend du système auquel vous êtes relié.

Si vous optez pour un modem et une ligne téléphonique, il sera préférable de choisir le modem le plus rapide. Les modèles bon marché à 2 400 bps (bits par seconde) peuvent sembler rapides lorsque vous êtes en ligne avec un service interactif, mais ils se révéleront très lents sur Internet. Les modèles à 9 600 et 14 000 bps, aujourd'hui disponibles, sont beaucoup plus adéquats. On les appelle également V.32 et V.32 *bis*. (Si vous entrez dans un magasin spécialisé, n'hésitez pas à les appeler par ces dénominations, le vendeur pensera que vous êtes un expert.)

La configuration des protocoles PPP et SLIP est une tâche compliquée requérant des numéros de téléphone, des noms, des mots de passe, et tout ce qui est nécessaire pour se connecter à un système distant via le téléphone, *en*

Infos

Dans l'absolu, il vaut mieux être relié à Internet via la connexion la plus rapide et la plus fiable sur le marché. Dans la réalité, vous n'avez pas toujours le choix. Parfois, le seul média à votre portée est un modem bas de gamme. La communauté Internet a eu, elle aussi, ses utilisateurs désargentés, et de nombreux supports de réseaux sont disponibles à peu de frais.

SLIP et *PPP* sont les deux protocoles les plus répandus pour les lignes téléphoniques commutées. Avec des versions haut de gamme, votre ordinateur appelle directement le réseau voisin et se connecte lorsque des informations de réseau doivent être expédiées, puis il raccroche après un temps d'inactivité d'une ou de deux minutes. Avec des versions standard, vous devez vous connecter vous-même à l'aide de programmes dotés de noms tels que *slattach*.

Le lancement de ces deux procédés de connexion n'est pas très simple, et l'aide de grands gourous des réseaux sera toujours la bienvenue. SLIP et PPP sont suffisamment fragiles pour que vous soyez amené à solliciter leur bienveillance de temps à autre.

Vous vous demandez peut-être quelle est la différence entre SLIP et PPP. Techniquement, elle est considérable : SLIP est un *protocole de couche Réseau*, et PPP est un *protocole de couche Liaison de données*. Il existe également deux autres différences importantes : la rapidité et la compatibilité. PPP est plus rapide et peut s'appliquer à d'autres types de réseaux, tels que DECnet.

plus des problèmes de configuration de réseau habituels. Aussi, commencez par brancher votre ordinateur sur une des lignes téléphoniques disponibles du bureau et effectuez quelques essais de connexion pour vérifier si la configuration SLIP fonctionne bien. Dans le cas contraire, vous pourrez toujours demander de l'aide à un expert.

DOS c'est bien, Windows c'est mieux

Lorsqu'il est question de normes TCP/IP, Windows offre une interface bien plus avantageuse que DOS pour deux raisons. La première est d'ordre esthétique. La plupart des applications TCP/IP de DOS sont identiques aux versions UNIX, c'est-à-dire qu'elles utilisent une interface ligne à ligne, telle que le langage de commande DOS ou l'ancien éditeur de texte EDLIN. (En fait, rien n'est pire que EDLIN.) Pour en savoir plus au sujet de la plate-forme UNIX, reportez-vous au Chapitre 4.

En revanche, les applications Windows pour réseaux disposent de toutes les petites merveilles que vous êtes en droit d'en attendre. Celles-ci rendent généralement l'utilisation de ces programmes beaucoup plus simple et conviviale. Lorsque vous utilisez le programme FTP par exemple (programme chargé de copier les fichiers d'un ordinateur à un autre), la plupart des versions Windows vous permettent de sélectionner les fichiers à copier à l'aide d'un simple clic sur les noms de fichiers disposés dans une fenêtre. DOS, quant à lui, vous oblige à saisir les noms de fichiers vous-même.

Les capacités de *traitement multitâche* de Windows constituent le second avantage de cette application. Cette fonction permet de *lancer plusieurs programmes à la fois*. Sous Windows, vous pouvez lancer différentes applications réseau en même temps à l'intérieur de différentes fenêtres. Vous pouvez même ouvrir plusieurs sessions dans différentes fenêtres connectées à plusieurs ordinateurs *en même temps*, et intervenir par de simples clics sur les options proposées. Certaines versions DOS de TCP/IP (tel le programme shareware Ka9q) permettent le multitâche ; toutefois, aucune n'est aussi pratique que Windows.

Reportez-vous au Chapitre 28 pour une liste des logiciels TCP/IP Windows et DOS gratuits et commercialisés.

Les PC et la notion de client/serveur

Chaque application Internet utilise le modèle *client/serveur* dans lequel le *client* est lancé depuis votre ordinateur, et le *serveur*, depuis l'ordinateur possédant les ressources que vous souhaitez utiliser. (Sachez que, même si le terme client/serveur semble être sur toutes les lèvres depuis peu, son concept est utilisé par Internet et ses prédécesseurs depuis au moins 1969.)

Les PC constituent de très bons clients, mais de bien piètres serveurs. Admettons que vous souhaitiez mettre à la disposition d'autres utilisateurs des ressources (telles que des fichiers) via Internet. Vous les rassemblez, puis vous lancez un programme serveur dont la fonction sera d'attendre la connexion de programmes clients et de répondre à leurs demandes. Toutefois, dans la mesure où DOS ne peut lancer qu'un programme à la fois, si vous lancez un programme serveur, votre PC ne pourra être utilisé pour d'autres tâches.

Un ordinateur dédié peut parfois constituer une solution bon marché pour fournir des services sur réseau. Cependant, si celui-ci est également l'ordinateur sur lequel vous travaillez quotidiennement, cela posera des problèmes. Même sous Windows, dont la conception autorise pourtant le multitâche, les serveurs ne fonctionnent pas très bien. En effet, les programmes indépendants du réseau ont tendance à solliciter l'ordinateur de façon trop intensive, de sorte que celui-ci n'a plus le temps de servir ses clients.

Note : Les propos suivants concernant les problèmes de messagerie électronique ne s'appliquent qu'aux utilisateurs disposant d'une messagerie Internet en mode *natif* (ou messagerie *SMTP*). Si vous disposez de services de messagerie Internet via une passerelle, alors, du point de vue d'autres systèmes Internet, votre courrier est envoyé et reçu par la passerelle, et ce qui suit ne peut donc s'appliquer.

"Mais, me direz-vous, je ne veux pas publier de fichiers, je veux simplement utiliser certaines ressources proposées sur Internet. Je n'ai donc pas besoin de lancer de programmes serveurs." Bien raisonné, mais cela n'est pas tout à fait vrai. Les problèmes majeurs liés à l'absence d'un programme serveur sur un système vont se poser au moment où vous souhaitez recevoir du courrier électronique. La messagerie électronique Internet considère l'*expéditeur* comme le client, et le *destinataire* comme le serveur.

Voici le scénario et ses complications :

- La machine de l'expéditeur tente de contacter la machine du destinataire afin d'envoyer un message.

- Si aucun serveur de messagerie ne tourne sur la machine du destinataire, celle de l'expéditeur va effectuer quelques tentatives avant d'abandonner.

- Si votre programme de messagerie n'est pas actif au moment de l'envoi d'un courrier, le message ne pourra aboutir.

- Certains de vos correspondants peuvent dépendre de fuseaux horaires différents, aussi risquent-ils de vous envoyer du courrier en plein milieu de la nuit, lorsque votre ordinateur est éteint.

Il existe heureusement une parade à ce type de problème. Le superviseur du système peut faire en sorte (si ce n'est déjà fait) que le courrier soit reçu par un gros ordinateur fonctionnant 24 heures sur 24. Lorsque vous souhaitez lire votre courrier, votre programme de messagerie contacte cet ordinateur et rapatrie tout courrier en attente. Ce procédé de téléchargement est connu sous le nom de *protocole POP* (Post Office Protocol). Différentes versions existent dont les plus courantes sont POP2 et POP3.

Avec un peu de chance, tout cela se passera sans embûche. Toutefois, sachez que, si le protocole POP est courant sur PC, le reste d'Internet ne manipule pas le courrier de cette façon. Autrement dit, la machine expédiant votre courrier (votre PC) est différente de celle le recevant (le gros ordinateur), ce qui peut provoquer des complications. Toutefois, le superviseur de votre système pourra probablement s'arranger (en modifiant quelques paramètres) pour que votre courrier *semble* avoir été envoyé et reçu par le même système.

WINSOCK

WINSOCK est l'acronyme de WINdows SOCKets. Chaque version DOS de TCP/IP est composée de deux parties : l'une constitue les programmes d'application utilisés pour accéder aux divers services Internet, l'autre représente la bibliothèque commune des fonctions de réseau utilisée par toutes les applications du réseau. Dans tous les cas, les fabricants documentent les fonctions de la bibliothèque pour permettre à d'autres types d'applications de fonctionner avec le logiciel TCP/IP fourni.

Malheureusement, ces fonctions ne sont pas toutes parfaitement identiques ; aussi des applications pouvant fonctionner avec l'un ne fonctionnent pas avec l'autre. (Pour bien comprendre, on peut établir une comparaison avec les appareils électriques européens : même si le courant utilisé est identique, les prises électriques sont différentes. Si vous ramenez une machine à coudre d'Angleterre par exemple, à moins de trouver un adaptateur, vous ne pourrez pas vous en servir en France.)

En 1991, tous les fabricants de réseaux se lançaient dans la production de logiciels TCP/IP Windows. Un jour, un petit groupe d'entre eux décida de mettre au point un ensemble de normes pour applications TCP/IP, fondé sur la bibliothèque Sockets utilisée par la plupart des versions UNIX. Tous (même Microsoft possédant une version TCP/IP pour Windows NT) acceptèrent d'adopter cet ensemble de normes intitulé WINSOCK.

Ainsi, une fois quelques bugs de compatibilité supprimés (ce qui devrait arriver dès les premiers mois de 1994), toutes les applications TCP/IP Windows utilisant WINSOCK fonctionneront avec *n'importe quel* logiciel de réseau TCP/IP Windows.

Chapitre 4
Les utilisateurs d'UNIX

Dans ce chapitre...

Votre système UNIX est-il branché ?
Etes-vous prisonnier d'un réseau local ?
UNIX est doublement à votre service
Mais où sont passés mes fichiers ?
Quelques caractéristiques NFS
UNIX et les boîtes aux lettres
Le système d'information NIS

La plupart des systèmes d'exploitation UNIX comprennent un logiciel Internet, en configuration standard ou optionnelle. Pour ceux qui ne sont pas connectés (ou pas directement) à Internet, tous les systèmes UNIX sont fournis avec un vieux programme encore très pratique appelé *UUCP*. UUCP (UNIX to UNIX CoPy) utilise des modems ordinaires et des lignes téléphoniques pour gérer le courrier électronique et les "news" du réseau (voir le Chapitre 9 pour plus d'infos).

Votre système UNIX est-il branché ?

Si vous utilisez une station UNIX, vous disposez sans aucun doute d'un logiciel Internet. Le problème majeur sera de savoir si vous êtes connecté à Internet directement, indirectement ou (horreur, malheur) si vous n'êtes pas connecté du tout. Vérifiez tout d'abord si vous disposez bien d'un logiciel Internet en tapant la commande suivante :

```
telnet localhost
```

Vous obtiendrez ensuite (en quelques secondes) une invite de votre propre ordinateur. Ouvrez une session, puis refermez-la. Si un message négatif s'affiche, alors votre système est un des derniers systèmes UNIX ne comprenant pas de logiciel Internet. Pas de chance ! Toutefois, vous pouvez probablement envoyer et recevoir du courrier via le programme UUCP.

Certains signes sont révélateurs : Est-ce qu'un câble de réseau est connecté à votre ordinateur ? (Voir le Chapitre 3 pour un tour d'horizon des types de câbles de réseau les plus répandus.) Est-ce que les documents que vous imprimez sortent sur une imprimante reliée à un autre ordinateur ? Ce serait un signe incontestable de la présence d'un réseau actif. Pouvez-vous envoyer du courrier électronique à d'autres ordinateurs ? Là encore, si la réponse est oui, vous faites partie d'un réseau.

Attention, il y a un réseau au bout du câble !

Les trois types de câble Ethernet les plus connus sont le *câble coaxial épais*, le *câble coaxial fin* et la *paire torsadée non blindée*. Le Chapitre 3 comprend une illustration de ces différents câbles.

Le câble coaxial épais est à peu près aussi gros qu'un doigt de la main. Il est relié à votre ordinateur via un connecteur plat équipé d'un petit loquet, ce qui serait très pratique si ce petit fermoir fonctionnait correctement, mais ce n'est pas toujours le cas.

Le câble coaxial fin (beaucoup moins cher que le précédent) a la taille d'un câble de télévision. Il utilise ce que les experts du réseau appellent des *connecteurs BNC*, lesquels sont beaucoup plus fiables que le précédent. Ce câble a toutefois une moins bonne résistance aux bruits électromagnétiques.

Si plusieurs ordinateurs sont raccordés au câble coaxial fin, et que votre ordinateur se trouve être le dernier, un câble ira jusqu'au connecteur T habituel, fixé à l'arrière de votre ordinateur, et un petit connecteur appelé *terminateur* sera situé à l'autre extrémité du T. Ce petit connecteur est placé à chaque extrémité d'un réseau Ethernet pour terminer le réseau et réduire les interférences électriques.

La paire torsadée de type non blindé utilise le câblage téléphonique et un connecteur ressemblant, en plus grand, à un connecteur téléphonique américain. Ce média constitue le support physique le plus intéressant (bon marché et souple d'utilisation) de tous les supports Ethernet.

Si votre site fait partie d'un réseau *Token Ring*, vous serez probablement heureux d'apprendre que ces réseaux utilisent un connecteur très résistant peu enclin à vous poser de problèmes. Si jamais ce connecteur venait à se débrancher, il faudrait relancer votre système après l'avoir rebranché, car l'ordinateur doit alors effectuer une initialisation spéciale pour se replacer dans le réseau.

Êtes-vous prisonnier d'un réseau local ?

En admettant que votre logiciel de réseau soit installé convenablement et que votre ordinateur soit relié à un réseau (habituellement au moyen d'un câble Ethernet connecté à l'arrière de votre ordinateur), il faudra néanmoins savoir si vous êtes relié à Internet ou simplement à une machine locale. Si vous utilisez les services d'un serveur local, assurez-vous que celui-ci est relié à son tour à Internet.

Pour cela, le plus simple est de vérifier si vous pouvez établir un contact avec un site Internet connu ou dont vous connaissez l'adresse. Essayez d'ouvrir une session à distance en tapant *telnet* devant l'adresse souhaitée. Si la connexion est établie (vous obtenez des messages d'informations de ce site), alors c'est gagné, vous êtes branché !

Dans le cas contraire, soit votre réseau n'est pas relié directement à Internet, soit vous êtes confronté à des problèmes qu'un spécialiste des réseaux se fera un plaisir de résoudre pour vous. Encore une fois, même si votre réseau n'est pas directement relié à Internet, vous pourrez probablement échanger du courrier électronique avec d'autres personnes sur Internet.

UNIX est doublement à votre service

UNIX comprend les deux services Internet les plus traditionnels : telnet, qui permet la connexion de terminaux à distance pour des accès interactifs sur une machine hôte, et FTP, pour copier des fichiers à distance depuis et vers une machine hôte. Les programmes de réseau d'UNIX ont été écrits par un groupe d'étudiants qui ont très vite accompagné ces programmes d'une autre série similaire (mais différente) avec des noms commençant par la lettre *r*. Ces programmes ne sont vraiment utiles qu'entre systèmes UNIX.

- *rlogin* correspond à peu près à telnet.
- *rsh* exécute une commande à la fois sur machines éloignées.
- *rcp* correspond à peu près à FTP.

Chacun de ces programmes *r* comporte certains avantages qu'il est intéressant de connaître. Vous pouvez, par exemple, vous connecter aux machines sur lesquelles vous avez un compte et copier des fichiers parmi ces machines sans avoir à fournir votre nom ou mot de passe chaque fois que vous sollicitez un service.

Les commandes *r* sont traitées dans les chapitres concernant leurs équivalents génériques non UNIX. Vous trouverez rlogin et rsh dans le Chapitre 14, et rcp dans le Chapitre 16.

Mais où sont passés mes fichiers ?

NFS (Network File System) est une fonction de réseau communément intégrée dans les systèmes UNIX. Cette architecture logicielle développée par Sun Microsystems permet l'utilisation de ressources partagées de façon transparente, sur un réseau de stations sous UNIX. Cette fonction autorise le traitement de fichiers et de répertoires d'un ordinateur A comme s'ils étaient présents sur un ordinateur B. Autrement dit, de nombreux fichiers de votre ordinateur peuvent en fait provenir d'un autre ordinateur.

Cette situation n'est un problème que si cet autre ordinateur tombe en panne, auquel cas votre système se trouvera subitement confronté à un trou noir comme si on lui avait soudainement ôté son propre disque dur. Heureusement, la fiabilité du système NSF permet à un ordinateur ayant subi un tel KO de repartir exactement là où son serveur l'avait abandonné, après réparation de ce dernier.

Quelques caractéristiques NFS

Bien que l'architecture NFS ait été écrite à l'origine pour des systèmes UNIX, des versions NFS existent également pour d'autres types d'ordinateurs dont la gamme va du Mac et du PC aux gros ordinateurs IBM. Ces versions permettent le partage de fichiers et de données de façon très souple.

En outre, NFS se trouve être la meilleure solution (si ce n'est la seule) pour relier ensemble des ordinateurs hétérogènes, car il fonctionne sur une gamme d'ordinateurs beaucoup plus importante qu'aucun autre système de partage de fichiers.

NFS s'appuie sur une paire de protocoles de communication Internet appelés UDP/IP (voir le Chapitre 6). Par conséquent, si votre machine utilise NFS, vous pouvez utiliser en principe n'importe quel fichier NFS se trouvant sur Internet, sous réserve que l'ordinateur hôte vous donne l'autorisation d'y accéder.

Si le réseau auquel vous êtes connecté est assez rapide, vous pourrez utiliser des fichiers résidant sur un ordinateur éloigné comme s'ils étaient locaux. Toutefois, les liaisons de réseaux éloignés sont généralement très lentes, à peu près cent fois plus lentes que celles des réseaux locaux. Ne vous étonnez pas alors si votre disque semble traîner un peu.

A moins d'être masochiste, le stockage de fichiers sur réseau étendu via NFS n'est pas à recommander. En revanche, NFS est une solution idéale pour la consultation et la collecte de fichiers d'archivage. Certains systèmes comportant des fichiers d'archive importants permettent à tout utilisateur NFS d'accéder à leurs disques (uniquement en lecture et non en écriture, ils ne sont pas complètement fous).

Que ce soit via NFS ou FTP (le programme de transfert de fichiers standard décrit dans le Chapitre 16), lister des répertoires, lire des fichiers, etc., sont des tâches qui prendront du temps. Un conseil : lorsque vous avez trouvé un fichier ou un groupe de fichiers qui vous plaît, copiez-le sur un disque plus rapide avant de l'utiliser.

UNIX et les boîtes aux lettres

Tous les systèmes UNIX comportent au moins de façon rudimentaire une messagerie électronique, et la plupart de ces messageries sont très évoluées. Il est toujours possible d'envoyer du courrier à d'autres utilisateurs de votre système local et à ceux du réseau local. Si vous êtes connecté à Internet, même indirectement vous pouvez envoyer du courrier à tous les autres utilisateurs via des systèmes intermédiaires.

Quelques sites importants, tels que UUNET et PSI, procurent une connectivité de messagerie de réseau pour des centaines (si ce n'est des milliers) de systèmes commutés. De nombreux systèmes plus petits fournissent des services de messagerie transitaire fondés plus ou moins sur les mêmes principes. Reportez-vous au Chapitre 27 pour une liste de ces systèmes.

La meilleure façon de savoir si vous pouvez envoyer et recevoir du courrier électronique Internet est d'essayer (voir le Chapitre 7 pour les détails).

Dans la mesure où il existe de nombreux systèmes de messagerie sur UNIX, il est très difficile de donner des informations générales valables pour chacun d'eux. Nos exemples utilisent *elm*, lequel est très répandu sur UNIX (il marche bien et il est gratuit). Si vous utilisez un autre système de messagerie, tel que *mail* ou *mh*, vous devrez vous renseigner localement. Par chance, quel que soit le système utilisé, le format de boîte aux lettres reste inchangé, si bien que le courrier passe toujours.

Le système d'information NIS

NIS est le dernier concept que tout utilisateur UNIX doit connaître. Autrefois appelé *Yellow Pages* (les pages jaunes), NIS, ou *Network Information System*, est un système qui rassemble toutes les informations administratives concernant les stations d'un réseau. (Son appellation fut changée car celle-ci était déjà utilisée. Quelques commandes NIS commencent encore par les lettres *yp*.)

Son intérêt est le suivant : lorsqu'une entreprise ou un département d'entreprise possède plusieurs stations, la meilleure façon de les organiser consiste à faire en sorte qu'elles partagent des fichiers via NFS, et à permettre aux utilisateurs d'avoir un compte sur toutes les machines de sorte à obtenir un grand système partagé. (Cette organisation imite les systèmes centraux fonctionnant en temps partagé, lesquels étaient très populaires dans les années soixante-dix.)

Autrefois, synchroniser l'ensemble des informations administratives des stations était un vrai cauchemar. Chaque système possède un fichier de mots de passe comportant les utilisateurs autorisés à accéder au système, un fichier de noms comprenant la liste des utilisateurs de courrier électronique et la liste de messagerie, ainsi qu'un ensemble de répertoires dans lesquels les fichiers peuvent être référencés à distance. Dans une grappe (ou regroupement) de 50 stations, lorsque le superviseur du système accueillait un nouvel utilisateur, ce dernier devait être ajouté aux 50 fichiers de mots de passe, aux 50 fichiers de courrier, etc., et les risques d'erreurs étaient très élevés.

NIS offre une solution à la plupart de ces problèmes en rassemblant pratiquement toutes les données administratives. Toutes les stations consultent NIS plutôt que leurs propres fichiers. Lorsqu'un nouvel utilisateur est accueilli par le réseau, celui-ci est uniquement ajouté à la base de données partagée, lui permettant d'accéder aussitôt à toutes les autres stations.

Ce système fonctionne généralement sans aucun problème. Toutefois, il peut arriver que les bases de données NIS perdent la mesure. Après la mise à jour des fichiers maîtres, une série de commandes délicates est nécessaire afin de régénérer la base de donnée NIS. C'est là que peut se glisser une erreur qui pourra avoir des conséquences extrêmement étranges. La conception de NIS rend également possible le développement de problèmes de sécurité embarrassants. Ces problèmes sont mineurs si les ordinateurs ne sont accessibles qu'à un petit groupe d'utilisateurs dignes de confiance, mais ils peuvent être désastreux si des millions d'utilisateurs Internet peuvent s'infiltrer sur le réseau.

NIS et le courrier électronique

NIS permet de centraliser le tri du courrier électronique. La boîte aux lettres de chaque utilisateur réside sur une machine *domestique*, généralement celle qu'il utilise tous les jours. NIS centralise la base de données d'adressage de courrier, de sorte que même si un utilisateur a un compte sur toutes les machines du groupe, le courrier est automatiquement acheminé vers la boîte aux lettres de la machine domestique. Quelle que soit la machine utilisée, il est possible de lire le courrier de sa boîte aux lettres, et d'envoyer des messages au sein du groupe et ailleurs.

Lorsque le courrier provient d'utilisateurs de systèmes NIS, on peut ainsi trouver des adresses bizarres. Admettons qu'une entreprise possède 26 stations, dont les noms sont donnés par ordre alphabétique. On obtiendrait ainsi : *aaron.yoyodyne.com* pour la première, *bertha.yoyodyne.com* pour la deuxième, et ainsi de suite jusqu'à *zelda.yoyodyne.com*. L'adresse de retour pourrait être *lauren@aaron.yoyodyne.com*, *lauren@bertha.yoyodyne.com*, etc., en fonction de la machine utilisée.

Comment savoir à quelle machine envoyer votre réponse lorsque vous recevez du courrier comportant ce type d'adresse de retour ? Heureusement, cela n'a aucune importance. Envoyez-la à qui vous voulez. Si la machine choisie n'est pas celle où réside la boîte aux lettres de l'utilisateur, elle fera automatiquement suivre ce courrier. Pas d'affolement, cette petite étape transitoire n'ajoutera qu'une demi-seconde de plus au temps nécessaire à la transmission d'un message électronique. (Si cette demi-seconde est un contretemps pour vous, alors vous avez certainement plus de problèmes que NIS.)

Chapitre 5
Les autres utilisateurs

Dans ce chapitre...

Les Mac
Les systèmes VMS
Les terminaux X
Et puis quoi encore ?

Les mac

Chacun sait que les Mac disposent d'excellentes fonctions intégrées de réseau. Il suffit d'effectuer quelques simples raccords pour obtenir un réseau. Toutefois, cela n'est vrai que dans la mesure où le réseau en question ne comporte que des Mac. Accéder à Internet via un Mac est en fait une tâche assez ardue, en raison notamment de ces fonctions de réseau.

Lorsque vous reliez des Mac ensemble, ces derniers communiquent à l'aide d'un système de réseau, installé d'origine sur tous les Mac, appelé *AppleTalk*. AppleTalk est parfait tant que les ordinateurs utilisés sont tous des Mac, et qu'ils sont tous suffisamment rapprochés pour être connectés au moyen de câble de type Apple. Cependant, sur de longues distances, AppleTalk n'est pas aussi performant, et sur la plupart des autres types de machines il se révèle complètement inefficace. AppleTalk a longtemps constitué l'unique solution d'Apple pour ses réseaux.

Il y a quelques années, Apple a finalement accepté de se conformer aux normes TCP/IP (voir le Chapitre 6 pour tous les détails concernant TCP/IP). Ainsi, il existe aujourd'hui un support TCP/IP standard de bas de gamme utilisé par presque tous les logiciels Internet pour Macintosh. Son nom officiel est *TCP/IP Connection for Macintosh* (*Connexion TCP/IP pour Macintosh*), mais il est plus connu sous le nom de *MacTCP* (voir le Chapitre 28).

La version en cours de MacTCP est la version 2.0.2, laquelle a considérablement amélioré les versions précédentes, et réglé des problèmes importants de la version 2.0. Aussi, n'hésitez pas à faire l'acquisition d'une mise à jour au plus tôt.

L'installation de MacTCP étant assez délicate, il est souvent préférable d'avoir recours pour celle-ci à un expert en réseau Mac pour cela. (Profitez-en pour lui demander de fixer les câbles de réseau par la même occasion.)

MacTCP offre deux options très utiles : il est disponible dans le panneau de configuration Mac, vous permettant de le configurer à votre gré. Il possède également des bibliothèques internes et standardisées que les applications de réseau utilisent, de sorte que de multiples applications de réseau peuvent être exécutées sans problème. Le système 7 autorise même le lancement simultané de plusieurs applications.

Zut, mon MacTCP est verrouillé !

Si votre Mac a été installé par une tierce personne, vous aurez peut-être la surprise de découvrir que vous ne pouvez pas modifier les paramètres du panneau de configuration MacTCP, ce dernier étant verrouillé. En fait, c'est une assez bonne nouvelle, car cela signifie que la personne l'ayant installé a pris la peine de configurer et de verrouiller vos options MacTCP.

Seule une version MacTCP de l'administrateur vous permettra de déverrouiller le panneau de configuration. Plutôt que d'essayer de vous débrouiller seul après avoir discrètement subtilisé la disquette requise, trouvez l'administrateur à l'origine de ce verrouillage, et demandez-lui d'effectuer les modifications à votre place.

Sachez qu'un déverrouillage est nécessaire uniquement pour les changements de paramètres de réseau. En revanche, aucun déverrouillage n'est requis pour l'utilisation ou l'installation d'applications de réseau.

Le câblage Mac

Trois options de réseau sont disponibles pour votre Mac :

- **LocalTalk** ou **PhoneNet** : Ces petits joujoux utilisent des câbles fins et des petits connecteurs.

- **Ethernet** : Cette option utilise des câbles épais, des câbles fins ou des lignes téléphoniques. Reportez-vous à la section concernant le câblage

Ethernet dans le Chapitre 3. Les mac ont les mêmes options Ethernet que les PC.

- **Token Ring** : Ce système utilise des câbles fins et des connecteurs carrés.

Chacune de ces options présente des avantages et des inconvénients, mais le choix est souvent simple : vous devez opter pour les types de réseaux utilisés par les autres ordinateurs pour pouvoir communiquer avec eux.

Si le réseau utilisé est LocalTalk, la plupart des autres micro-ordinateurs du réseau seront également des Mac, et vous aurez besoin d'une passerelle pour vous connecter au monde TCP/IP d'Internet. Si le type de réseau est Ethernet ou Token Ring, il pourra y avoir toutes sortes d'ordinateurs, et vous pourrez ne pas avoir besoin d'une passerelle.

Les protocoles de communication

Il n'existe malheureusement pas d'installation de réseau standard pour Mac. La raison en est qu'il existe trop de *protocoles* de réseau différents. Ces protocoles sont des conventions logicielles permettant la communication entre ordinateurs. En outre, il existe trois types de matériels de réseau.

Les deux protocoles les plus importants sont les suivants :

- TCP/IP d'Internet.
- AppleTalk d'Apple.

Les trois types de réseaux sont les suivants :

- LocalTalk.
- Ethernet.
- Token Ring.

Un Mac est capable d'utiliser AppleTalk sur LocalTalk, Ethernet ou Token Ring. Il peut également utiliser TCP/IP sur Ethernet ou Token Ring. Vous suivez ? (Peu importe, de toute façon avec un peu de chance vous n'aurez jamais à vous préoccuper de cela.)

AppleTalk présente l'avantage (si vous utilisez un Mac) d'être parfaitement intégré au reste du système Mac. Dès que vous mettez en service une connexion AppleTalk, votre Mac peut *voir* toutes les autres ressources AppleTalk, telles que les imprimantes, les serveurs de fichiers Mac, et les serveurs AppleShare de Novell. AppleTalk peut fonctionner sur tous les supports matériels mentionnés ci-avant. Lorsque votre Mac envoie un ensemble de données AppleTalk via des câbles Ethernet, on appelle cela *Ethertalk*. Lorsqu'il envoie des données AppleTalk via des câbles Token Ring, c'est du *Tokentalk*.

TCP/IP a un atout considérable : toutes sortes d'ordinateurs peuvent l'utiliser. Lorsque Mac envoie des données TCP/IP via des câbles Ethernet ou Token Ring, on appelle cela TCP/IP (pas de petit nom pour Internet). Aucune disposition n'est prévue pour une connexion TCP/IP native sur LocalTalk.

Si vous voulez que votre Mac communique avec Internet, il faut donc qu'il soit capable de parler TCP/IP. Il n'y a pas d'alternative. Toutefois, votre Mac dispose de deux moyens distincts pour envoyer un paquet de données TCP/IP d'Internet. Il peut :

- Envelopper ses données à l'intérieur d'une couche d'AppleTalk et les envoyer comme un paquet AppleTalk dans lequel sont cachées des données TCP/IP (on parle alors de données TCP/IP *encapsulées*).

- Envoyer ses données comme un paquet TCP/IP natif standard.

Dans le premier cas, seuls d'autres Mac utilisant MacTCP et quelques systèmes de passerelles compatibles pourront comprendre le message envoyé. Dans le second cas, tout autre système TCP/IP est capable de le comprendre immédiatement.

En bref, si votre réseau utilise Ethernet ou Token Ring, configurez votre Mac de sorte qu'il utilise TCP/IP natif. (Pour cela, employez le panneau de configuration MacTCP.) Cette installation vous permettra d'accéder à un nombre considérable de systèmes TCP/IP, à la fois Mac et non Mac.

En revanche, si vous utilisez LocalTalk, vous devrez employer la méthode TCP/IP encapsulé. Une passerelle (ou appareil d'interconnexion) sera nécessaire pour lire et envoyer les données encapsulées. Différentes passerelles sont disponibles, dont FastPath de Shiva, Gatorbox de Cayman Systems, Multiport Gateway de Webster Computer Corporation, et EtherRoute/TCP de Compatible Systems.

Il est également possible d'envoyer des données TCP/IP natives et AppleTalk au moyen d'un même câble. En d'autres termes, il peut sembler logique de communiquer avec d'autres Mac locaux via AppleTalk, et avec le monde extérieur via TCP/IP, tous deux exécutés en même temps sur votre Mac.

Maintenant, qu'est-ce que j'en fais ?

Après avoir installé MacTCP, vous pouvez faire tourner diverses applications qui vous permettront d'accéder à tous les services de réseau traités dans le Chapitre 28. Voici une liste de quelques applications très répandues :

Chapitre 5 : Les autres utilisateurs 45

NOTE TECHNIQUE

Comment ça, je ne suis pas dynamique ?

Un des aspects excitants des réseaux TCP/IP de Mac est le *système d'attribution d'adresse*. Tous les ordinateurs reliés à Internet sont dotés d'une adresse numérique constituée de quatre parties, telle 127.85.46.9. Cette adresse est une suite de bits qui identifie la source ou la destination d'un paquet de données.

Chaque réseau Internet comprend une gamme d'adresses destinées aux ordinateurs de ce réseau. La méthode la plus courante d'attribution d'adresses consiste à circuler dans les bureaux pour coller sur chaque ordinateur une étiquette sur laquelle figure une adresse. Ce procédé est appelé *adressage statique*, car l'adresse est permanente (du moins aussi permanente que peut être la technologie de l'informatique).

Lorsque des Mac communiquent entre eux via AppleTalk, et avec le monde extérieur via une passerelle, ils utilisent un procédé appelé *adressage dynamique*. Ces Mac ne sont plus dotés d'une adresse permanente, mais leur passerelle se voit attribuer un *pool* d'adresses Internet, autrement dit un groupe d'adresses mises en commun. Chaque fois qu'un des Mac contacte la passerelle pour se connecter avec le monde extérieur, celle-ci lui attribue une adresse disponible du pool.

Ce procédé offre deux avantages :

- Les administrateurs de réseau n'ont plus besoin d'arpenter les couloirs de l'entreprise munis d'étiquettes autocollantes, ou de chercher une nouvelle étiquette chaque fois qu'on installe un ordinateur.
- Le nombre d'adresses requis par un réseau pourra être inférieur au nombre de Mac installés.

Internet étant en pleine pénurie de chiffres, si le réseau de votre entreprise comprend un millier de Mac, l'acquisition d'un millier d'adresses posera des problèmes. Il sera plus facile d'obtenir 250 adresses. Si vous ne pensez pas utiliser plus d'un quart de vos ordinateurs à la fois sur Internet, vous vous en sortirez très bien avec 250 adresses pour 1000 Mac.

Cette formule s'applique également pour des petites structures ; vous pouvez avoir un réseau de 50 Mac organisé en 8 sous-réseaux, et seulement 30 adresses.

L'adressage dynamique présente un inconvénient majeur : le monde extérieur est incapable de contacter un ordinateur en particulier. Si vous voulez mettre un serveur à la disposition des utilisateurs Internet, le Mac chargé de ce service devra posséder une adresse statique pour que les personnes de l'extérieur puissent le contacter. Il est possible de mettre en place une installation mixte dans laquelle la plupart des Mac sont dotés d'adresses dynamiques, et les autres (tels que des serveurs) d'adresses statiques.

Les administrateurs des réseaux se chargent habituellement de l'adressage, de sorte que vous n'avez pas à vous en inquiéter. Toutefois, si vous souhaitez fournir un service de réseau à un ami de l'extérieur, assurez-vous que votre serveur dispose d'une adresse statique.

- **NCSA Telnet** : La version la plus populaire de Telnet, qui vous permet de vous connecter à d'autres ordinateurs. Cette application est populaire pour deux très bonnes raisons : elle marche bien, et elle est gratuite. elle comprend également le protocole FTP, qui permet de copier les fichiers d'un ordinateur à l'autre, ainsi qu'un client et un serveur FTP.

  NCSA Telnet se trouve être une des seules applications TCP/IP Mac ne nécessitant pas (mais pouvant fonctionner avec) MacTCP. Si vous possédez un seul Mac et un modem, NCSA peut être tout ce dont vous aurez besoin pour vous connecter à Internet. Reportez-vous au Chapitre 28 pour de plus amples informations.

- **COMET** : Une autre version Telnet, de Cornell. Elle comprend une émulation Telnet style IBM 3270 qui vous permet de communiquer avec d'autres gros ordinateurs IBM.

- **SU-Mac/IP** : Un logiciel complet de Stanford comprenant Telnet, FTP et autres petites merveilles. Il n'est disponible que pour les établissements liés à l'éducation.

- **Eudora** : Un programme complet de réception et d'envoi de courrier. Jusqu'à la fin du premier semestre 1993, les versions de ce logiciel étaient gratuites. Elles sont maintenant commercialisées par Qualcomm.

- **Newswatcher** : Un programme permettant de lire les news (rarement appelées nouvelles) de USENET. Développé par Apple, il est disponible gratuitement.

Les systèmes VMS

VAX de la firme DEC (Digital Equipment Corporation) est un des mini-ordinateurs les plus populaires dans le circuit Internet. Trois systèmes d'exploitation différents sont disponibles sur un ordinateur de la famille VAX :

- VMS.
- Ultrix.
- OSF/1.

Les deux derniers sont des versions d'UNIX. Les explications du Chapitre 4 peuvent donc s'appliquer à ces systèmes. Il n'en va pas de même pour VMS, aussi nous traiterons plus particulièrement de celui-ci.

Chapitre 5 : Les autres utilisateurs   **47**

BinHex et MacBinary

La plupart des utilisateurs d'autres types d'ordinateurs s'accorderont à dire que les Mac utilisent des fichiers plutôt bizarres. Chaque fichier Mac comporte deux parties distinctes, appelées *data fork* et *resource fork*. La première contient les données du fichier (le texte si c'est un document, l'image si c'est un fichier GIF). La seconde stocke l'icône Mac et d'autres informations relatives au fichier. C'est cette partie qui permet au Mac de lancer automatiquement le bon programme lorsque vous double-cliquez sur un fichier.

D'autres types d'ordinateurs ne savent pas manipuler ces fichiers, aussi des normes de fait se sont-elles développées. Ces conventions compactent les fichiers Mac, de sorte qu'ils puissent être stockés et transférés par d'autres types d'ordinateurs. Les deux normes principales sont les suivantes :

- MacBinary : La technique MacBinary consiste à assembler les deux parties des fichiers en y ajoutant quelques bits d'informations, telles que le vrai nom du fichier (la plupart des ordinateurs ne savent pas gérer des noms tels que *Deuxième version de mon roman*), le type de fichier et sa date de création. MacBinary en fait un fichier d'une seule partie que tout ordinateur peut comprendre. Si vous trouvez un fichier dont l'extension est *.bin*, c'est un MacBinary.

- BinHex : La technique BinHex est identique à la précédente, mais elle comporte une étape supplémentaire qui a pour fonction de produire un fichier déguisé en caractères texte imprimables. En effet, si vous souhaitez faire circuler un fichier via une messagerie électronique ou USENET (voir les Chapitres 7 et 11), ce fichier doit avoir l'apparence d'un texte, car c'est tout ce que la messagerie et les news sont capables de manipuler. Tout fichier dont l'extension est *.hqx* est un fichier BinHex.

Il existe diverses versions de BinHex, mais la plus couramment utilisée est la version 4.0. De nombreux programmes convertissent les fichiers MacBinary en fichiers BinHex et réciproquement. Vous pouvez également utiliser un programme autonome tel que StuffIt pour cela.

Pour de plus amples renseignements concernant les fichiers Mac, reportez-vous aux livres des éditions Sybex traitant du monde Macintosh, notamment : *Le Mac pour les Nuls* (décembre 1993), par David Pogue et *Macintosh pour Tous*, par Tom Cuthbertson.

Les supports de réseau Internet TCP/IP du système VMS sont à l'image de ceux d'UNIX. Toutefois, VMS est différent pour deux raisons :

- Il n'existe aucune version dominante de TCP/IP pour VMS. On en trouve au moins 5, toutes de fabrications différentes, et fournissant des services différents. La personne qui gère votre machine VMS aura déjà fait son choix, vous devrez donc vous y soumettre.

- VMS possède son propre réseau natif (DECnet) et son propre système de gestion de fichiers (RMS). Dans de nombreux cas (notamment pour la messagerie électronique), VMS "croit" que, lorsque vous parlez réseau, vous parlez DECnet, vous devrez donc spécifier que, vous voulez dire Internet.

La messagerie électronique sous VMS

La plupart des boutiques VMS utilisent la messagerie standard de DEC, ou un module compatible ou encore le logiciel All-In-1. Les adresses de courrier sont considérées comme des adresses DECnet, il est donc nécessaire de préciser qu'il s'agit d'adresses Internet. Les adresses de courrier DEC peuvent avoir la forme suivante :

```
MX%@dpelvis@ntw.org"
```

MX est une passerelle de courrier Internet gratuite et très utilisée. Certains utilisent IN% à la place de MX%. (Renseignez-vous auprès d'un expert local pour connaître la formule magique s'appliquant à votre système.)

Si vous utilisez un système VMS au sein du propre réseau Easynet de Digital, le routage de tout courrier Internet sera géré par la machine hôte de DECnet appelée *DECWRL*. Pour envoyer un message sur Internet depuis un système du réseau Easynet, vous utiliserez la ligne suivante :

```
nm%DECWRL::"elvis@ntw.org"
```

Si vous utilisez All-In-1, votre adresse pourra être :

```
elvis@ntw.org @Internet
```

Rappelons que les détails varient selon l'installation de votre réseau local, aussi n'hésitez pas à demander l'avis d'un expert. Demandez-lui par la même occasion quelle est votre adresse de courrier électronique, car il existe de nombreuses façons de convertir une adresse DECnet en adresse Internet.

Le transfert de fichiers sous VMS

Les ingénieurs à l'origine du transfert de fichiers FTP d'Internet n'avaient probablement pas VMS ou RMS à l'esprit lorsqu'ils ont conçu ce programme. (Pour être honnête, FTP est antérieur à RMS.) Si votre fichier est un bon vieux fichier texte, vous pouvez le transférer via FTP sans aucun problème. En revanche, vous risquez de vous heurter à quelques écueils si vous tentez la même opération avec tout autre fichier.

Ne lisez la suite de cette section concernant le système VMS qu'après avoir lu les Chapitres 16 et 17 (lesquels traitent du programme FTP). Ces informations sont là car elles se rapportent au système VMS.

Deux solutions principales s'offrent à vous lorsque vous voulez transférer des fichiers RMS en utilisant FTP :

- Si la machine vers (ou de) laquelle vous effectuez un transfert tourne également sous VMS, avec un peu de chance elles disposeront toutes deux de programmes FTP mis à jour pour pouvoir comprendre RMS. Saisissez la ligne **STRU VMS** ou cherchez dans la documentation du programme FTP la ligne de commande permettant de transférer des fichiers structurés VMS. Si vous trouvez une telle commande, et qu'elle fonctionne lorsque vous l'essayez (l'autre extrémité doit coopérer pour cela), vous serez paré et vous pourrez transférer toutes sortes de fichiers sans aucun problème.

- L'autre solution consiste à masquer un fichier RMS par un fichier ordinaire, puis à le transférer, et enfin à le démasquer à l'arrivée. On utilisera généralement la commande **VMS BACKUP** qui permet de créer un petit fichier de sauvegarde contenant le ou les fichiers en question (il peut y avoir plusieurs fichiers). On peut également utiliser la commande **ZIP** pour créer un archivage. Si vous avez le choix, optez pour ZIP, vous obtiendrez un fichier de transfert plus petit (qui sera donc copié plus rapidement).

Les terminaux X

Très populaire au cours de ces dernières années, le terminal X est principalement une station de travail réduite exécutant un seul programme : X Windows. Les terminaux X sont reliés à d'autres ordinateurs en réseaux locaux, de sorte que vous vous connectez à un ou plusieurs de ces ordinateurs pour effectuer votre travail. Dans la mesure où Internet est un système égalitaire d'interconnexion de réseaux, si le réseau dont vous dépendez est relié à Internet, vous pouvez en principe (voir la rubrique "Astuce" suivante) utiliser des programmes compatibles X sur n'importe quel hôte Internet du monde.

Le terminal X possède généralement une application Telnet multifenêtre intégrée permettant de se connecter à un ordinateur local. Pour toute activité au-delà de cette longue session initiale, vous utiliserez des programmes ouvrant leurs fenêtres sur votre écran (généralement des fenêtres xterm connectées à des ordinateurs locaux).

Première partie : Les premiers pas dans le monde d'Internet

De nombreux services Internet tels que Gopher, Archie et WAIS (Chapitres 19-21) possèdent des versions X appelées, vous vous en doutez, *xgopher*, *xarchie* et *xwais*. Lorsque vous les utilisez, leurs fenêtres apparaissent automatiquement sur votre terminal. Assurez-vous de configurer la valeur DISPLAY (ou un équivalent sur systèmes non UNIX) de sorte qu'elle désigne votre écran. Si votre terminal se nomme *x15.ntw.org*, par exemple, vous devez saisir l'une des lignes suivantes dans une fenêtre telnet ou xterm avant de débuter une autre application X.

```
setenv DISPLAY x15.ntw.org:0    (shell C)
DISPLAY=x.15.ntw.org:0 ; export DISPLAY (shell Bourne ou Korn)
```

Le :**0** indique que votre terminal est censé utiliser la première unité d'affichage. (Les ordinateurs ne peuvent pas savoir, parce qu'ils sont bêtes, que vous ne disposez que d'un seul écran.)

Vous devez également informer votre terminal X qu'il peut permettre à des applications clientes X tournant sur d'autres ordinateurs d'afficher leurs fenêtres sur votre écran. Les spécifications de ce procédé varient selon le modèle de terminal X. En général, il faut ajouter à la liste d'hôtes autorisés à utiliser votre écran, le nom de l'ordinateur sur lequel tourne l'application X (très probablement celui auquel vous vous êtes connecté au début).

Bien que vous lanciez généralement des programmes clients X seulement sur ordinateurs locaux, en principe toute application X reliée à Internet peut afficher ses fenêtres sur votre écran, si bien que vous pouvez les utiliser directement, même si elle tourne sur un ordinateur de Slovénie par exemple. Dans la pratique cependant, cette connexion devra être très rapide sinon l'application risque d'être inexploitable, tellement elle sera lente.

Et puis quoi encore ?

Si vous êtes arrivé jusque-là, je ne vois vraiment pas quel système vous pouvez utiliser. Lisez toutefois les informations suivantes, elles sauront vous rassurer.

La plupart des ordinateurs reliés directement à Internet possèdent des applications de réseau fondées sur les versions UNIX, qui à leur tour s'appuient sur les originaux DEC-20, écrits il y a plus de 20 ans. Par conséquent, les commandes décrites pour FTP, telnet, etc., fonctionnent toujours car les programmeurs qui ont écrit votre version des programmes ont réutilisé les commandes qu'ils avaient l'habitude d'employer. Il est d'ailleurs souvent possible de distinguer sous la surface quelques traces des applications d'origine. Les versions multifenêtres de l'application FTP, par exemple, ont

Chapitre 5 : Les autres utilisateurs

généralement des menus et des boutons dont les choix correspondent presque exactement aux anciennes commandes.

En ce qui concerne les connexions de réseau physique, les choix sont aujourd'hui pratiquement les mêmes pour tous les ordinateurs.

- Si un réseau local relie les ordinateurs d'un même bâtiment, il s'agit très probablement d'une version d'Ethernet ou de Token Ring.

- Si votre employeur a des idées avancées et un gros budget, vous utilisez peut-être un réseau extrêmement rapide appelé *FDDI*, lequel ressemble à Ethernet et Token Ring, mais en plus rapide.

- Si vous ne disposez que d'un seul ordinateur, il y a de grandes chances pour qu'il soit connecté au reste du monde via un modem et une ligne téléphonique soit commutée, soit dédiée à un concentrateur (hub) de réseau.

- Si vous utilisez un supercalculateur ou un ordinateur géant, celui-ci pourra disposer d'une connexion large bande à fibre optique "super-exotique". (Le cas échéant cependant, des gardes vous arrêteront probablement si vous vous approchez un peu trop de la connexion de réseau, aussi peu importe celle que vous utilisez.)

- Votre ordinateur peut ne pas être doté d'une connexion ou d'un logiciel de réseau, mais simplement d'un modem et d'une émulation terminal. Dans ce cas, vous pouvez probablement vous connecter en tant que terminal à un système fonctionnant en temps partagé, lequel dispose d'une connexion Internet. Dans ce cas, c'est le système auquel vous êtes connecté, plutôt que l'ordinateur que vous utilisez en tant que terminal, qui détermine le type de logiciel utilisé.

Chapitre 6
Internet : Comment ça marche ?

Dans ce chapitre...

La poste et les télécommunications
Commutation de paquets ou de circuits
Comment définir Internet
Les voies du paradis
TCP : le facteur le plus rapide du monde
Mais où sont passés mes paquets ?
Les ports : dernier arrêt

Ce chapitre décrit en détail la façon dont Internet envoie ses données d'un endroit à l'autre. Sa lecture n'est pas indispensable, mais elle est vivement recommandée. En outre, et dans la mesure où je vous ai répété depuis le Chapitre 1 que ce chapitre contient tous les secrets du fameux TCP/IP, vous ne voudriez rater cela pour rien au monde.

La poste et les télécommunications

Le principe de base d'Internet est de transmettre des données d'un ordinateur à un autre. Est-ce difficile ? non, mais c'est assez compliqué.

La poste et les télécommunications représentent les exemples les plus familiers de transfert de données dans la vie réelle.

Lorsque vous souhaitez contacter une personne par téléphone, vous décrochez le combiné et composez son numéro. Un circuit est alors mis à votre disposition entre votre poste téléphonique et le poste que vous appelez. Vous et votre interlocuteur pouvez bavarder jusqu'à ce que vous ayez terminé (ou, si l'appel est déclenché par un modem, votre ordinateur et l'autre ordinateur peuvent dialoguer jusqu'à ce qu'*ils* aient terminé), puis vous raccrochez. Le circuit utilisé par les deux postes téléphoniques est alors libéré. Il n'est possible d'exécuter qu'un appel à la fois par ligne téléphonique. (OK, je sais que l'on peut désormais converser à trois sur une ligne, mais cela ne compte pas.)

Ce procédé est appelé *commutation de circuits*, car une liaison temporaire est établie entre des lignes d'un réseau de télécommunication. Le réseau téléphonique commuté est donc un exemple de réseau fonctionnant en commutation de circuits. Internet ne procède pas selon ce principe, aussi oubliez-le (pas complètement cependant, car nous y reviendrons lorsque nous traiterons de simulation de circuits commutés).

Lorsque vous souhaitez expédier un paquet à quelqu'un via la poste, vous inscrivez l'adresse du destinataire et celle de l'expéditeur sur ce paquet, puis vous l'envoyez. Le paquet est alors acheminé du bureau de poste local vers un bureau central, il est ensuite chargé sur un camion ou un train vers la zone géographique indiquée sur le paquet. Il voyage de poste en poste jusqu'au bureau du destinataire pour enfin être livré à domicile avec le reste du courrier.

Ce procédé ressemble davantage à celui d'Internet. Il existe deux cas de figure lorsqu'un ordinateur hôte souhaite envoyer un message à un autre ordinateur hôte : soit le destinataire est relié à un réseau en connexion directe avec le premier hôte, auquel cas il peut envoyer le message directement, soit il ne l'est pas. Dans ce cas, l'expéditeur envoie le message à un ordinateur hôte qui le fait suivre. Ce dernier, généralement relié à un autre réseau (au minimum), transmettra ce message directement au destinataire ou à un autre hôte qui le fera suivre à son tour. Il est assez fréquent qu'un message soit transmis d'hôtes en hôtes avant d'arriver à destination.

A ce stade vous pensez probablement : Quel idiot peut croire que la poste est plus intéressante que le téléphone ?

La poste présente en fait deux défauts majeurs : elle est lente, et parfois peu fiable (il arrive que le courrier s'égare). Internet souffre quelquefois des mêmes inconvénients, mais dans une moindre mesure. S'il arrive qu'un paquet prenne du retard (un jour de grande fréquentation par exemple), le temps de transmission reste de l'ordre de quelques secondes. Quant à la perte d'information, ce problème se révèle finalement mineur pour les diverses raisons que nous aborderons plus loin dans ce chapitre.

Commutation de paquets ou de circuits

Admettons maintenant que vous souhaitiez expédier à un ami résidant en Nouvelle-Guinée le manuscrit d'un nouveau livre très long que vous venez d'écrire. Malheureusement, la Nouvelle-Guinée n'autorise pas d'envoi supérieur à 500 g, et votre livre pèse 7,5 kg. Vous divisez donc le manuscrit en 15 parties que vous placez dans différents paquets sur lesquels vous inscrivez quelque chose du style *Partie 3 de 15*. Lorsque ces paquets arrivent à destination, probablement dans le désordre, votre ami rassemble les différentes parties qu'il remet dans l'ordre afin de pouvoir les lire.

Les divers réseaux d'Internet fonctionnent plus ou moins de la sorte. Ils véhiculent des données découpées en blocs appelés *paquets*, chacun de ceux-ci comportant les adresses de l'expéditeur et du destinataire. (Pour mémoire, ces adresses sont les numéros d'hôtes traités dans le Chapitre 2.) La taille maximale d'un paquet varie d'un réseau à l'autre, toutefois elle est généralement de quelques milliers d'*octets*. La limite pour un réseau Ethernet (qui est également la plus courante) est de 1 536 octets. Les messages trop importants pour constituer un seul paquet sont divisés en différents paquets plus petits. (TRANSPAC, le réseau public français, utilise la commutation de paquets.)

Si un paquet est divisé en petits morceaux via Internet, l'assemblage de ces morceaux à l'arrivée ne posera aucun problème. En revanche, si vous recevez par la poste un paquet en petits morceaux, vous êtes plutôt malchanceux.

Comment définir Internet ?

L'ensemble des normes utilisées pour transmettre des paquets d'un ordinateur hôte à un autre est connu sous le nom de *protocole Internet* ou *IP* (de l'anglais : *Internet Protocol*). En fait, c'est le protocole qui a donné son nom à Internet et non l'inverse. On peut donc définir Internet comme un ensemble de réseaux utilisant le protocole IP pour véhiculer des paquets.

Il est tout à fait possible de constituer des réseaux qui utiliseraient le protocole IP, mais qui ne seraient pas reliés à Internet. De nombreux réseaux ont été installés de la sorte par des entreprises souhaitant profiter des avantages du protocole Internet (fourni gratuitement avec toutes les stations UNIX), sans pour autant être reliés au monde extérieur, ou qui l'étaient uniquement via un service de messagerie commuté. Depuis un ou deux ans, nombre de ces réseaux sont connectés à Internet afin de bénéficier de ses avantages croissants. (Le coût de cette connexion pour un utilisateur isolé reste cependant assez élevé en France, contrairement aux Etats-Unis où il a considérablement diminué ces dernières années.)

Plusieurs autres protocoles sont également utilisés en connexion avec IP. Les plus connus sont *TCP* (*Transmission Control Protocol*) et *UDP* (*User Datagram Protocol*). On parle généralement du protocole *TCP/IP*, désignant en fait la combinaison des normes TCP et IP utilisée par la plupart des applications Internet.

Les voies du paradis

Trois types de voies d'accès permettent de véhiculer des paquets d'un réseau à un autre : les *ponts*, les *routeurs* et les *passerelles*. Voici un rapide tour d'horizon de leurs différences :

Les ponts

Un *pont* relie deux réseaux de façon qu'ils deviennent en apparence un réseau unique de plus grande envergure. On a généralement recours à des ponts pour relier des réseaux Ethernet. Ces ponts ont pour fonction d'observer chaque paquet transitant sur chaque réseau, et dès qu'ils voient un paquet sur un réseau destiné à un hôte d'un autre réseau, ils le retransmettent sur la voie appropriée.

Les numéros (ou adresses) Ethernet, à ne pas confondre avec les numéros (ou adresses) Internet, sont attribués selon le numéro de série de la carte Ethernet, et non selon le numéro de réseau. Ce procédé oblige le pont à dresser la liste des hôtes et des réseaux qui leur correspondent, en se référant aux adresses source figurant sur chaque paquet de chaque réseau. Un vrai miracle que cela fonctionne !

La grande qualité de ces ponts est qu'ils agissent en transparence. Les hôtes dont les paquets sont pris en charge par des ponts ne s'aperçoivent de rien. En outre, un seul pont peut gérer diverses sortes de trafics de réseaux (tels que Novell et Banyasm, mais également IP) simultanément. Malheureusement, les ponts ne peuvent relier que deux réseaux de même type et ne peuvent gérer de façon optimale des réseaux à haut débit (réseaux rapides) qui ne sont pas physiquement proches.

Les routeurs

Un *routeur* relie deux réseaux IP (ou plus). Les hôtes doivent être informés de la présence des routeurs. Cela ne pose aucun problème pour les réseaux IP, car le protocole Internet permet à tous les hôtes de communiquer avec les routeurs.

Les routeurs présentent un avantage et un inconvénient, respectivement :

- Ils peuvent relier entre eux divers réseaux physiquement différents, par exemple un réseau local Ethernet rapide à un réseau téléphonique plus lent.

- Ils sont moins véloces que les ponts car les calculs nécessaires au routage de paquets sont beaucoup plus complexes que ceux effectués par les ponts (plus particulièrement lorsque les réseaux ont des débits différents).

Un réseau à haut débit peut faire parvenir des paquets en beaucoup moins de temps qu'il ne faut à un réseau à faible débit pour les retirer, ce qui peut provoquer des embouteillages. Aussi, le routeur doit-il être capable de dire à l'hôte transmettant les paquets de parler plus lentement.

Les passerelles

Une *passerelle* transforme l'ensemble des procédures et des protocoles d'un réseau dans ceux d'un autre réseau différent pour leur permettre de communiquer. Si, par exemple, vous êtes relié à un réseau IP, et que vous souhaitiez communiquer avec un réseau DECnet ou SNA, une passerelle traduira les données d'un protocole à l'autre.

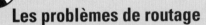

Les problèmes de routage

Le routage est à l'heure actuelle un des sujets chauds dans le monde Internet. Passer d'un réseau à un autre est aujourd'hui accompli selon différentes méthodes. Autrefois, trouver une route n'était pas une tâche très compliquée dans la mesure où l'objectif principal se résumait à trouver la route la plus rapide. Il n'existait alors qu'une poignée de réseaux, aussi les routeurs (hôtes passant des paquets de données d'un réseau à un autre) se contentaient-ils de comparer quelques chiffres pour trouver la route la plus directe.

Les choses ne sont plus aussi simples aujourd'hui. Pour commencer, il ne s'agit plus d'une poignée de réseaux (à moins d'avoir des mains géantes), mais de plus de 10 000 réseaux différents. Le nombre de réseaux reliés à Internet progresse d'ailleurs de façon extraordinaire. En outre, la vitesse des lignes de communication a augmenté de façon bien plus importante que celle des ordinateurs utilisés pour le routage, si bien qu'un matériel spécial va très vite se révéler nécessaire pour recevoir les nombreux réseaux à venir.

Parallèlement aux caractéristiques techniques qui distinguent un réseau d'un autre, il existe également des caractéristiques politiques. Certains réseaux, tels que NSFNET, autorisent exclusivement des trafics non commerciaux, alors que d'autres peuvent gérer tout type de données. Par conséquent, certaines données pourront ne pas emprunter la route la plus rapide si le trafic n'est pas approprié à un des réseaux sur cette route.

Les B-Routeurs

On appelle *B-Routeur* (*B* pour *Bridge* signifiant *Pont*) un équipement assurant conjointement les fonctions de pont et de routeur entre deux réseaux. Sachez en outre que les limites entre les ponts, les routeurs, et les passerelles ne sont pas toujours les mêmes selon le logiciel utilisé.

TCP : le facteur le plus rapide du monde

Internet ressemble donc au système postal dans la mesure où sa fonction consiste à transmettre des paquets de données. Qu'arrive-t-il alors si l'on souhaite "établir une conversation" telle que : ouvrir une session avec un ordinateur distant ? Retournons à notre analogie postale. Imaginons que vous êtes un joueur d'échecs. Une partie d'échecs normale se joue entre deux participants, l'un assis en face de l'autre. Une partie d'échecs "anormale" se joue par courrier, chaque joueur inscrivant dans chaque lettre le nouveau coup. Une telle partie prendrait des mois, mais qu'en serait-il si le facteur transmettant ce courrier était doté de chaussures supersoniques ? Chaque coup parviendrait à l'autre joueur en une fraction de seconde, si bien que la partie ressemblerait à une partie d'échecs normale.

Le protocole de transmission *TCP* est ce "superfacteur". Il fournit en quelque sorte une connexion dédiée d'un ordinateur à un autre. TCP est un système de transmission fiable. Toutes les données parviennent à destination, dans l'ordre d'envoi initial, *comme si* un circuit dédié reliait une extrémité à une autre (les détails de ce procédé sont décrits dans la section suivante). TCP ne fournit pas vraiment un circuit physique, mais un *circuit virtuel*. Cette voie correspond *temporairement* à un chemin physique disponible, éventuellement partagé avec d'autres communications.

Mais où sont passés mes paquets ?

Revenons encore une fois à notre analogie postale. Les envois en recommandé et les envois avec accusé de réception constituent les deux services proposés par la poste américaine pour garantir qu'un paquet ou une lettre ne s'évapore pas dans la nature. (En France, ils sont recommandés dans les deux cas.) Lorsque vous envoyez un objet d'une grande valeur, tel qu'un 45 tours original de Bill Haley et les Comets "Rock Around the Clock", vous l'expédiez de préférence en recommandé. Le cas échéant, le guichetier du bureau de poste l'enferme dans un tiroir à double tour. Ensuite, chaque fois que ce paquet est déplacé d'un endroit à un autre, il est soigneusement enregistré jusqu'à la signature finale du destinataire. Ce service est très fiable, mais plutôt lent du fait des nombreux enregistrements effectués en chemin.

On envoie généralement avec accusé de réception un courrier non pas d'une grande valeur, mais contenant un message important (par exemple, une lettre de votre compagnie d'assurances vous informant que votre contrat a été résilié). Ces lettres, triées et manipulées tout à fait normalement, sont remises au destinataire en échange d'une signature. Le récépissé sur lequel figure cette signature est alors envoyé à l'expéditeur comme preuve de la bonne réception de son courrier.

Différentes sortes de réseaux de PC utilisent l'une ou l'autre de ces méthodes. Les réseaux *X.25* (tels que Tymnet et Sprintnet, mais également TRANSPAC en France) emploient la première méthode, chaque paquet étant soigneusement répertorié étape par étape. (Il existe même un protocole appelé *X.75* utilisé pour passer les paquets d'un réseau à un autre de façon très fiable.) L'inconvénient du protocole X.25 est sa lenteur (à cause des divers enregistrements et de la vérification à chaque étape).

TCP/IP emploie une méthode similaire aux envois postaux avec avis de réception. IP achemine le paquet de son mieux à travers le réseau, mais si un problème survient, ou si le paquet est altéré en chemin, pas de chance : IP se contentera de s'en débarrasser. TCP numérote chaque paquet, et les logiciels TCP des deux hôtes en cours de communication vérifient ces numéros : chacun informe l'autre de ce qu'il a reçu et de ce qu'il n'a pas reçu, et envoie de nouveau tout ce qui a été perdu.

Cette méthode, dite de bout en bout, présente deux avantages sur la méthode X.25. Le premier est qu'elle est plus rapide, mais également plus fiable car elle ne dépend pas des hôtes intermédiaires (entre la source et la destination). Le second est qu'elle permet l'installation de réseaux à des coûts inférieurs car les routeurs n'ont pas à être aussi évolués. Un routeur de réseau TCP/IP doit pouvoir comprendre IP, mais pas nécessairement TCP ou tout autre protocole de niveau supérieur. (Pour votre gouverne, sachez que IP est un protocole de niveau 3, TCP un protocole de niveau 4 du modèle OSI.)

Par conséquent, vous pouvez très bien constituer un routeur pour un petit réseau à partir d'un simple ordinateur de bas de gamme et de quelques cartes réseau. Par exemple, tout le trafic Internet en provenance et en partance de mon réseau I.E.C.C. passe par un routeur construit à partir d'un PC clone 286, qui n'a pas coûté plus de 1 700 francs. Il fonctionne parfaitement.

Les ports : dernier arrêt

Les *ports* représentent la dernière escale de notre petite expédition à travers les principes de fonctionnement d'Internet. En termes postaux, les ports seraient les numéros d'appartements. Lorsque vous souhaitez communiquer avec un hôte particulier, vous vérifiez son numéro d'hôte, puis vous lui envoyez quelques paquets. Deux problèmes se posent ici. Le premier est qu'un hôte possède généralement de nombreux programmes pouvant entretenir des conversations simultanées avec plusieurs autres hôtes, si bien qu'il faut trouver un moyen pour que ces conversations ne se mélangent pas. Le second problème se pose lorsque vous contactez un hôte : vous devez l'informer de la nature de la conversation que vous souhaitez entreprendre. Voulez-vous envoyer du courrier électronique ? Transférer des fichiers ? Vous connecter à un serveur ?

Les ports offrent des solutions à ces problèmes. Un numéro de port est attribué à chaque programme d'hôte engagé dans une conversation avec un TCP ou un UDP afin d'identifier cette conversation. De plus, un ensemble de numéros de ports est réservé à des services particuliers connus. Par exemple, si vous souhaitez vous connecter à un hôte via le service Telnet standard, vous devez contacter le port 23 car c'est là que se trouve le serveur Telnet.

Les connexions à des *programmes clients* (programmes utilisant des services distants) se voient attribuer des numéros de ports arbitraires utilisés uniquement pour distinguer une connexion d'une autre. Les serveurs, quant à eux, utilisent les numéros de ports connus, de sorte que les clients puissent les trouver. Plusieurs centaines de numéros de ports connus (au moins de certains initiés) sont attribués. Les hôtes ne sont pas tenus de tous les accepter, mais seulement d'utiliser les bons numéros de ceux qu'ils acceptent.

Ne vous inquiétez pas, vous n'aurez vraisemblablement jamais à vous préoccuper de ces numéros. Néanmoins, il peut être pratique, dans certains cas, de les connaître. Lorsque vous souhaitez utiliser un service interactif sur un autre ordinateur, la technique habituelle consiste à utiliser le programme Telnet pour vous connecter au port 23 de l'ordinateur distant, puis à vous présenter (*log in*) en tant que simple utilisateur. (Reportez-vous au Chapitre 14 pour les subtilités.)

Avec cette méthode, certains serveurs vous invitent à vous connecter en tant que simple utilisateur, ce qui n'est pas très utile dans la mesure où vous ne disposerez pas d'un mot de passe. Pour consulter leur base de données, vous devrez vous connecter directement via un port particulier. Lorsque vous avez besoin d'utiliser un port autre que le port standard pour contacter un service particulier, reportez-vous à la description du service en question pour trouver ce numéro.

Il existe en fait deux types de numéros de ports : un pour TCP et un pour UDP. Cependant, tous les numéros connus sont attribués de façon identique. Par exemple, Telnet correspond au port 23 sur TCP ainsi que sur UDP.

Les protocoles ISO

L'ISO (International Standards for Organization) est une association qui développe des standards internationaux pour la transmission de données, lesquels sont censés remplacer dans les années à venir TCP/IP. Cette organisation a défini, entre autres, le modèle OSI (Open System Interconnection) qui découpe en 7 couches l'architecture d'un système de télécommunication.

L'ISO a également mis au point un ensemble de normes définissant divers protocoles de réseaux (X.25 par exemple), mais ces derniers sont pour la plupart lents, complexes, et pas toujours très au point. Aussi, à moins d'y être forcé pour des raisons politiques, peu de gens les utilisent. Si quelqu'un vous conseille d'oublier les absurdes protocoles TCP/IP, non officiels et non standardisés, sous prétexte que les normes ISO vont tous les remplacer, acquiescez mais n'en tenez pas compte.

En ce qui concerne les protocoles de messagerie électronique, les normes ISO ont obtenu un succès modéré. Le standard de messagerie électronique, appelé X.400, est composé de deux éléments principaux : le Message Transfer System (MTS) qui représente la capacité à transporter des données entre plusieurs entités, et le Messaging System (IPMS) qui offre des communications personnelles multimédias. Le standard X.400 est très souvent utilisé comme protocole de passerelle entre systèmes de messagerie. (Reportez-vous au Chapitre 9 pour savoir comment envoyer du courrier à des adresses X.400.) Ce standard est par certains côtés plus intéressant que la messagerie Internet, car vous pouvez utiliser des adresses similaires à celles que vous utilisez normalement pour l'envoi de courrier postal.

La normalisation d'un répertoire appelé X.500 fournit des informations telles que les numéros de téléphone, les adresses réseau ou de courrier électronique. Cet annuaire électronique est plutôt lent, mais il a de grandes ambitions, car Internet ne propose rien de comparable. Toutefois, la messagerie électronique apparaît comme le *seul* domaine où les normes ISO semblent avoir du succès.

Deuxième partie
Courrier et petits potins

NON MONSIEUR, NOUS NE SOMMES PAS UN CLUB DE RENCONTRE... EUX, ILS VOUS PRÉSENTENT DES GENS PAR L'INTERMÉDIAIRE D'UN ORDINATEUR POUR QUE VOUS PUISSIEZ DISCUTER EN PERSONNE. NOUS, NOUS VOUS PRÉSENTONS DES GENS EN PERSONNE POUR QUE VOUS PUISSIEZ DISCUTER PAR L'INTERMÉDIAIRE D'UN ORDINATEUR.

Dans cette partie...

Rumeurs, potins, blagues, recettes, mauvaises blagues, conseils de routards, et encore mauvaises blagues (comme si celles de ce livre ne suffisaient pas)... vous trouverez tout cela dans cette partie et bien d'autres choses encore que vous pourrez lire et écrire via les messageries et les news d'Internet. Lisez donc la suite pour savoir comment.

Chapitre 7
La messagerie électronique : les bases

Dans ce chapitre...

Le *b a ba* de la messagerie
Adresses et boîtes aux lettres
Les programmes de messagerie électronique
Le savoir-vivre des utilisateurs de messagerie

La messagerie électronique est sans aucun doute le service le plus utilisé d'Internet. Tous les systèmes (autres que les *hôtes routeurs dédiés* et leurs semblables) sont capables de fournir des services de messagerie. Autrement dit, quel que soit l'ordinateur que vous utilisez, s'il est relié à Internet, vous pouvez envoyer et recevoir du courrier.

Plus que tout autre service, la messagerie d'Internet est en contact avec de nombreux autres systèmes, vous permettant d'échanger des messages avec des utilisateurs qui ne font pas partie d'Internet (voir le paragraphe "Peut-on s'adresser au monde extérieur ?").

Le *b a ba* de la messagerie

Avant de vous lancer dans une correspondance frénétique, vous devez connaître deux ou trois petites choses dont : votre propre adresse et celles des personnes que vous souhaitez contacter.

Ces adresses sont composées de deux parties séparées par un signe @. La partie située avant ce signe désigne la *boîte aux lettres*, qui correspond (en substance) à votre nom personnel. La partie située après ce signe est ce que l'on appelle le *domaine*, qui correspond généralement au nom de votre ordinateur. Ce domaine peut parfois désigner le groupe contenant tous les ordinateurs locaux. Par exemple, si *shamu.ntw.org* est le nom d'un ordinateur du groupe Nuke the Whales Foundation, le domaine pourra être simplement *ntw.org*. Ce principe permet au système de messagerie local d'adresser le courrier au bon ordinateur du groupe, ce qui peut se révéler très pratique dans le cas où les éléments de ce groupe permutent souvent d'ordinateurs. (Cela vous dispense de prévenir le reste de la population chaque fois que vous vous déplacez d'une case.)

Peut-on s'adresser au monde extérieur ?

Oui. La messagerie d'Internet est connectée à toutes sortes de systèmes de messagerie électronique. Dans la plupart des cas, la connexion est suffisamment transparente pour que vous puissiez envoyer des messages hors Internet, exactement comme si vous les envoyiez à des utilisateurs directement reliés à Internet. Dans d'autres cas, vous devrez saisir vos adresses en y ajoutant quelques signes de ponctuation particuliers (tels que ! ou * ou encore %). Reportez-vous aux Chapitres 8 et 9 pour en savoir plus sur la magie de l'adressage.

Adresses et boîtes aux lettres

La boîte aux lettres correspond généralement au *nom utilisateur*. Ce nom est celui que vous saisissez sur le clavier pour vous connecter à une machine (login), dans l'éventualité où votre machine nécessite une telle connexion. Ainsi, votre adresse pourrait être par exemple *king@ntw.org*. Les noms de domaine sont habituellement représentés en majuscule (tel *NTW.ORG*) et les noms de boîte aux lettres en minuscule (tel *king*). Toutefois, le style des caractères n'importe jamais vraiment pour les domaines et rarement pour les boîtes aux lettres. Aussi, pour vous faciliter la vie (et la vue), la plupart des noms de domaine et de boîte aux lettres figurent en minuscule dans ce livre. Lorsque vous adressez un message à un utilisateur de votre domaine (même machine ou groupe de machines), vous pouvez vous contenter de taper uniquement le nom de la boîte aux lettres.

Si votre ordinateur n'est pas multiutilisateur, tel un PC ou un Mac, votre adresse sera quand même dotée d'un nom de boîte aux lettres, mais son utilisation pourra varier d'un système à l'autre. Dans certains cas, vous devrez saisir ce nom au lancement de votre ordinateur, et dans d'autres au lancement du programme de messagerie. Si vos messages d'entrée sont stockés sur un serveur de courrier (voir la section intitulée "Les PC et la messagerie"), utilisez le nom de boîte aux lettres connu de ce serveur si vous voulez recevoir des réponses à vos messages de sortie.

Il n'est pas toujours facile de reconnaître qui se cache derrière tel ou tel nom utilisateur. La méthode d'attribution de ces noms n'étant pas très logique, on peut trouver : des noms de famille, des prénoms, des initiales, des noms et des initiales de prénoms, etc., ainsi que des noms complètement *fabriqués*. Au cours de ces dernières années, par exemple, j'ai eu les noms *john*, *johnl*, *jrl*, *jlevine*, *jlevine3*, et même *q0246*.

Au temps où le nombre d'utilisateurs de courrier électronique était restreint, et où la plupart des utilisateurs de chaque système se connaissaient, cela ne posait aucun problème. Ce n'est plus le cas aujourd'hui. Aussi, de nombreuses organisations se sont-elles mises à réglementer ces boîtes aux lettres, le plus souvent en utilisant les noms et prénoms des utilisateurs séparés par un point. Selon ce principe, le nom de votre boîte aux lettres pourrait être, par exemple, *elvis.presley@ntw.com*, même si votre nom utilisateur était différent. (Si vous ne vous appelez pas Elvis Presley, modifiez cet exemple en conséquence. Dans le cas contraire, contactez-moi au plus tôt. Je connais des gens qui vous cherchent.)

Il n'y a aucun inconvénient à ce que vous ayez plusieurs noms pour la même boîte aux lettres. Aussi, ce nouveau nom réglementé et généralement plus long ne remplace pas le petit nom traditionnel que vous possédez déjà, mais vient s'y ajouter.

Si vous ne connaissez pas votre adresse électronique, la meilleure chose à faire est de vous envoyer un courrier en utilisant comme nom de boîte aux lettres votre nom utilisateur. Votre adresse sera alors l'adresse de retour inscrite sur le message. Le Chapitre 9 vous propose quelques bons tuyaux pour trouver des adresses.

Les PC et la messagerie

Le courrier circule sur Internet à l'aide d'un protocole appelé *SMTP* pour *Simple Mail Transfer Protocol* ou protocole de transfert de courrier simple. (Les programmeurs à l'origine de cette appellation avaient sans aucun doute le sens de l'humour, car il n'est *simple* qu'en comparaison avec peut-être le plan de financement de la dette nationale.) SMTP a été conçu selon le principe que toutes les machines d'Internet étaient disposées à recevoir du courrier en permanence ou presque. Lorsqu'un hôte doit transmettre un message, il contacte immédiatement l'hôte de destination en utilisant le protocole SMTP, puis transmet le message. (Une des qualités de la messagerie d'Internet est qu'un message arrive généralement à destination en une ou deux minutes.)

La plupart des systèmes possèdent un *démon* SMTP (un programme, généralement appelé *smail* ou *sendmail*, agissant en tâche de fond) qui attend que le téléphone virtuel sonne pour entrer en action. Si la machine du destinataire ne répond pas, celle de l'expéditeur stocke le message dans un endroit sûr et renouvelle son opération de temps en temps. Si le message n'est pas transmis au bout de quelques jours, la machine source abandonne.

Ce type de gestion de courrier électronique ne peut fonctionner en environnement DOS. DOS n'étant pas un véritable système d'exploitation (si, si, je ne plaisante pas), il ne peut gérer qu'un programme à la fois. Par conséquent, si quelqu'un veut vous envoyer du courrier, il y a de fortes chances pour que votre programme de messagerie électronique et le sien ne se rencontrent jamais.

Voici comment contourner ce problème :

- Si vous vous trouvez à proximité d'une station de travail ou d'un système multiutilisateur, vous pouvez le laisser gérer votre courrier et vous connecter uniquement lorsque vous le souhaitez via Telnet (voir le Chapitre 14).

- Dans un réseau constitué de nombreux PC, on a souvent recours à un programme de messagerie de PC interconnectés tel que cc:Mail ou Microsoft Mail. Ce type de programme conserve toutes les boîtes aux lettres sur un PC serveur de courrier et utilise une passerelle pour véhiculer les données entre le système de messagerie du PC et la messagerie SMTP d'Internet. Dans ce cas, vous envoyez et recevez du courrier de la façon habituelle, à l'aide de votre système de messagerie électronique (en utilisant toutefois certains signes de ponctuation particuliers pour lui dire de passer par Internet). Demandez conseil à un expert pour les détails syntaxiques.

- Les utilisateurs Internet de PC dédiés peuvent stocker leur courrier sur une station de travail UNIX (ou, en principe, sur toute machine pouvant gérer les *démons* du courrier électronique). Lorsque vous voulez consulter votre courrier, vous lancez un programme qui utilise *POP2* ou *POP3* pour rapatrier vos nouveaux messages de la machine qui les abritait. Utilisez ensuite un lecteur de courrier (programme permettant de lire du courrier électronique).

A l'exception de quelques petites étapes supplémentaires pour récupérer votre courrier, les lecteurs POP se comportent comme beaucoup d'autres lecteurs de courrier. Certains envoient les messages de sortie à la machine hôte pour qu'elle se charge de la transmission, d'autres utilisent SMTP directement. Là encore, vous devrez demander à un expert si votre système est capable ou non de gérer POP. En fonction du programme de messagerie installé sur votre PC, l'utilisation de POP peut être terriblement rébarbatif, car vous pourrez avoir à utiliser toutes sortes de commandes archaïques pour rapatrier vos messages. A moins que votre PC ne dispose d'un programme de messagerie capable de gérer cela automatiquement (la plupart des programmes de messagerie Windows le sont), utilisez de préférence la première méthode, beaucoup plus pratique : connectez-vous à un système accueillant votre courrier quand cela est nécessaire.

Chapitre 7 : La messagerie électronique : les bases

Les programmes de messagerie électronique

Maintenant que vous connaissez votre adresse (ou que vous avez choisi de ne pas vous en soucier), passons au corps à corps avec votre programme de messagerie électronique.

Ces programmes (*mailers* en anglais) vous permettent de lire et d'écrire des messages sur Internet. Il en existe au moins une douzaine pour les stations de travail UNIX, et beaucoup plus encore pour les autres types d'ordinateurs reliés directement ou indirectement à Internet. Les trois exemples ci-après sont des programmes sélectionnés selon la méthode hautement scientifique qui consiste à regarder ce qui est déjà installé sur mon ordinateur local :

- **Berkeley mail :** Appelé *mail* (ou quelquefois *Mail* ou encore *mailx*), ce programme, conçu à l'Université de Californie à Berkeley, est le module de messagerie de base fourni avec tous les systèmes UNIX.

- **xmail :** Ce programme sert de frontal à Berkeley mail et tourne sur le *système X Windows*. (Les lecteurs se souvenant de l'histoire du Magicien d'Oz peuvent identifier xmail au magicien que Dorothée et ses amis ont rencontré dans la cité de l'émeraude, et Berkeley mail à l'homme caché derrière le rideau.)

- **elm :** Ce dernier programme est une interface terminal plein écran plutôt sympathique. Comme bon nombre des meilleurs logiciels Internet, elm a été entièrement conçu par des volontaires. L'auteur du programme travaille pour Hewlett-Packard ; les stations de travail HP sont toutes livrées avec elm comme programme de messagerie standard.

Envoyer un message

Envoyer un message électronique est très simple. Vous lancez le programme de messagerie en saisissant l'adresse à laquelle vous souhaitez expédier votre message :

```
mail king@ntw.com
```

Le programme de messagerie traditionnel d'UNIX met en pratique la règle non moins traditionnelle d'UNIX : *pas de nouvelles, bonnes nouvelles*. Aussi, à ce stade, à moins d'avoir rencontré un problème au moment du lancement de la messagerie, vous n'obtenez aucun message particulier. Toutefois, et en fonction de votre configuration (le programme dispose de toute une kyrielle d'options, dont la plupart ne sont pas très utiles), une ligne vous invitant à saisir le thème de votre courrier peut s'afficher :

Deuxième partie : Courrier et petits potins

```
mail king@ntw.com
Subject : Hound dogs
```

Si votre messagerie ne vous demande pas de saisir le thème de votre message, mais que vous souhaitiez en ajouter un, tapez une ligne contenant un ~ (tilde), puis la lettre s (pour Subject), et le sujet de votre message, tel que dans l'exemple suivant :

```
~sHound dogs
```

Le tilde est un de ces caractères pouvant endosser de multiples significations. Vous saisissez ensuite votre texte qui pourra être aussi long que vous voulez. Sur certains programmes, pour indiquer la fin d'un message, vous pouvez taper un point à la fin du texte (c'est le cas pour la plupart des versions de Berkeley mail) ; dans d'autres, vous devrez presser les touches Ctrl+D. **Note :** Assurez-vous de ne pas presser ces touches plus d'une fois, sinon vous serez automatiquement déconnecté. Voilà, c'est tout ce que vous avez à faire. Le message sera alors transmis ou, s'il ne l'est pas, vous recevrez une réponse cryptée vous indiquant les raisons pour lesquelles votre courrier n'a pu parvenir au destinataire.

Si vous avez la chance d'utiliser la messagerie elm, vous pourrez expédier des messages encore plus simplement. Vous débutez à peu près de la même façon, si ce n'est que vous lancez elm au lieu de mail.

```
elm king@ntw.com
```

Le programme vous demande alors d'inscrire le thème de votre courrier.

```
Send only mode [ELM 2.3 PL11] To: king@ntw.com
Subject:
```

Après avoir saisi le thème, elm affichera peut-être Copies to:, que vous pouvez, à ce stade, ignorer (pressez Entrée pour sauter cette étape). Votre programme lancera ensuite l'éditeur de texte standard que vous saurez utiliser, avec un peu de chance.

Tapez alors votre texte. Une fois terminé, et le fichier sauvegardé (un fichier temporaire créé par elm), elm affiche un petit menu :

```
And now: s
Choose e)dit message, !)shell, h)eaders, c)opy file, s)end,
or f)orget.
```

Chapitre 7 : La messagerie électronique : les bases

Le programme elm vous suggère de choisir s pour envoyer votre message. Résistez, pour l'instant, à la tentation d'expérimenter les autres options, et suivez ce conseil. Le joyeux message Mail sent! (message parvenu) vous informera alors que la transmission a été effectuée.

La vie sur xmail est un peu plus compliquée. Vous devez tout d'abord lancer le programme en tapant **xmail** dans le shell d'UNIX ou à l'aide d'une autre commande configurée par l'administrateur du système. Une fois lancé, xmail affiche une fenêtre telle que celle de la Figure 7.1.

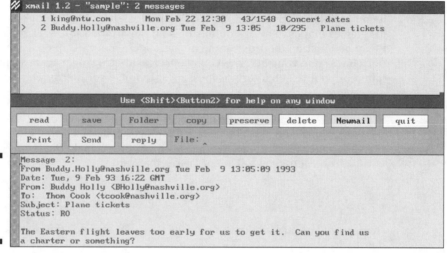

Figure 7.1 : Le lancement du programme xmail.

Pour envoyer un message, cliquez sur l'avant-dernier bouton ; xmail lance alors un éditeur de texte (probablement *vi*, l'éditeur d'UNIX le plus courant) dans lequel vous pouvez saisir votre message.

Pour des raisons que nous ignorons, xmail exécute toutes ses tâches à l'envers : vous tapez d'abord votre message, *puis* l'adresse à laquelle vous souhaitez l'expédier. Saisissez votre message, sauvegardez le fichier (xmail crée un fichier temporaire pour votre message), et quittez l'éditeur.

Le programme affiche alors une autre fenêtre similaire à celle de la Figure 7.2.

Saisissez l'adresse de la personne à qui vous voulez envoyer votre message, puis pressez Entrée. Saisissez ensuite le sujet, puis cliquez sur le bouton situé en bas à droite pour envoyer votre courrier.

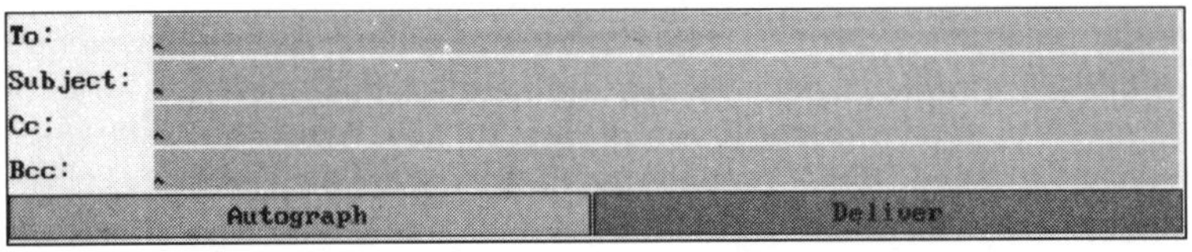

Figure 7.2 :
Indiquez ici l'adresse de destination et le thème du message.

Qu'en est-il des autres types d'ordinateurs ?

Un des attraits d'Internet est sa capacité à gérer des centaines d'ordinateurs incompatibles. L'envoi de courrier électronique implique toujours à peu près les mêmes étapes, mais les détails ne sont jamais identiques. Si vous avez un PC, et en fonction du programme de messagerie pour PC (il en existe des douzaines) que vous utilisez, vous devrez peut-être lancer un programme différent pour télécharger vos messages de sortie sur un *concentrateur de messagerie*.

Si vous utilisez un système de messagerie non Internet avec une passerelle, vous aurez probablement recours à d'étranges syntaxes pour l'informer que vous souhaitez utiliser Internet. Sur les systèmes VMS de Digital par exemple, votre adresse aura généralement l'aspect suivant :

```
INTERNET::"king@ntw.com"
```

(Reportez-vous au Chapitre 9 pour une liste détaillée des différentes méthodes d'adressage.)

Le programme de messagerie idéal

Il existe, tout particulièrement pour UNIX, toute une pléiade de programmes de messagerie, tels que *pine*, *MH*, *mush*, et *zmail*. Chacun d'eux présente des avantages et des inconvénients. Certains, tels que pine, conviendront parfaitement aux nouveaux utilisateurs. D'autres, tels que MH, seront plus adaptés aux utilisateurs expérimentés requérant régulièrement les services d'une messagerie. (Les mordus de messagerie peuvent recevoir jusqu'à 100 courriers par jour.)

Le choix d'un programme de messagerie plutôt qu'un autre importe peu pour une utilisation quotidienne ordinaire. Le programme idéal est tout simplement celui qui est connu et utilisé par votre entourage. Vous aurez ainsi plus de chances de pouvoir dénicher quelques bons tuyaux, et de trouver quelqu'un pour vous aider à résoudre vos problèmes particuliers.

Comme précédemment mentionné, il existe, pour un réseau de PC qui n'utilise pas le système de réseau *TCP/IP* natif d'Internet (voir le Chapitre 6 pour les détails concernant TCP/IP), mille et une façons d'envoyer du courrier Internet. Là encore, vous devrez demander l'aide d'un expert pour plus de précisions sur ces nombreuses méthodes différentes.

Recevoir un message

Dès que vous envoyez des messages (et souvent avant même d'en envoyer), vous allez commencer à en recevoir. Même si vous recevez cinquante messages par jour, l'arrivée de courrier électronique est toujours un événement palpitant, ponctué par un avertissement de votre ordinateur. Si vous utilisez un système capable d'afficher plusieurs fenêtres à l'écran (tel un Mac ou un environnement graphique de type Windows), le drapeau de l'icône de votre programme de messagerie pourra se dresser comme sur l'exemple de la Figure 7.3.

Figure 7.3 :
Les icônes de messagerie avant et après l'arrivée d'un message.

Sur certains systèmes, l'arrivée de courrier est annoncée par un son particulier pouvant aller du discret *bip* à un assourdissant son de cloche ou de trompette. Préférez le bip à la fanfare, vos voisins vous en seront reconnaissants.

Pour consulter vos messages, lancez votre programme de messagerie favori. Vous devrez voir apparaître une liste de nouveaux messages, comme l'indique l'exemple de la Figure 7.4.

Si votre programme de messagerie est ancien, il risque d'afficher directement le premier message sans vous proposer de liste. Si c'est le cas, exigez un programme plus récent. Les limites budgétaires ne sont pas des excuses valables dans la mesure où la plupart des bons programmes, tels elm et pine, sont fournis gratuitement.

Pour ceux plus chanceux, équipés d'un *véritable* programme de messagerie, il suffit de déplacer le curseur sur le thème qui vous intéresse, puis de cliquer sur celui-ci afin de procéder à la lecture du message.

Si vous utilisez un programme orienté ligne tel que Berkeley mail, les messages sont dotés d'un numéro qu'il suffit de saisir sur le clavier pour visualiser

Deuxième partie : Courrier et petits potins

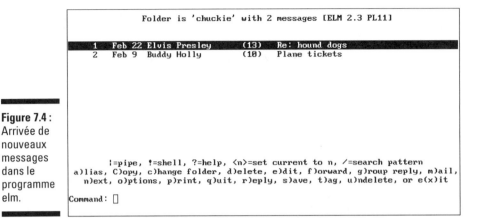

Figure 7.4 :
Arrivée de nouveaux messages dans le programme elm.

le message correspondant. Si vous utilisez un programme tel que xmail, il vous suffit de cliquer sur la ligne de votre choix, puis sur le bouton vous permettant de lire les messages. Les principes sont toujours plus ou moins les mêmes (renseignez-vous auprès d'un expert pour les applications particulières).

Après avoir consulté votre message, vous pouvez :

- Le supprimer.
- Envoyer une réponse.
- Le faire suivre.
- Le sauvegarder.

Les détails de ces diverses applications dépendent du programme utilisé (désolé d'être si vague, mais détailler chaque option de chaque messagerie aboutirait à un livre de la taille d'un annuaire téléphonique d'une grande ville). En règle générale, il suffit de presser la lettre significative de chaque option, s pour sauvegarder par exemple. (Cette lettre est souvent soulignée, ou isolée des autres d'une façon ou d'une autre.) Si vous n'effectuez aucune action sur vos messages, votre programme peut soit les stocker dans votre boîte aux lettres pour une lecture ultérieure, soit les sauvegarder dans un fichier appelé *mbox*.

Si votre programme effectue des sauvegardes automatiques, n'oubliez pas de consulter votre fichier mbox régulièrement si vous ne voulez pas qu'il devienne énorme et repoussant. Reportez-vous au Chapitre 8 pour davantage d'informations sur les méthodes de stockage et de retransmission (ou réadressage) du courrier électronique.

Le savoir-vivre des utilisateurs de messagerie

Le courrier électronique peut être comparé à un hybride entre un appel téléphonique (ou une messagerie vocale) et une lettre. Il est rapide et généralement informel, mais également écrit, plutôt que dit. Vous ne pouvez donc voir les expressions du visage ou entendre la voix de votre interlocuteur.

Les messages mal interprétés

Lorsque vous recevez un message si choquant qu'il vous donne envie d'y répondre sur-le-champ, mettez-le de côté quelques instants. L'expéditeur du message a probablement mal évalué ses propos. En près de 20 ans de pratique, je peux vous assurer que je n'ai jamais regretté de n'avoir pas envoyé de message sur le coup de la colère. (En revanche, j'ai regretté plus d'une fois le contraire.)

Lorsque vous écrivez votre message, gardez à l'esprit que son destinataire n'a aucune idée de ce que vous *aviez l'intention de dire*, mais uniquement de ce que vous *avez dit*. Les petites allusions sarcastiques et pointes d'ironie sont à éviter, car elles se transforment très souvent à l'arrivée en propos déplacés, voire ridicules. (Si vous êtes extrêmement doué pour l'écriture, ne tenez pas compte de ce dernier conseil, toutefois vous aurez été prévenu.)

Vous pouvez vous aider de la combinaison des trois signes :-) (procédé humoristique appelé *smiley*) qui signifie *c'est une plaisanterie*. (Penchez-vous vers la gauche vous verrez apparaître smiley, un petit visage souriant.)

Les smileys peuvent parfois être utiles ; toutefois, si une blague nécessite leur présence (pour préciser qu'il s'agit bien d'une blague), c'est qu'elle n'était peut-être pas très bonne. N'allez pas croire que le courrier électronique se doit d'être totalement dénué d'humour. Néanmoins, en attendant de maîtriser vraiment l'humour écrit, restreignez-vous.

La messagerie est-elle confidentielle ?

En partie, mais pas complètement. Un destinataire de votre courrier peut décider de le faire suivre. Certaines adresses de courrier sont en fait des listes de messagerie, lesquelles redistribuent les messages à de nombreuses autres personnes. Une adresse de courrier erronée a fait parvenir un jour, à des dizaines de milliers de lecteurs, un message qui commençait ainsi : "Chéri, nous avons enfin trouvé un moyen pour nous envoyer des messages en toute intimité..."

Un conseil : évitez les messages trop personnels que vous ne voudriez pour rien au monde voir griffonnés dans une cabine téléphonique. Les systèmes de messagerie les plus récents proposent à présent des fonction de codage qui améliorent quelque peu l'aspect confidentiel de la messagerie électronique. Ces fonctions permettent de limiter l'accès aux données, si bien qu'une personne ne connaissant pas le mot de passe utilisé pour brouiller un message ne peut le décoder. Il n'existe encore aucun standard dans ce domaine, aussi devrez-vous vous renseigner localement pour savoir si un de ces produits est disponible et, le cas échéant, pour connaître les types de systèmes pouvant les déchiffrer.

Un des programmes les plus couramment utilisés, à la fois aux Etats-Unis et ailleurs, est le programme *PGP* (*Pretty Good Privacy*, assez bonne intimité). PGP est très efficace, mais il ne peut dissuader les espions les plus déterminés et performants. Il est disponible gratuitement sur Internet. L'administrateur de votre système devrait être en mesure de le télécharger et de l'installer en moins d'une heure ou deux.

Il n'est pas très difficile techniquement parlant de fabriquer une fausse adresse de retour. Aussi, si vous recevez un jour un message si surprenant qu'il vous semble incompatible avec la personnalité de son supposé expéditeur, ne vous étonnez pas. Quelqu'un d'autre a dû le mettre au point pour vous faire une farce. (Non, je ne vais pas vous expliquer comment fabriquer de fausses adresses électroniques.

Hep ! Monsieur le responsable

Tous les hôtes sur Internet, pouvant envoyer et recevoir du courrier, sont sous la responsabilité d'une personne que l'on peut contacter à l'aide d'une adresse spéciale appelée *postmaster*. Si, lorsque vous envoyez des messages, vous obtenez des réponses étranges et incompréhensibles, vous pouvez toujours essayer d'obtenir de l'aide en vous adressant au postmaster. Par exemple, si *king@ntw.com* renvoie une erreur de *ntw.com*, vous pouvez vous adresser à *postmaster@ntw.com* pour en trouver les raisons. Ces responsables sont généralement des administrateurs de système volontaires et surchargés de travail. Aussi, est-il assez déplacé de poser des questions autres que : *Est-ce que untel possède une boîte aux lettres sur ce système ?*

Chapitre 8
La messagerie électronique : les astuces

Dans ce chapitre...

Maintenant que j'en ai, qu'est-ce que j'en fais ?
Hep ! M. le robot
Son, image et vidéo
Bien gérer son courrier électronique

Vous savez maintenant comment envoyer et recevoir du courrier électronique. Il ne vous manque plus que quelques bons petits tuyaux et astuces pour devenir un véritable aficionado de la messagerie électronique.

Maintenant que j'en ai, qu'est-ce que j'en fais ?

Trois possibilités s'offrent à vous lorsque vous recevez un message. Vous pouvez :

- Le jeter (peut-être même avant de le lire, si le thème ne vous plaît pas).
- Le sauvegarder pour la postérité.
- Le faire suivre.

Jeter un message est une opération suffisamment simple pour que vous ayez déjà deviné comment procéder : il suffit de l'effacer dans le programme de messagerie. Si vous disposez d'un programme affichant d'abord les thèmes traités, vous pourrez supprimer les messages les plus ennuyeux avant même de les lire.

Faire suivre un message

Il existe deux méthodes pour faire suivre un courrier : le réadressage et la retransmission. La première solution, la plus simple et la plus rapide (appelée *remailing*, ou *rebouncing* en anglais), ressemble à celle qui consiste à écrire une autre adresse sur une enveloppe, et à la réexpédier. Contrairement au courrier classique, vous pouvez lire votre courrier électronique sans déchirer l'enveloppe. Faire suivre un courrier de la sorte est intéressant lorsque le message s'adresse réellement à une autre personne.

La méthode de retransmission (*forwarding*), moins expéditive que la première méthode, consiste à envelopper un message à l'intérieur d'un nouveau message de votre cru, un peu comme si vous le recouvriez de petites notes style post-it. Le contenu d'origine est généralement recopié avec en début de chaque ligne un signe supérieur à (>). Le même principe s'applique lorsque l'on répond à un message en rapportant les propos de son auteur, comme dans l'exemple suivant :

```
>Y a-t-il beaucoup de demandes pour les pizzas aux >fruits ?
>

En réponse à votre question, je me suis renseigné auprès de
notre département d'études, et j'ai découvert que les
garnitures de pizzas préférées des 18-34 ans sont le fro-
mage, le jambon, les champignons, les olives, les oeufs et
le chorizo. J'ai demandé s'ils avaient effectué des recher-
ches sur les demandes de prunes plus précisément, et ils
m'ont dit que les réponses les concernant n'étaient pas
statistiquement suffisantes pour être considérées.
```

Se débarrasser des passages inintéressants est généralement un bon choix. Commencez par supprimer les informations de l'en-tête, incluses dans le message que vous faites suivre, souvent incompréhensibles et rarement intéressantes.

Si le message est court, à peu près de la taille d'une page écran, laissez-le tel quel. En revanche, s'il est vraiment long, il est préférable de le limiter à ses passages les plus significatifs, ne serait-ce que par courtoisie envers le lecteur. Je peux vous assurer par expérience, que l'on prête davantage attention à un message concis de une ou deux lignes plutôt qu'à une douzaine de pages de propos rapportés ponctuées par une question de deux lignes.

Si vous supprimez la majeure partie d'un message en vue d'accentuer un passage en particulier, assurez-vous de ne pas en modifier le sens général, tel que dans l'exemple suivant :

```
>En réponse à votre question, je me suis renseigné
>auprès de notre département d'études, et j'ai découvert
>que les garnitures de pizzas préférées...

>et ils m'ont dit que les réponses les concernant
>n'étaient pas statistiquement suffisantes pour être
>considérées.
```

Voilà un moyen idéal pour se faire des ennemis. Quelquefois, le recours à la paraphrase est un bon choix. Dans ce cas, mettez les paragraphes concernés entre crochets, comme ceci :

```
>[Etude concernant les demandes de prunes sur pizzas]
>les réponses les concernant n'étaient pas
>statistiquement suffisantes pour être considérées.
```

Lorsque ce procédé est utilisé correctement et à bon escient, il vous fait gagner du temps. Dans le cas contraire, vous risquez d'offenser quelqu'un, avec toutes les conséquences que cela comporte : explications, excuses, etc. (ce qui annulera, par la même occasion, le peu de temps que vous aurez gagné).

Sauvegarder un message

Tout comme vous pouvez conserver votre courrier classique, vous pouvez également stocker votre courrier électronique pour vous y référer ultérieurement. Plusieurs solutions s'offrent à vous pour sauvegarder vos messages. Vous pouvez :

- Les sauvegarder dans des boîtes aux lettres.
- Les sauvegarder dans des fichiers ordinaires.
- Les imprimer, puis les ranger dans un tiroir avec votre courrier classique.

La méthode la plus simple consiste à conserver vos messages dans une boîte aux lettres, laquelle est en fait un fichier rempli de messages séparés les uns des autres par des caractères dits (vous vous en doutez) de séparation. La plupart des programmes de messagerie électronique ont pour habitude de sauvegarder par défaut tous vos messages d'entrée (à l'exception de ceux que vous effacez bien entendu) dans un fichier souvent appelé *mbox*. Avoir recours à un tel procédé est aujourd'hui aussi absurde que de gérer son courrier traditionnel en le rangeant systématiquement dans le même tiroir du bureau. Si vous gérez votre courrier électronique de la sorte, votre fichier mbox prendra des proportions très vite incontrôlables dévorant tout sur son passage.

Ne laissez pas mbox dévorer votre mémoire, supprimez ou sauvegardez vos messages vous-même. Il suffit, pour cela, d'inhiber la fonction de sauvegarde automatique de votre système. Si vous ne savez pas où se trouve ce paramètre, demandez de l'aide à votre gourou préféré. Vous pouvez également consulter le manuel de votre programme. Toutefois, on n'y trouve pas toujours ce que l'on cherche : les manuels d'aujourd'hui affirment trop souvent que les programmes traités sont très conviviaux, et par conséquent suffisamment intuitifs.

Deux méthodes d'archivage sont couramment utilisées : par expéditeur et par thème. Que vous utilisiez l'une ou l'autre de ces méthodes ou même les deux est principalement affaire de goût. Les programmes de messagerie vous aident généralement à archiver vos fichiers en fonction du nom de l'expéditeur. Ainsi, si vous avez un ami dont le nom utilisateur est *fred@ici.ou.ailleurs*, à l'aide d'une simple frappe du clavier votre programme pourra sauvegarder les messages de Fred dans une boîte aux lettres intitulée *fred*. Bien sûr, si un administrateur de système un peu fou lui a donné le nom utilisateur de *z92lh8t@ici.ou.ailleurs*, ce procédé automatique pourra laisser à désirer. Aussi, est-il préférable d'attribuer vous-même des noms à vos fichiers.

En ce qui concerne l'archivage par thème, vous êtes l'unique maître d'oeuvre. Le plus difficile consiste à trouver des noms de boîtes aux lettres suffisamment évidents pour ne pas les oublier. Si vous n'êtes pas attentif, vous risquez de vous retrouver avec quatre boîtes aux lettres dotées de noms légèrement différents, et abritant chacune un quart des messages d'un même sujet. Evitez également les abréviations. Si le thème est *comptabilité*, appelez la boîte aux lettres *comptabilité*, car si vous tronquez ce terme, vous risquez de ne pas vous rappeler s'il s'agit de *comp*, *cmpt*, *compta*, ou de toute autre abréviation.

Grâce à leur fonction de *liaisons* les systèmes UNIX vous permettent d'attribuer différents noms à un seul fichier, ce qui constitue une solution idéale au problème de noms légèrement différents précédemment mentionné. Si vous n'arrivez pas à vous rappeler laquelle des quatre boîtes aux lettres thématiques utiliser, créez-en une autre (en créant un nouveau nom) et liez-la à ces quatre boîtes. Ainsi, vous obtiendrez la même boîte aux lettres quel que soit le nom que vous utiliserez.

La plupart des programmes de messagerie logent généralement leurs boîtes aux lettres dans un répertoire appelé *Mail*. Toutefois, il est parfois préférable de ranger les boîtes aux lettres concernant un thème particulier dans le même répertoire que les autres fichiers de ce thème. Là encore, vous pouvez utiliser les fonctions de liaison d'UNIX pour que la boîte aux lettres apparaisse à la fois dans le répertoire Mail et dans le répertoire de votre projet.

Archiver un fichier de messages

Si vous êtes chanceux, vos boîtes aux lettres seront des fichiers modifiables. Sur les systèmes d'UNIX par exemple, il s'agit généralement de fichiers texte ordinaires dans lesquels chaque message est précédé d'une ligne telle que celle-ci :

```
From john1 Wed Apr 21 18:39:18 1993
```

Si cette ligne vous apparaît comme un bien piètre séparateur, c'est parce que c'est le cas. Ce format a été imaginé en moins de deux minutes par le concepteur d'un antique programme de messagerie, et nous avons dû nous en contenter depuis.

Il existe d'autres caractères de séparation tels que la combinaison de touches Ctrl+A qui peut sembler plutôt étrange à l'écran, mais qui est assez simple à manipuler dans un éditeur de texte. Elle correspond généralement à une suite de A et d'accents circonflexes, comme ^A^A^A^A, ou à des visages souriants (*smileys*) :

Sur d'autres systèmes, les boîtes aux lettres abondent d'impénétrables codes binaires. Si vous voulez utiliser le contenu d'un message dans un autre fichier, vous pouvez convertir les messages en fichiers texte ordinaires (un par fichier) pour les éditer.

Imprimer un message

Si la plupart de vos fichiers sont imprimés et rangés par thème à l'intérieur d'une chemise dans un tiroir de votre bureau, vous pouvez imprimer les messages électroniques s'y rapportant, de sorte que tout soit rangé au même endroit.

Ce procédé peut sembler terriblement archaïque, mais il a fait ses preuves. En l'an deux mille et des poussières, toutes vos données seront numérisées automatiquement via un scanner dans votre ordinateur qui les stockera dans des bases de données hypertextuelles orientées objet (et autres petits noms).

En attendant, nos vieilles chemises en papier ou en carton font encore l'affaire, et ne sont pas près de nous quitter. Autant les exploiter au mieux !

Hep ! M. le robot

Il n'y a pas toujours une véritable personne cachée derrière une adresse électronique. Il peut parfois s'agir d'une liste de messagerie (que nous aborderons dans le Chapitre 10) ou de *robots*. L'utilisation de robots de messagerie en vue de consulter des bases de données ou de rapatrier des fichiers s'est beaucoup répandue ces dernières années. En effet, il est beaucoup plus simple d'établir une connexion qui manipule le courrier électronique plutôt qu'une connexion gérant le système plus standard de transfert de fichiers. Vous envoyez un message au robot (généralement connu sous le nom de *serveur de messagerie*), celui-ci effectue quelques tâches en fonction du contenu de votre message, puis il envoie une réponse.

Vous utilisez un serveur de messagerie lorsque vous adhérez à une liste de messagerie ou que vous annulez votre inscription (voir le Chapitre 10). Ces serveurs sont également utilisés pour consulter des fichiers de sites d'archivage (voir le Chapitre 16 pour les détails).

Son, image et vidéo

La plupart des messages électroniques sont incapables de contenir autre chose que du bon vieux texte. Du matériau parfaitement lisible certes, mais du matériau ennuyeux. Et s'il y a quelque chose que les mordus d'informatique ne supportent pas, c'est bien l'ennui ! Pour être en mesure de recevoir autre chose que du texte style machine à écrire, une seule solution : *MIME* (pour ceux que cela intéresserait, ce petit sigle est l'abréviation de *Multipurpose Internet Mail Extensions*).

MIME est une convention permettant d'inclure autre chose que du texte ordinaire dans du courrier électronique, c'est-à-dire des illustrations, des photos en couleur, des images vidéo ou du son haute fidélité. Dans la mesure où tout le monde ne dispose pas d'un ordinateur doté de telles capacités, les concepteurs de MIME ont fait en sorte qu'un message MIME puisse contenir à la fois des informations de ce type et d'autres beaucoup plus terre à terre.

MIME est considéré comme un *système de messagerie tout terrain*. En d'autres termes, les messages MIME peuvent transiter sans problème sur tout type de liaisons de messagerie hostiles et peu serviables. Le contenu des messages est en fait déguisé en bon vieux texte ordinaire afin de leurrer les liaisons. Vous pouvez reconnaître un message MIME si son en-tête ressemble aux lignes suivantes :

Chapitre 8 : La messagerie électronique : les astuces

```
MIME - version: 1.0
Content - type: TEXT/PLAIN; CHARSET=US - ASCII
Content - transfer - encoding: 7BIT
```

La première ligne indique que le message provient de la version standard 1.0 de MIME (la seule version définie à ce jour). La deuxième ligne indique que ce message particulier contient du texte ordinaire saisi sur un clavier américain. La dernière ligne indique que le texte est représenté dans le message en tant que (tenez-vous bien) : texte.

Que se passe-t-il lorsque votre système reçoit un message MIME ?

- Si vous utilisez un programme de messagerie conforme aux normes MIME, une fenêtre pourra soudainement s'ouvrir sur une photo ou un texte formaté. Il se peut également que votre ordinateur se mette à vous chanter le message (et dire qu'on croyait les télégrammes chantant révolus).

- Si votre ordinateur n'a jamais entendu parler de MIME et que vous recevez un message de ce type, celui-ci apparaîtra en grand format dans votre boîte aux lettres. S'il ne s'agit que de texte, la moitié de son contenu sera lisible et comportera quelques signes de ponctuation particuliers. En revanche, vous pouvez oublier le message s'il contient du son ou des images ; il s'agit là de versions numérisées binaires d'images et non d'approximations textuelles.

- Si votre programme est incapable de gérer automatiquement des messages MIME, et que vous receviez un message comprenant une image ou du son, vous pouvez vous en sortir. Il existe des méthodes peu orthodoxes, mais efficaces, pour enregistrer le message dans un fichier, et en extraire le contenu à l'aide d'un autre programme. Consultez un expert de la messagerie, il saura vous aider.

Bien gérer son courrier électronique

Dès que vous commencez à envoyer du courrier électronique, vous recevez de nombreux messages, plus particulièrement si vous avez adhéré à une liste de messagerie (voir le Chapitre 10). Vos messages vont très vite se transformer en flot, puis en torrent si dense que vous ne pourrez plus accéder à votre clavier sans vous mouiller (métaphoriquement bien sûr).

Heureusement, la plupart des systèmes de messagerie ont prévu différents moyens pour gérer ce flot de messages. Si la majeure partie de ceux-ci proviennent de listes de messagerie, vérifiez si ces listes ne sont pas également disponibles via USENET (voir le Chapitre 11). Les programmes utilisés pour lire les *news* (terme utilisé pour désigner les messages de USENET) vous permettent généralement de consulter vos messages et de sélectionner les plus intéressants, beaucoup plus rapidement que ne le ferait votre programme de messagerie. Ces programmes sont en outre capables de trier automatiquement vos messages de sorte que vous pouvez, en toute efficacité, lire ou mettre de côté tout un ensemble de messages sur un même sujet.

Même pour les listes de messagerie qui n'ont pas d'équivalent USENET, si vous êtes équipé d'un système raisonnablement compétent (tel qu'une station de travail UNIX) et d'un gestionnaire de système coopératif, vous pourrez gérer facilement le flux de vos messages.

Enfin, vous pouvez également utiliser un *logiciel de tri de courrier*. En fonction de l'enthousiasme de l'administrateur de votre système, et moyennant l'aide d'un expert en programmation, vous pouvez disposer d'un programme de tri de messagerie qui se chargera automatiquement de la gestion de votre courrier. Si vous recevez de nombreux messages en provenance d'ennuyeuses listes de messagerie par exemple, vous pouvez les placer dans une boîte aux lettres différente que vous consulterez plus tard lorsque vous n'aurez rien de mieux à faire. Si votre ordinateur est équipé d'un haut-parleur, vous pouvez configurer différents bips pour signaler différents types de messages, en fonction de leur thème ou de leur expéditeur.

Le programme de tri de courrier UNIX le plus couramment utilisé s'appelle *delivermail*. Il est disponible gratuitement sur Internet dans le fichier *comp.sources.unix* à *ftp.uu.net* (voir le Chapitre 18). Toutefois, sachez qu'il faudra à peu près deux heures à un administrateur de système pour compiler et installer ce programme.

Bien sûr, vous pouvez oublier toutes ces informations rébarbatives si vous ne recevez pas plus de cinq ou dix messages par jour. Néanmoins, si le flux de votre correspondance électronique prend de l'importance (et cela est toujours le cas), vous risquez de perdre plus de temps que vous ne l'auriez souhaité dans la gestion de votre courrier. Aussi, ne négligez pas ces petits outils ; si vous n'en avez pas l'utilité à présent, ils pourront très certainement vous aider plus tard.

Cher Monsieur le Président des Etats-Unis

La Maison Blanche, qui n'a jamais été connue pour abriter les toutes dernières inventions technologiques, a finalement atteint l'âge de l'informatique. Vous pouvez à présent envoyer un petit message électronique au Président et au Vice-Président des Etats-Unis. Leurs adresses respectives sont :

- president@whitehouse.gov
- vice.president@whitehouse.gov

Tout courrier électronique est encore imprimé et traité comme du courrier classique. Toutefois, une nouvelle méthode de gestion (moins rétro) est prévue dans les années à venir. Ne retenez pas votre souffle à la pensée que Bill et Al vont lire votre message. Le courrier passe évidemment par les mains du personnel. Enfin, n'oubliez pas d'ajouter une adresse de retour, vous recevrez une réponse par la poste, et rédigez votre message comme une lettre classique selon les formalités d'usage.

Chapitre 9
Où et comment trouver des adresses électroniques

Dans ce chapitre...

Mais où sont-ils tous passés ?
La messagerie : norme et diversité
Quelques systèmes de messagerie

Mais où sont-ils tous passés ?

Comme vous l'avez peut-être remarqué, un petit détail vous empêche encore d'envoyer du courrier électronique à tous vos amis : vous ne connaissez pas leurs adresses. Ce chapitre vous révèle de nombreuses méthodes pour les trouver. Toutefois, vous pouvez échapper à sa lecture en commençant par appliquer la méthode la plus fiable et la plus simple qui soit :

> Demandez-leur ces adresses par téléphone

Cela relève d'une technique peu évoluée, je vous l'accorde, mais qui fonctionne. Or, je ne sais pour quelle raison, c'est toujours la dernière chose que tout utilisateur en panne d'adresses souhaite faire (voir la section intitulée "Dix bonnes raisons de ne pas utiliser le téléphone pour d'obtenir une adresse électronique"). Un conseil : commencez d'abord par cette méthode, c'est de loin la plus rapide.

Comment ça, vous ne connaissez pas votre propre adresse ?

Cela est assez courant. En général, c'est parce qu'un de vos amis utilise un système de messagerie électronique privé doté d'une passerelle vers le monde extérieur ; cette passerelle fournit des informations quant à la façon d'envoyer des messages, mais n'indique pas comment les gens de l'extérieur peuvent, à leur tour, vous en envoyer. Heureusement, la solution est assez simple : dites à votre ami de vous envoyer un message. Tous les messages disposent d'une adresse de retour, et toutes les passerelles de messagerie sauf les plus rudimentaires proposent une adresse de retour utilisable. Ne vous étonnez pas si l'adresse comporte un certain nombre de signes de ponctuation étranges. Après quelques passerelles, vous pouvez vous retrouver avec des adresses du genre :

```
"blurch::John.C.Calhoun"%farp@slimemail.com
```

Ne vous inquiétez pas de son apparence ; si vous saisissez de nouveau cette adresse un peu bizarre, elle devrait fonctionner.

Une commande au doigt et à l'oeil !

Une des commandes les plus utiles, si vous savez où la personne reçoit son courrier, est la commande *finger*. Sur la plupart des systèmes UNIX, vous pouvez utiliser la commande finger pour savoir qui est connecté au moment où vous effectuez votre demande, et pour demander des informations sur un utilisateur en particulier. Si vous lancez cette commande sans demande précise, vous obtenez la liste des personnes connectées qui pourra apparaître de la façon suivante :

```
Login    Office    Name              TTY    Idle    When
root     0000 -    -Admin (0000)     co     12:     Wed 16:04
Johnl    John R. Levine             vt     1d      Wed 16:03
Johnl    John R. Levine             p0             Wed 16:10
Johnl    John R. Levine             p1     1       Wed 16:10
Johnl    John R. Levine             p2     13:     Wed 16:10
Johnl    John R. Levine             p3     8:04    Wed 16:10
Johnl    John R. Levine             p4             Sat 19:45
```

> ### Dix bonnes raisons de ne pas utiliser le téléphone pour obtenir une adresse électronique
>
> - Vous voulez faire une surprise à un ami que vous n'avez pas vu ou contacté depuis longtemps.
> - Vous voulez faire une surprise à un *ex*-ami qui vous doit de l'argent et pense que vous avez oublié.
> - Vous et votre ami ne parlez pas la même langue. (C'est assez fréquent puisque la plupart des utilisateurs sont américains.)
> - Vous et/ou votre ami ne parlez pas du tout. (Internet offre à de nombreux handicapés un moyen de communication sympathique et idéal puisque personne ne voit ou ne s'intéresse à ces handicaps.)
> - Il est trois heures du matin, et vous avez besoin d'envoyer un message sur-le-champ, sinon vous n'arriverez pas à vous endormir.
> - Vous ne connaissez pas le numéro de téléphone de la personne.
> - Vous n'arrivez pas à trouver de téléphone à pièces, et vous n'avez plus d'unités sur votre télécarte.
> - Vous avez enfin trouvé un téléphone à pièces, mais il a englouti votre monnaie sans une seule tonalité.
> - Vous avez malencontreusement renversé une canette entière de limonade sur votre téléphone, et ne pouvez attendre qu'il sèche pour effectuer votre appel.
> - Vous avez appelé votre ami la veille sans noter sa réponse, et vous l'avez oubliée.

Cette liste constitue une réponse assez habituelle pour les stations de travail. Si l'utilisateur possède un système multifenêtre, et que plusieurs fenêtres sont ouvertes à l'écran, chacune s'affichera en tant que *pseudoterminal* différent. Cela ne signifie pas que l'utilisateur dispose de six terminaux et de six claviers, mais seulement d'un écran en fouillis. La colonne *Idle* (temps d'inactivité) indique, pour chaque terminal ou fenêtre, depuis combien de temps aucun texte n'a été saisi. Ce chiffre peut vous permettre d'en déduire si la personne a des chances d'être encore devant son ordinateur. Il est affiché en heures et en minutes (ou en jours si un *d* pour *days* apparaît).

Vous pouvez également obtenir des informations sur une personne en particulier en tapant *finger* suivi du nom utilisateur de cette personne. Si vous tapez :

```
        finger johnl
```

vous obtenez des informations ressemblant à celles-ci :

```
Login name: johnl         In real life: John R. Levine
Directory: /usr/johnl     Shell: /bin/sh
On since Jun 30 16:03:13 on vt01     1 day 9 hours Idle Time
Project: Working on "The Internet For Dummies"
Plan:
Write many books, become famous.
```

Le format exact de cette réponse varie considérablement d'un système à l'autre, car le programme finger fait souvent l'objet de configurations personnalisées sur UNIX. (Dans le cas présent, vous obtiendrez en fait six versions de la réponse, une pour chaque fenêtre.)

Ce programme peut également vous aider à trouver le nom d'un utilisateur dont vous ne connaissez que le nom approximatif. Si vous tapez :

```
        finger john
```

le programme cherche toutes les personnes dont les noms véritables (en fonction du fichier de mots de passe du système) sont *John quelque chose* ou *quelque chose John*.

Les fichiers .project et .plan (ou projets à court et à long terme)

Sur les systèmes UNIX, la réponse à la commande finger indique quels sont les projets à court et à long terme de l'utilisateur (respectivement *project* et *plan*). Vous aussi pouvez avoir des projets et vous afficher comme un utilisateur patenté.

Votre projet en cours est un fichier intitulé .project, et votre projet à long terme est un fichier intitulé .plan. Libre à vous d'y insérer les informations que vous voulez. Toutefois, la commande finger n'indiquera que la première ligne du projet actuel, et la totalité de votre projet à long terme. Evitez de vous étaler. Une dizaine de lignes bien rédigées devraient pouvoir conserver l'attention des lecteurs.

Retrouver des amis éloignés

Vous avez peut-être remarqué qu'il n'a été question jusqu'ici que de retrouver des personnes connectées à sa propre machine, ce qui n'est pas très palpitant. En fait, et c'est ce qui rend le programme finger très intéressant, vous pouvez retrouver d'autres machines de façon tout aussi efficace. Si vous tapez :

```
finger @ntw.com
```

vous obtenez une liste de toutes les personnes connectées à ntw.com, sous réserve que ce site permette de telles requêtes (la plupart des sites autorisent cette commande, mais pas tous). Vous pouvez également demander des informations concernant une personne en particulier. Si vous tapez :

```
finger elvis@ntw.com
```

vous obtenez la réponse qu'un utilisateur local obtiendrait s'il avait saisi sur son clavier *finger elvis*. Si vous connaissez le nom d'un utilisateur, vous pouvez généralement utiliser finger pour trouver son adresse électronique, qui est souvent la même que son nom utilisateur. Si vous tapez :

```
finger chester@glorp.org
```

et que vous obtenez :

```
User   Full name         What-  Idle  TTY  -Console Location-
chet   Chester A.Arthur  csh    7:17  rb   ncd16 (X display 0)
```

vous pouvez en déduire sans risque d'erreur que l'adresse électronique de Chester est *chet@glorp.org*.

La commande whois

Il y a une vingtaine d'années, quelques superviseurs de réseaux ont commencé à constituer des répertoires comprenant la liste de toutes les personnes d'un même réseau. La commande qui vous permet de consulter ces répertoires pour y trouver une personne en particulier s'appelle *whois*. Certains systèmes proposent une commande whois, de sorte qu'en principe vous pouvez taper :

```
whois Smith
```

pour contacter la base de données whois et obtenir des informations concernant toutes les personnes dont le nom est Smith. Toutefois, dans la pratique, ce n'est pas aussi simple. Vers la fin de l'année 1992, le système principal abritant la base de données whois d'Internet a été déplacé, et de nombreuses commandes whois n'ont pas encore été mises à jour. Le serveur standard contacté aujourd'hui par la plupart des programmes whois ne comporte que les noms des personnes travaillant au Département de la Défense des Etats-Unis. Heureusement, il est possible de faire en sorte que le programme whois utilise un serveur particulier en tapant par exemple :

```
finger -h whois.internic.net Smith
```

Le service Internet civil est maintenant situé à *whois.internic.net*. La lettre *h* signifie *hôte*, c'est-à-dire l'hôte où se trouve le serveur en question.

Comment trouver des gens chez IBM ?

IBM possède un serveur de courrier qui vous permet de trouver les noms des personnes recherchées. Envoyez un message à *nic@vnet.ibm.com* contenant une ligne telle que :

```
whois Watson, T
```

Ce serveur vous propose alors une liste des adresses électroniques des utilisateurs dont les noms correspondent à votre demande. Bien que la plupart des employés d'IBM possèdent des adresses électroniques internes, seuls quelques-uns peuvent recevoir du courrier de l'extérieur ; ce sont ces adresses-là que vous pouvez consulter. (Logique. Quel serait l'intérêt de fournir une adresse inutilisable ?)

Les autres entreprises possèdent généralement un système d'adressage assez terre à terre. Chaque employé est doté d'un pseudonyme du style *Prénom.Nom*. C'est le cas d'AT&T. Aussi, si vous envoyez un courrier à :

```
Theodore.Vail@att.com
```

vous êtes pratiquement sûr qu'il le recevra. Sun Microsystems (*sun.com*) utilise également ce procédé d'adressage. Même si vous n'êtes pas certain que le site en question l'utilise, vous pouvez toujours faire un essai ; dans le pire des cas, votre message vous sera retourné. Lorsque plusieurs personnes ont le même nom, un message vous indiquera automatiquement comment trouver la personne concernée et quelle est son adresse.

Pour les systèmes ne disposant pas d'une commande whois, vous pouvez généralement utiliser la commande *telnet* à la place (voir le Chapitre 14). Connectez-vous à whois.internic.net via telnet, ensuite lorsque vous obtenez l'invite, tapez **whois whoever**. Les Européens devront, quant à eux, taper **whois.ripe.net**. Une liste importante de serveurs whois se trouve dans un fichier intitulé */pub/whois/whois-servers.list* à *sipb.mit.edu*. Vous pouvez l'obtenir via le transfert de fichiers *FTP* (voir le Chapitre 16).

La messagerie : norme et diversité

Il existe toute une kyrielle de réseaux différents connectés d'une façon ou d'une autre à Internet. Dans la plupart des cas, on ne s'aperçoit pas qu'il s'agit de réseaux différents. Par exemple, de nombreux systèmes UNIX transmettent du courrier via *UUCP* (*UNIX to UNIX CoPy*), un procédé à appel commuté, ancien, mais costaud. La plupart d'entre eux sont capables de reconnaître des adresses Internet ordinaires. Vous pouvez, par conséquent, leur envoyer du courrier exactement comme si vous envoyiez du courrier à une boîte aux lettres Internet quelconque.

Toutefois, il existe aussi de nombreuses messageries privées connectées à Internet. Pour la plupart d'entre elles, il faudra utiliser une syntaxe un peu spéciale pour envoyer votre courrier (voir la section "Quelques systèmes de messagerie").

X.400 : la messagerie normalisée

Alors qu'Internet existait déjà depuis plusieurs années (et la messagerie électronique depuis plus longtemps encore), le Comité Consultatif International pour le Télégraphe et le Téléphone, connu sous le nom de *CCITT*, décida de se lancer dans la messagerie électronique. A titre d'information, le CCITT est un organisme international chargé de normaliser les interconnexions d'équipements de télécommunication par ses recommandations.

Vous pensez peut-être que la démarche la plus sensée aurait été d'adopter les normes existantes puisqu'elles s'étaient révélées efficaces et fiables. (Si c'est le cas, sachez que vous ne ferez jamais un bon concepteur de normes de télécommunications internationales.) En fait, le CCITT a publié en 1984 une série de normes, toutes nouvelles et toutes fraîches, et surtout beaucoup, beaucoup plus complexes, désignées sous l'appellation générique de *X.400*. Soyons honnête cependant, X.400 est capable de gérer quelques petites choses que la messagerie Internet ne peut pas (du moins, elle ne le pouvait pas il y a très peu de temps encore). Toutefois, la norme X.400 est si compliquée qu'il a fallu une dizaine d'années depuis la publication de sa première version pour qu'elle connaisse un réel essor.

X.400 décrit la forme du message, ainsi que la forme et le contenu de son enveloppe. Une adresse X.400 est bien plus qu'un simple nom et un domaine ; elle comprend toute une pléiade d'attributs. L'avis officiel s'étale sur des douzaines, si ce n'est des centaines de pages, mais nous nous contenterons de l'essentiel. Voici donc une petite liste de ces attributs et des sigles correspondants qu'il peut être utile de connaître :

- **S** (Surname) : Nom du destinataire.
- **G** (Given name) : Prénom du destinataire.
- **I** (Initials) : Initiales du nom.
- **GQ** ou **Q** (Generational Qualifier) : Jr., III, etc. (ces gars sont vraiment consciencieux).
- **ADMD** ou **A** (Administrative Management Domain) : Messagerie X.400 publique (comme Atlas 400 en France).
- **PRMD** ou **P** (PRivate Management Domain) : Messagerie privée connectée (via une passerelle) à une messagerie publique.
- **O** (Organization) : Organisme auquel est affilié le destinataire.
- **C** (Country) : Code de pays à deux lettres (voir l'Annexe A).
- **DD** ou **DDA** (Domain Defined Attribute) : Tout code magique identifiant le destinataire, tel que le nom utilisateur ou le numéro de compte.

Vous encodez ces attributs dans une adresse, en utilisant des barres obliques (/) pour les séparer et en inscrivant pour chaque attribut son code, un signe égal, et sa valeur. Est-ce clair ? Non ? (Je ne vois vraiment pas pourquoi.)

Voici un exemple qui vous aidera à comprendre : admettons qu'un de vos amis utilise le service Sprintmail de Sprint (autrefois connu sous le nom de Telemail) qui est connecté à Internet. Le nom de votre ami est Samuel Tilden, il habite aux Etats-Unis, et travaille chez Tammany Hall. Ses attributs sont :

- **G** : Samuel
- **S** : Tilden
- **O** : Tammany Hall
- **C** : US

Son adresse sera alors :

```
/G=Samuel/S=Tilden/O=TammanyHall/C=US/ADMD=TELEMAIL/
@sprint.com
```

(Le domaine Internet pour la passerelle étant *sprint.com*.) Notez qu'une barre oblique apparaît en début de ligne, et juste avant le signe @. L'ordre des différents blocs séparés par les barres est sans importance.

Les attributs nécessaires pour composer une adresse dépendent de votre type de connexion. Certains domaines ne sont reliés qu'à un seul pays et un seul ADMD, auquel cas les blocs *C* et *ADMD* ne figurent pas dans l'adresse. D'autres (tels que Sprintmail) sont beaucoup plus ouverts, et ces attributs devront y figurer. Ce n'est pas toujours évident. Vous devez, pour chaque système X.400, savoir quels attributs appliquer. En théorie, un attribut en trop ne peut faire de mal mais, dans la pratique, qui sait ?

X.500 : la messagerie normalisée, le retour

X.500 est un avis du même CCITT datant de 1988. Il définit des services d'annuaires concernant des personnes, des organisations, voire des applications. Un système X.500 de grande envergure pourrait être comparé à une immense bibliothèque dont les rayons comprendraient des annuaires classés par pays. **Note** : La norme X.500 est en passe de devenir très populaire au niveau international pour deux raisons : elle est beaucoup plus pratique que sa consoeur, et elle n'a aucun concurrent. (Je vous laisse deviner quelle raison est la plus importante.)

A l'heure actuelle, la plupart des services X.500 sont *interactifs*. Autrement dit, vous pouvez vous connecter à ces systèmes et saisir votre demande. Vous entrez généralement les parties que vous connaissez, telles que les noms de la personne et de l'organisme, et le système vous transmet les noms de compte correspondants. Tous ces systèmes disposent d'une aide d'une sorte ou d'une autre, aussi, lorsque vous avez un problème, n'hésitez pas à l'utiliser.

Le service X.500 le plus répandu s'appelle *fred* (*FRont End to Directories*). Vous pouvez l'essayer en vous connectant à *wp.psi.com* ou *wp1.psi.com* via telnet et en tapant *fred* (log in). Si vous saisissez seulement le nom d'une personne, fred consultera le répertoire local des personnes travaillant chez PSI, le fournisseur de réseaux Internet qui propose une démonstration du service fred. Aussi, à moins que cette personne travaille vraiment à cet endroit, vous devrez indiquer à fred *où* il doit effectuer ses recherches. Le plus simple, si vous pensez que votre ami travaille dans une entreprise dont le nom commence par la lettre *F* par exemple, est de taper :

```
whois John Smith -org f*
```

Fred parcourt alors toutes les entreprises correspondantes, et vous demande si vous souhaitez consulter leurs annuaires. Pressez Y ou N pour accepter ou refuser l'option proposée. En théorie, vous pouvez également saisir la ligne suivante :

```
whois John Smith -org * -geo @c=US
```

si vous voulez que fred consulte les répertoires de toutes les entreprises des Etats-Unis. Dans la pratique, il s'avère que le programme fred possède encore quelques bugs, et il a tendance à succomber sous le poids d'une requête complexe.

Quelques systèmes de messagerie

Voici une petite liste de systèmes de messagerie et de centres serveurs connectés à Internet, ainsi que le type d'adressage qu'ils utilisent.

America Online

Le nom utilisateur d'une personne sur AOL est généralement son nom complet. Pour envoyer un message à une personne dont le nom est Aaron Burr, tapez :

```
aaronburr@aol.com
```

Note : Certains utilisateurs d'AOL ont choisi des noms de courrier n'ayant aucun rapport avec leurs véritables noms. Pour ces personnes, il faudra donc décrocher votre combiné, et les appeler.

AT&T Mail

Les utilisateurs d'AT&T Mail sont dotés de noms utilisateurs arbitraires. Pour envoyer un message à une personne dont le nom est *blivet*, tapez :

```
blivet@attmail.com
```

BITNET

BITNET est un réseau composé principalement de gros ordinateurs IBM. Chaque nom de système comporte huit caractères au maximum. Ces noms contiennent souvent les lettres *VM*, désignant le système d'exploitation utilisé sur la plupart des sites BITNET. Les noms utilisateurs sont attribués arbitrairement. Ils comportent également huit caractères au maximum. De nombreux sites BITNET sont dotés de noms de domaine Internet, si bien que vous pouvez leur envoyer du courrier électronique comme s'il s'agissait d'Internet.

Si le programme de messagerie que vous utilisez est bien configuré, il doit pouvoir reconnaître les systèmes BITNET qui ne sont pas directement reliés à Internet. Aussi, vous pouvez envoyer un message à *JSMITH* à *XYZVM3*, en tapant :

```
jsmith@xyzvm3.bitnet
```

A défaut, il faudra directement adresser votre courrier à une passerelle BITNET.

BIX

BIX est un système commercialisé, autrefois dirigé par le magazine *Byte*, et appartenant aujourd'hui à General Videotex. Les noms utilisateurs sont des chaînes courtes et arbitraires. Pour envoyer un message à l'utilisateur *xxxx*, tapez :

```
xxxx@bix.com
```

CompuServe

CompuServe est un centre serveur connu du monde entier (dont certains services sont également accessibles sur Minitel). Les noms utilisateurs de CompuServe sont des unités octales (nombres à base 8) commençant généralement par le chiffre 7. Si le numéro d'un utilisateur est 712345,6701, son adresse sera :

```
712345.6701@compuserve.com
```

Note : L'adresse utilise un *point* à la place d'une *virgule* parce que les adresses Internet ne peuvent pas contenir de virgules.

Easylink

Easylink est un service de messagerie autrefois dirigé par Western Union, et appartenant aujourd'hui à AT&T. Les noms utilisateurs sont des nombres de sept chiffres. Pour envoyer un message à l'utilisateur *3141592*, tapez :

```
3141592@eln.attmail.com
```

FIDONET

FIDONET est un réseau de BBS international. Les utilisateurs de FIDONET sont identifiés par leurs noms, et chaque BBS (appelé *noeud*) possède un numéro en trois ou quatre parties, tel que *1:2/3* ou *1:2/3.4*. Pour envoyer un message à Grover Cleveland au noeud *1:2/3.4*, tapez :

```
grover.cleveland@p4.f3.n2.z1.fidonet.org
```

Si le numéro du noeud est en trois parties, tel que *1:2/3*, tapez :

```
grover.cleveland@f3.n2.z1.fidonet.org
```

MCI Mail

MCI Mail est un très grand système de messagerie. Chaque utilisateur possède un numéro utilisateur unique et un nom utilisateur pouvant aussi être unique. Pour envoyer un message, vous pouvez utiliser le numéro, le nom utilisateur, ou le véritable nom de la personne en employant des soulignés en guise d'espaces :

```
1234567@mcimail.com
jsmith@mcimail.com
john_smith@mcimail.com
```

Si vous adressez votre message à un nom utilisateur ou à un véritable nom, et que ce nom se révèle ne pas être unique, MCI Mail vous envoie une réponse dressant la liste des correspondances possibles. Vous pourrez ensuite, à l'aide de cette liste, réexpédier votre message au numéro unique. Les numéros utilisateurs MCI comportent parfois des tirets, mais il n'est pas nécessaire de les inclure dans votre adresse.

Prodigy

Prodigy est un centre serveur, de très grande envergure, dirigé par IBM et Sears. (Il leur arrive d'enregistrer 10 000 nouvelles inscriptions en une seule fois.) Ils projettent (depuis un certain temps) d'installer une passerelle de messagerie Internet. Les noms utilisateurs sont des noms arbitraires, tels que *KS8GN3*. Lorsque cette passerelle sera installée, vous pourrez envoyer un message en tapant :

```
KS8GN3@prodigy.com
```

Sprintmail (Telemail)

Sprintmail est un système de messagerie électronique proposé par Sprintnet. Sprintmail s'appelait Telemail au temps où Sprintnet s'appelait Telenet. Telenet est un sous-produit d'ARPANET qui, comme vous le savez (voir le Chapitre 1 pour mémoire), a conduit à Internet. Sprintmail constitue le plus important système de messagerie X.400 des Etats-Unis (le cousin américain d'Atlas 400 en quelque sorte). Comme précédemment indiqué, pour envoyer un message à un utilisateur dont le nom est Samuel Tilden, et qui travaille chez Tammany Hall aux Etats-Unis, tapez :

```
/G=Samuel/S=Tilden/O=TammanyHall/C=US/ADMD=TELEMAIL/
@sprint.com
```

UUCP

UUCP est un vieux système de messagerie encore utilisé par de nombreux systèmes UNIX parce qu'il est (vous avez deviné ?) gratuit. Les adresses UUCP sont constituées d'un nom système et d'un nom utilisateur, lesquels sont des suites arbitraires et courtes. Par exemple, le système central utilisé pour la rédaction de cet ouvrage possède une adresse UUCP - *iecc* - en plus de son adresse Internet. Il est donc possible d'adresser un message à *iecc!dummies* (*dummies* étant le terme anglais pour *les nuls*). Le point d'exclamation se prononce "bang". Il existe également des adresses UUCP *à sauts multiples*, telles que *world!iecc!dummies*. Cette adresse indique que le message doit être d'abord envoyé à la machine intitulée *world* qui pourra le transmettre à *iecc*, à l'adresse *dummies*. Très souvent, les adresses UUCP sont écrites en fonction d'un hôte Internet parlant également le langage UUCP, de sorte que vous pouvez envoyer un message en tapant :

```
world!iecc!dummies@uunet.uu.net
```

(Toutefois, votre message prendra une route plus directe, et arrivera donc plus rapidement, si vous l'envoyez à *dummies@iecc.com*.) Cette adresse indique que le message doit d'abord faire un saut à *uunet.uu.net* via Internet, puis à *world* via UUCP, à *iecc* via UUCP également, pour atterrir enfin dans la boîte aux lettres *dummies*. Si vous pensez que cela est un peu déroutant (sans jeu de mots), vous n'êtes pas le seul.

UUNET Communications est un groupe important à but non lucratif, dont une des activités consiste à fournir une messagerie aux masses parlant le langage UUCP. C'est pour cette raison que ce système Internet figure très souvent dans une adresse UUCP. La plupart des clients d'UUNET possèdent également une adresse Internet qui se transforme en vilaine adresse UUCP. (Si vous la connaissez, utilisez-la à la place.)

Chapitre 10
Les listes de messagerie

Dans ce chapitre...

Généralités
Comment s'abonner à une liste ou résilier son abonnement
Envoyer un message à une liste
Répondre à un message d'une liste
Quelques listes intéressantes
Où et comment trouver d'autres listes

Généralités

Maintenant que vous connaissez l'essentiel de la messagerie électronique, une petite chose encore vous empêche de prétendre à une vie d'utilisateur heureux et accompli : vous ne connaissez pas beaucoup de gens avec qui échanger du courrier. Heureusement, vous pouvez adhérer à de nombreuses listes de messagerie (*mailing lists*) vous permettant de trouver tous les matins dans votre boîte aux lettres quelque 400 nouveaux messages. (Enfin, commencez peut-être par une ou deux listes.)

Le principe de ces listes est assez simple. La liste elle-même dispose d'une adresse, et tout (ou presque tout) ce qui est envoyé à cette adresse l'est également à toutes les personnes de cette liste, qui à leur tour répondent souvent aux messages. Le résultat obtenu est une sorte de conversation en continu. Chaque liste a son propre style. Certaines sont plus ou moins conventionnelles, et ne s'éloignent jamais de leur thème officiel. D'autres ont tendance à faire des digressions à volonté. Quelques lectures préalables sont nécessaires avant de pouvoir déceler le style d'une liste.

Les news de USENET constituent une façon différente d'entretenir de tels échanges. Ces différences sont infimes (certains sujets sont d'ailleurs disponibles à la fois dans des listes et sur USENET). Reportez-vous au Chapitre 11 pour tous les détails concernant USENET.

Comment s'abonner à une liste ou résilier son abonnement

Ces démarches sont excessivement simples. Il suffit d'envoyer un petit message électronique. Deux écoles de gestion de liste dominent dans le milieu de la messagerie : la gestion *manuelle* et la gestion *automatique*. La méthode manuelle est bien évidemment la plus traditionnelle. Le message est lu par une personne chargée de la mise à jour des fichiers d'inscription. L'avantage de ce type de gestion est que vous disposez d'un service personnel. L'inconvénient en est que le ou la responsable de la liste peut ne pas être disponible si d'autres affaires plus urgentes l'appellent (telles que son véritable travail).

Aujourd'hui, il est plus fréquent de trouver des listes gérées automatiquement. Les gestionnaires de messagerie automatiques les plus courants sont une famille de programmes connus sous le nom générique de *LISTSERV*. (Ces programmes sont traités plus loin dans ce chapitre.)

En ce qui concerne les listes manuelles, une convention est très largement respectée : vous pouvez généralement vous adresser au responsable d'une liste en ajoutant à l'adresse de la liste, et juste avant le signe @, la mention *-request*. Pour vous inscrire, il suffit alors d'adresser un message à cette adresse en y incluant une petite phrase simple dans la langue utilisée par cette liste. *Please add me to the XXX list* (où *XXX* est le nom de la liste) fera très bien l'affaire pour une liste en langue anglaise. Lorsque vous voulez résilier cet abonnement, vous envoyez alors le message : *Please remove me from the XXX list*.

Les messages envoyés à l'adresse -request sont lus et manipulés par des êtres humains à qui il arrive de manger, dormir et travailler. Aussi, si vous n'êtes pas ajouté à une liste dans l'heure qui suit votre demande, ou si vous continuez à recevoir des messages pendant un jour ou deux après votre demande de résiliation, sachez que c'est tout à fait *normal*. Soyez un peu patient, et n'envoyez pas de réclamation (ça énerve les responsables généralement surchargés de travail).

> ### Comment éviter de passer pour un idiot
>
> Voici un petit conseil très utile : après vous être abonné à une liste, lisez-la pendant quelques jours avant d'envoyer votre premier message. Croyez-moi, cette liste existait probablement bien avant vous, et elle pourra certainement subsister encore une semaine sans vos lumières.
>
> Ainsi, vous pourrez prendre entièrement connaissance des sujets généralement traités, du ton employé, etc. Cela vous permettra également de vous apercevoir des thèmes rebattus dont les abonnés ne veulent plus entendre parler. L'erreur classique du nouveau venu est de s'abonner à une liste, puis d'envoyer immédiatement un message comportant une question nulle assez éloignée du thème officiel et traitée à fond trois jours plus tôt. Attendez le bon moment avant de vous faire connaître pour que cela ne vous arrive pas.
>
> Une autre gaffe consiste à envoyer directement une demande d'inscription ou de résiliation à l'adresse de la liste. Un tel message doit être envoyé à une adresse -request ou LISTSERV, autrement dit à une personne ou machine chargée de la maintenance de la liste, et non pas à la liste elle-même, où tout le monde peut s'apercevoir de votre ignorance.

LISTSERV, le gestionnaire de messagerie

Le réseau *BITNET* (voir le Chapitre 9) a été conçu à l'origine pour pouvoir envoyer des fichiers et des messages d'un système à l'autre. Les utilisateurs de ce réseau ont alors très vite développé de nombreuses listes de messagerie, car aucun autre moyen de communication - tel que les news de USENET - n'était disponible.

La maintenance de toutes ces listes impliquait (et implique toujours) beaucoup de travail. Aussi, afin de gérer ces listes, la masse communicante BITNET a développé un programme appelé LISTSERV qui tourne sur de très très gros ordinateurs IBM. (Les gros ordinateurs IBM ont un goût hors du commun pour les noms composés de huit lettres majuscules MEME SI POUR LA PLUPART D'ENTRE NOUS CELA RESSEMBLE A DES CRIS.) Autrefois, seuls les utilisateurs de machines directement connectées à BITNET pouvaient utiliser LISTSERV. Les versions actuelles, en revanche, permettent à tous ceux possédant une adresse Internet d'utiliser ce programme. LISTSERV a pris une ampleur telle, que ce programme dispose maintenant de plus d'options qu'il n'en faut.

LISTSERV n'est pas toujours très facile à utiliser, mais il présente l'avantage de pouvoir gérer avec aisance des listes de messagerie énormes contenant des milliers d'abonnés ; une tâche que les programmes ordinaires d'Internet ne pourraient exécuter sans s'étrangler. Par exemple, LISTSERV peut envoyer du courrier électronique à 1 000 adresses en moins de cinq minutes, alors que, sur Internet, le programme de messagerie ordinaire aurait besoin d'une bonne heure.

Les demandes d'inscription et de résiliation sur les listes de messagerie LISTSERV doivent être adressées à *LISTSERV@nom.de.la.machine*, où *nom.de.la.machine* est bien évidemment le nom de la machine particulière où *réside* la liste. Certaines listes peuvent résider sur plusieurs machines (voir la section "Quelques commandes LISTSERV"). On ne peut reprocher aux gestionnaires de listes LISTSERV de n'être que de simples programmes informatiques. Aussi, il faudra vous exprimer clairement et distinctement lorsque vous leur adresserez votre demande. Imaginons que vous souhaitiez vous joindre à la liste *SNUFFLE-L* (les listes de messagerie LISTSERV se terminent toujours par *-L*) résidant à *ntw.com*. Pour vous inscrire, envoyez un message à *LISTSERV@ntw.com* contenant la ligne suivante :

```
SUB SNUFFLE-L Roger Sherman
```

Ce petit message suffit pour permettre votre inscription. *SUB* est l'abréviation de *subscribe* (inscription), *SNUFFLE-L* est le nom de la liste, et tout ce qui suit est censé être votre nom véritable. (Vous pouvez y inscrire ce que vous voulez, mais gardez bien à l'esprit que ce que vous indiquerez figurera sur l'adresse de retour de tous les messages que vous enverrez à la liste.) Vous recevrez alors très vite deux messages :

- Un message de bienvenue généré par une machine, et plutôt sympa. Ce message vous confirme que vous êtes désormais membre de la liste et vous indique quelques commandes utiles concernant votre inscription.

- Un message terriblement ennuyeux vous informant que le gros ordinateur IBM a lancé un programme pour traiter votre requête. Ce message vous fait part du nombre exact de millisecondes de temps système et du nombre d'opérations disque qu'il a fallu pour exécuter votre demande.

Pour envoyer un message à cette liste, adressez-vous au nom de la liste à la même machine (dans ce cas, *SNUFLE-L@ntw.com*). N'oubliez pas d'inclure une ligne présentant le sujet de votre message pour les heureux élus qui auront le privilège de lire votre prose. En quelques minutes, votre message parviendra à des personnes du monde entier.

Pour résilier votre abonnement, vous devez vous adresser de nouveau à *LISTSERV@nom.de.la.machine*, en envoyant le message suivant :

```
SIGNOFF SNUFLE-L
```

Chapitre 10 : Les listes de messagerie **105**

Seul, le nom de la liste est nécessaire (dans ce cas *SNUFLE-L*). Vous n'avez pas à indiquer votre propre nom, LISTSERV ne s'intéresse plus à vous et vous oubliera aussitôt.

Dans la plupart des cas, il suffit d'envoyer une demande d'inscription pour figurer sur une liste de messagerie. Toutefois, certaines listes ne sont pas ouvertes à tous (le propriétaire humain de la liste examine les demandes d'entrée). En outre, après avoir envoyé votre demande, certaines listes LISTSERV vous envoient un message pour vérifier votre adresse. Vous devez alors répondre par une petite phrase simple pour la confirmer. (Ces messages sont généralement très explicites.)

Pour contacter le propriétaire d'une liste, adressez votre message à *OWNER-* suivi du nom de la liste, par exemple *OWNER-SNUFLE-L*. Le propriétaire a un pouvoir plus grand que les simples mortels. En particulier, il peut modifier des noms figurant sur la liste s'ils sont défectueux, ou ajouter un nom que, pour une raison quelconque, la méthode automatique n'a pu traiter. Vous devez recourir à une assistance humaine si votre système de messagerie n'inscrit pas la bonne adresse de retour sur vos messages. Cela peut se produire si votre système de messagerie local n'est pas configuré correctement.

Le Reader's Digest de la messagerie

Sur certaines listes de messagerie, tous les messages sur une durée définie (généralement un jour ou deux) sont rassemblés à l'intérieur d'un message unique plus important, précédés d'un sommaire. (D'où la comparaison avec le magazine.) De nombreuses personnes trouvent ce procédé plus pratique que de recevoir les messages séparés les uns des autres, car il leur permet d'avoir une vue d'ensemble.

Certains programmes de messagerie et de lecture de news offrent également la possibilité de diviser à nouveau les messages, si bien que vous pouvez les voir un à la fois, mais toujours groupés. Demandez à un expert local si votre programme dispose de telles options, et comment les valider.

Quelques commandes LISTSERV

Les auteurs du programme LISTSERV ont intégré dans leur programme une telle quantité d'options (pas toujours très utiles d'ailleurs) qu'il faudrait un livre entier pour les décrire toutes. Voici donc un résumé de ces petites merveilles. Pour chacune d'entre elles, vous devez envoyer un message à LISTSERV@nom.de.la.machine afin de communiquer directement avec le programme LISTSERV. Vous pouvez envoyer plusieurs commandes dans un même message pour exécuter plusieurs opérations à la fois.

- **Interrompre momentanément la messagerie :** Cette fonctionnalité peut être très utile si vous vous absentez une semaine ou deux par exemple. Elle vous évite de retrouver à votre retour votre ordinateur enseveli sous une montagne de messages provenant d'une ou de plusieurs listes. Pour interrompre momentanément l'envoi de courrier en provenance de la liste de messagerie SNUFLE-L, envoyez :

```
SET SNUFLE-L NOMAIL
```

Pour ordonner à la messagerie de reprendre son activité, envoyez :

```
SET SNUFLE-L MAIL
```

- **Obtenir un condensé des messages :** Si vous trouvez que vous recevez trop de messages d'une liste, vous pouvez les rassembler à l'intérieur d'un message unique (voir l'encadré "Le Reader's Digest de la messagerie"). Pour cela, envoyez :

```
SET SNUFLE-L DIGEST
```

Certaines listes de messagerie ne proposent pas de telles facilités, les "incondensables" sauront vous le faire savoir.

- **Trouver les noms des membres d'une liste :** Pour trouver qui est inscrit à une liste, envoyez :

```
REVIEW SNUFLE-L
```

- Certaines listes n'autorisent cette commande qu'aux personnes déjà inscrites, d'autres ne l'autorisent pas du tout. Sachez également qu'il existe d'énormes listes, aussi attendez-vous à recevoir un message pouvant comprendre des milliers de noms.

- **Recevoir ou non vos propres messages :** Lorsque vous envoyez des messages à une liste LISTSERV dont vous êtes membre, cette liste vous renvoie une copie de votre propre message afin de confirmer qu'il a bien été reçu. Certaines personnes estiment que cette précaution est inutile. Pour éviter de recevoir des copies de vos propres messages, envoyez :

```
SET SNUFLE-L NOACK
```

Pour annuler cette commande et recevoir de nouveau vos propres messages, envoyez :

```
SET SNUFLE-L ACK
```

- **Trouver d'autres listes :** LISTSERV vous permet de découvrir d'autres listes résidant sur d'autres hôtes. Pour savoir quelles listes de messagerie LISTSERV sont disponibles sur tel ou tel hôte, envoyez :

```
LIST
```

Note : Souvenez-vous que ce n'est pas parce qu'une liste existe que vous pouvez automatiquement vous y inscrire (mais vous pouvez toujours essayer).

- **Effectuer d'autres opérations :** De nombreuses autres commandes sommeillent dans le programme LISTSERV. La plupart ne s'appliquent qu'aux utilisateurs de gros ordinateurs IBM. Si vous êtes l'une de ces personnes, ou si vous êtes simplement curieux, envoyez un message contenant le terme :

```
HELP
```

Vous recevrez un message secourable dressant la liste de quelques autres commandes.

Envoyer un message à une liste

Vous faites maintenant partie d'une liste de messagerie. Comme précédemment indiqué, lisez les messages que vous recevez pendant quelques jours. Ainsi, vous pourrez cerner le ton de la liste et vous faire une idée précise de ce qu'il est de bon goût d'envoyer (ou de ne pas envoyer). Lorsque vous jugerez le moment opportun, envoyez votre premier message. Adressez-le tout simplement au nom de la liste. Si vous êtes membre de la liste SNUFLE-L, il suffit d'adresser votre message à *snufle-l@ntw.com*. N'oubliez pas que des centaines de milliers de personnes vont lire votre prose, aussi efforcez-vous de vous exprimer correctement, en évitant les fautes d'orthographe. Si la liste est très populaire, vous pouvez parfois recevoir des réponses quelques minutes à peine après avoir envoyé votre message.

Certaines listes encouragent les nouveaux venus à envoyer un message de présentation dans lequel ils font part de leurs intérêts. D'autres n'ont pas cette coutume. Aussi, n'envoyez rien tant que vous n'avez rien de précis à dire.

Ne vous inquiétez pas. Si vous passez quelques jours à observer le va-et-vient des messages d'une liste, vous y verrez beaucoup plus clair.

Certaines listes de messagerie ont des règles assez particulières. Par exemple, une liste peut être *modérée*. Les messages adressés à une telle liste sont d'abord visualisés par un *modérateur* humain qui décide de leur sort. Ce modérateur joue en fait le rôle d'un filtre, interdisant l'accès à tout message inopportun ou ennuyeux. Ces méthodes peuvent sembler fascistes, toutefois les listes modérées sont généralement deux fois plus intéressantes que les autres. Il ne s'agit pas de censure excessive, mais de réglementation bienveillante. En outre, les personnes qui se plaignent le plus sont très souvent celles qui méritent d'être censurées.

Il existe une autre règle qui peut parfois poser quelques problèmes. En effet, certaines listes autorisent uniquement la parution de messages provenant de personnes dont l'adresse apparaît sur la liste. Admettons que votre adresse électronique officielle devienne *John.Jay@ntw.com* après être passée entre les mains d'un nouvel administrateur de messagerie plus consciencieux. Votre adresse précédente (qui fonctionne encore) était *jj@shamu.pol.ntw.com*. Après un tel changement, vous risquez de rencontrer quelques problèmes de communication. Certaines listes ne comprendront pas que John.Jay@ntw.com, nom sous lequel vous envoyez maintenant des messages, est identique à jj@shamu.pol.ntw.com, nom sous lequel vous vous étiez inscrit. Pour couronner le tout, LISTSERV ne vous permettra pas de vous retirer de la liste. Pour résoudre de tels quiproquos, vous devez écrire aux propriétaires des listes récalcitrantes afin que ceux-ci règlent le problème manuellement.

Ce n'est pas votre problème

Les comptes informatiques et les adresses électroniques sont créés et effacés si souvent qu'une liste de grande envergure contient toujours, à un moment ou un autre, des adresses qui ne sont plus valides. Par conséquent, lorsque vous envoyez un message à une telle liste, il sera transmis à ces adresses invalides, et un message de retour, vous informant de ces mauvaises adresses, est généré pour chacune d'elles. En général, les responsables (humains) ou les gestionnaires (automatiques) des listes de messagerie s'efforcent de détourner le message pour le diriger vers le propriétaire de la liste, qui est le seul à pouvoir faire quelque chose à ce sujet. Toutefois, il peut arriver qu'un stupide système de messagerie persiste à vous envoyer ces messages d'erreur. Si cela vous arrive, ignorez-les. Ce n'est pas votre problème et vous ne pouvez rien y faire.

Listes de messagerie contre news de USENET

De nombreuses listes de messagerie sont également accessibles sur USENET via une passerelle (voir le Chapitre 11). La plupart des passerelles sont bidirectionnelles. Autrement dit, tous les messages que vous recevez normalement en tant que membre d'une liste parviennent également au groupe USENET, et réciproquement. Seules quelques-unes sont unidirectionnelles, souvent à cause d'une passerelle mal programmée, et nombre d'entre elles sont modérées (ce qui signifie que tous les articles que vous envoyez sont lus par une personne filtrant les messages inopportuns).

Que vous receviez une liste particulière sous forme de messagerie électronique ou de news est simplement une affaire de goût. Les avantages du courrier électronique sont les suivants :

- Le courrier électronique a tendance à arriver plus rapidement que les news (de quelques heures environ).
- Le courrier demeure dans votre système tant que vous ne l'effacez pas, alors que les news s'effacent automatiquement après quelques jours.
- Certains programmes de messagerie sont plus flexibles que les lecteurs de news.

Les avantages des news sont les suivants :

- Les articles sont rassemblés à l'intérieur d'un groupe de news (ou newsgroup), et non pas mélangés avec vos messages personnels.
- Les articles sont automatiquement effacés à moins de les sauvegarder.
- Les programmes de news sont souvent plus efficaces que les programmes de messagerie lorsqu'il s'agit de réunir des messages ayant des thèmes communs, de sorte que vous puissiez les lire dans un ordre logique.

Si vous hésitez, penchez plutôt pour les news : la charge de travail qui incombera à votre ordinateur local et au réseau en général sera bien plus légère de cette façon.

Répondre à un message d'une liste

Il arrive fréquemment que l'on souhaite répondre à un message intéressant. En fonction de la configuration du logiciel de gestion de la liste, votre réponse pourra aller : soit à la liste entière, soit à l'expéditeur du message uniquement. La moitié des propriétaires de listes configurent le logiciel de gestion de sorte que les réponses parviennent automatiquement à l'expéditeur du message d'origine. (Leur principe est que seuls les auteurs d'origine sont intéressés par les réactions des lecteurs.) L'autre moitié, considérant les listes de messagerie comme étant un lieu de discussion public, font en sorte que les réponses soient mises à la disposition de tous. Le logiciel de gestion indique sur chaque message provenant des listes l'adresse à laquelle les réponses doivent être envoyées.

Toutefois, et fort heureusement, vous avez la possibilité de modifier cette adresse si elle ne vous convient pas. Lorsque vous commencez à rédiger une réponse, votre programme de messagerie affiche l'adresse à laquelle il va envoyer cette réponse. Si elle ne vous plaît pas, quel que soit le programme utilisé, une option du menu devrait vous permettre de la changer.

Si vous modifiez l'adresse du destinataire, pensez également à vérifier la ligne contenant le sujet du message. Après quelques va-et-vient de réponses, le thème s'éloigne souvent du sujet d'origine, de sorte qu'une actualisation est souvent la bienvenue.

Quelques listes intéressantes

De nombreuses listes résident sur Internet, si nombreuses en fait que des livres entiers ont été écrits uniquement pour énumérer toutes les *listes*. Voici quelques-unes de ces listes que je trouve intéressantes, chacune étant accompagnée d'une petite description. Les lettres *I*, *B*, *M*, *N*, et *C* désignent les principales caractéristiques les définissant.

- *I :* Liste de type Internet. Pour vous inscrire, résilier une inscription, ou contacter le responsable de la liste, écrivez à *liste-request@nom.du.site*.

- *B :* Liste de type BITNET LISTSERV. Pour vous inscrire ou résilier une inscription, envoyez un message type à *LISTSERV@nom.du.site*. Pour contacter le propriétaire de la liste, envoyez un message à *owner-liste@nom.du.site*.

- *M :* Liste modérée. Les messages sont filtrés par le propriétaire de la liste (modérateur).

- *N :* Liste également disponible via les news de USENET, ce qui est généralement plus intéressant (voir l'encadré "Listes de messagerie contre news de USENET"). Les listes BITNET sont pratiquement toutes disponibles sous la forme de groupes de news particuliers, aussi cette lettre ne fait qu'indiquer les listes disponibles sur USENET de façon ordinaire (voir le Chapitre 11 pour des éclaircissements).

- *D :* Les messages arrivent en condensé (digest), c'est-à-dire à l'intérieur d'un message unique et non un par un.

Risks Digest
risks@csl.sri.com
IMND

Forum sur les risques publics engendrés par les ordinateurs et autres systèmes informatiques. Discussions sur les dangers des technologies modernes, et plus particulièrement de la technologie informatique.

Privacy Forum Digest
privacy@vortex.com
IM

Discussion en continu sur la confidentialité dans le monde informatique. De nombreux comptes rendus incroyables et terrifiants sur toutes les personnes et entreprises qui nous espionnent (les chauffeurs d'ambulance par exemple).

Tourism Discussions
travel-l@trearn.bitnet
B

Voyages, compagnies aériennes, guides touristiques, sites, hôtels, auberges, etc. Les participants viennent du monde entier (l'hôte du système réside en France), aussi y puiserez-vous de nombreux tuyaux que vous ne pourriez jamais obtenir localement.

Frequent Flyers
frequent-flyer@ames.arc.nasa.gov
I

Pour et sur les utilisateurs réguliers de transports aériens. De nombreuses informations et récits mouvementés.

Transit Issues
transit@gitvm1.bitnet
B

Tout sur les moyens de locomotion modernes (principalement le métro et les automobiles).

Info-IBMPC Digest
info-ibmpc@brl.mil
IMD

Discussions plus ou moins techniques concernant l'utilisation, la programmation et la maintenance de PC IBM et clones. Si vous avez accès à USENET, ses équivalents sont plus intéressants.

Computer Professionals for Social Responsibility
cpsr@gwuvm.bitnet
B

Le groupe CPSR réunit des professionnels de l'informatique concernés par les effets sociaux de l'informatique. Cette liste contient essentiellement des rapports sur leurs activités.

Desktop Publishing
publish@chron.com
I

Publication Assistée par Ordinateur et création de documents. De nombreuses informations et bons tuyaux sur les outils de la PAO. (Pas très technique.)

Offroad Enthusiasts
offroad@ai.gtri.gatech.edu
I

Sur et pour les amoureux du tout-terrain (principalement le 4x4).

Compilers and Language Processors
compil-l@american.edu
BMN

Liste très technique concernant les compilateurs, programmes traduisant un langage informatique en un autre. Je suis moi-même le modérateur de cette liste. Aussi, je ne peux que la trouver absolument fascinante.

Où et comment trouver d'autres listes

La société SRI, située à Los Angeles, assure la maintenance d'une liste complète de listes de messagerie Internet. Pour l'obtenir, adressez-vous à *mail-*

Chapitre 10 : Les listes de messagerie

server@nisc.sri.com (***attention :*** ce fichier est énorme, il contient environ 30 000 lignes de texte). Votre message doit comporter la ligne suivante :

```
send netinfo/interest-groups
```

Si vous avez accès à FTP (voir le Chapitre 16), vous pouvez plus facilement transférer ce fichier depuis *ftp.nisc.sri.com* où il est intitulé *netinfo/interest-groups*. Une version compressée est également disponible sous le nom de *netinfo/interest-groups.Z*. Vous pouvez vous procurer ces informations sur support papier sous la forme d'un livre indexé, intitulé *Internet: Mailing Lists*, eds. Edward T.L. Hardie, Vivian Neou, PTR Prentice Hall, 1993. (Toutefois, ce livre vous reviendra probablement plus cher comparativement au coût de la communication téléphonique pour obtenir le matériel, même si vous habitez à l'autre bout du monde.)

USENET propose également une liste mensuelle complète des listes de messagerie via le groupe *news.lists*. Si vous recevez les news de USENET, vous pourrez facilement la trouver. Dans le cas contraire, envoyez ce message à *mail-server@rtfm.mit.edu* :

```
send USENET/news.lists/P_A_M_L,_P_1_5
send USENET/news.lists/P_A_M_L,_P_2_5
send USENET/news.lists/P_A_M_L,_P_3_5
send USENET/news.lists/P_A_M_L,_P_4_5
send USENET/news.lists/P_A_M_L,_P_5_5
```

PAML est l'abréviation de *Publicly Accessible Mailing Lists* (listes de messagerie accessibles au public). La fin de chaque ligne indique la partie à envoyer (par exemple, *Partie 1 de 5* pour la première ligne). Si vous avez accès à FTP, transférez cette liste depuis *rtfm.mit.edu*, vous la trouverez dans le répertoire *pub/USENET/news.lists* sous les mêmes dénominations.

Chapitre 11
Les news de USENET

Dans ce chapitre...

Tout ce que vous avez toujours voulu savoir sur USENET...
Au corps à corps avec USENET
Une oeuvre d'art à n'en point douter
Mémento trn et rn
Numéros et identifications
Comment devenir célèbre
Petite et grande distribution

Tout ce que vous avez toujours voulu savoir sur USENET...

Les listes de messagerie sont tout à fait adaptées pour envoyer des messages à un petit nombre de gens. En revanche, ce procédé n'est plus vraiment à la hauteur lorsqu'il s'agit de masses importantes. En effet, la gestion d'une liste comprenant des milliers de personnes est un travail considérable, même pour des programmes tels que LISTSERV (lequel est traité dans le Chapitre 10). L'envoi de messages à des milliers et des milliers d'adresses est une très lourde charge pour le système qui les transmet.

Les *news de USENET* (en anglais *USENET news*, ou *Net news*) offrent une solution à ce problème et en créent de nouveaux. USENET est un *BBS (Bulletin Board System)* de très grande envergure. Le principe est assez simple : chaque site USENET envoie à tous ses voisins plusieurs fois par jour une copie de tous les *articles* (synonyme de *messages* dans le monde USENET) qu'il a reçus. (Afin d'éviter des efforts inutiles, chaque article contient une liste des sites où il a déjà été envoyé.) Leur transmission se fait à travers différents types de connexion de bout en bout, à débit également différent. Toutefois, la plupart des articles parviennent aux sites USENET directement connectés en moins d'un jour ou deux. (Si votre machine est directement sur Internet plutôt que reliée au moyen d'une ligne téléphonique, la plupart des news arriveront en moins de quelques heures.)

Si votre système de news local a correctement été configuré (sinon, persuadez vite un administrateur de système de le faire) et qu'il tourne, une montagne de news sommeille probablement dans votre système. Afin de pouvoir les lire, vous devez apprendre trois techniques d'utilisation rudimentaires :

- Comment lire les news qui vous intéressent.

Un peu d'histoire

USENET est né en Caroline du Nord, Etats-Unis. En 1980, deux étudiants ont mis au point la première version de USENET destinée à tourner sur deux systèmes UNIX. Cette version, aujourd'hui connue sous le nom de *A news*, était très évoluée pour l'époque. Elle allait jusqu'à transférer une douzaine d'articles par jour d'une machine à l'autre. Cela, à l'aide d'un programme d'application appelé *UUCP (UNIX to UNIX CoPy)* permettant à un système temps partagé Unix de copier des fichiers de et vers un autre système, par une ligne simple. En quelques années, USENET s'était étendu à plusieurs autres universités et à plusieurs éditeurs de logiciels sous la forme d'une version complètement réécrite, appelée *B news*. En octobre 1983, USENET était assez connu pour faire l'objet d'un article paru dans le magazine *Byte*, qui annonçait l'existence de 500 sites USENET. (Mon site s'appelait *ima* ; vous pouvez le trouver en haut à droite du plan de réseau à la page 224 du magazine.)

Au cours de la décennie suivante, USENET n'a cessé d'évoluer et de s'étendre. Aujourd'hui, plus de 30 000 sites envoient des news, et au moins autant en reçoivent uniquement. De nombreuses liaisons à l'origine commutées ont été remplacées par des liaisons de réseau Internet connectées en permanence via un système de communication appelé *NNTP (Net News Transfer Protocol)*. De nombreuses news sont encore transmises au moyen de lignes téléphoniques via UUCP. Toutefois, les moyens de transmission utilisés sont de plus en plus pointus. On utilise des satellites, des CD-ROM, et même des bandes magnétiques. (Ces cassettes sont envoyées à des pays comme la Malaisie où les appels longues distances par modem sont très difficiles, mais également à des endroits, tels que le FBI, où la communication avec des réseaux externes est interdite.)

Le volume de news par jour est passé de quelques centaines d'articles en 1983 à 30 000 articles (plus de 50 Mo de texte) en 1993.

De nombreux sites utilisent encore la version B news, bien que ses propres auteurs l'aient officiellement déclarée obsolète il y a plus de cinq ans. Les systèmes de news actuels comprennent la version *C news*, qui est une version complètement réécrite de B news, beaucoup plus rapide, et *INN* qui est une nouvelle version conçue pour tourner en environnement de réseau Internet. Ces versions fonctionnent toutes plus ou moins de la même façon, aussi, avec un peu de chance, vous n'aurez jamais à vous inquiéter de savoir quelle version vous utilisez.

- Comment ne pas lire les news qui ne vous intéressent pas (pour avoir le temps de lire toutes les autres).

- Comment envoyer des articles de votre cru (cette dernière est optionnelle).

Groupes et groupies

Chaque jour, plus de 20 000 articles peuvent apparaître sur une machine correctement connectée. Ces articles sont classés et organisés en *groupes de news* (ou *newsgroups*), lesquels sont des en-têtes thématiques. Il existe, en tout, plusieurs milliers de groupes de news. Certains traitent de sujets sérieux et techniques (comme les communications de données informatiques). D'autres sont moins techniques ou totalement fantaisistes (comme les légendes urbaines, par exemple celle sur le caniche séché dans un four à micro-ondes). La plupart des utilisateurs de news sélectionnent quelques groupes et ignorent les autres.

Contrairement aux listes de messagerie, vous pouvez très facilement vous inscrire ou annuler une inscription à un groupe reçu par votre machine. Les groupes de news ne requièrent qu'une simple mise à jour d'un fichier local. Vous pouvez vous inscrire à de nombreux groupes lorsque vous avez beaucoup de temps libre, et ne conserver que ceux directement liés à votre activité principale si vous êtes bousculé par votre travail.

Les noms de groupe

Si vous avez hâte de commencer à utiliser votre système de news, vous pouvez sauter cette section et y revenir plus tard lorsque vous voudrez parfaire vos connaissances.

Les groupes de news sont des noms constitués de plusieurs parties séparées par des points, tels que *com.dcom.fax* (un groupe dédié aux fax et fax modems). Ces groupes sont organisés de façon hiérarchique. La première partie du nom décrit le type de groupe. Lorsque plusieurs groupes de news sont liés, leurs noms sont liés également. Ainsi, tous les groupes de news ayant un rapport avec la communication de données sont répertoriés dans des fichiers de type *com.dcom.groupe* (*com* étant l'abréviation de *computer*, et *dcom* l'abréviation de *data communication*). Voici la liste des *codes hiérarchiques* (ou *catégories*) de niveau supérieur les plus connus :

- **comp** (computer) : ordinateurs et informatique en général.

- **sci** (sciences) : discussions scientifiques.

- **rec** (recreation) : loisirs (sports, hobbies, arts et autres amusements).
- **soc** (social) : groupes de news sociaux.
- **news** : discussions sur USENET (certains groupes contenant du matériel de base et des annonces intéressantes devraient être lus par tous - d'autres sont peu intéressants sauf pour un petit cercle de fans).
- **misc** (miscellaneous) : thèmes divers n'entrant dans aucune autre catégorie (le groupe le plus divers de tous étant *misc.misc*).
- **talk** : longs débats, souvent politiques (largement considérés comme rébarbatifs, sauf pour les participants).

Note : Il existe de nombreuses autres catégories moins répandues (voir le chapitre suivant pour une liste de quelques-unes d'entre elles).

Les groupes régionaux

Tous les grands groupes sont, au moins en théorie, d'intérêt public quel que soit le lieu de résidence. Toutefois, de nombreux thèmes sont spécifiques à des pays ou villes en particuliers. Imaginons que vous cherchiez un restaurant où vous puissiez emmener vos enfants en toute tranquillité. Bien qu'il existe quelques groupes traitant de restauration, si vous habitez au fin fond de l'Ardèche, vous avez moins de chances de manger à l'heure qu'un Texan par exemple.

Heureusement, il existe des groupes locaux et régionaux pour des discussions locales et régionales. Bien entendu, ces groupes sont créés sous réserve qu'il y ait suffisamment de sites USENET pour que cela en vaille la peine.

Les universités et entreprises comprenant un grand nombre d'utilisateurs de news possèdent généralement des divisions hiérarchiques personnelles. Certaines entreprises proposent leurs propres groupes de news locaux liés aux activités de l'entreprise. Naturellement, les groupes d'entreprise ne sont transmis qu'en interne. Demandez autour de vous si votre système reçoit des groupes de news régionaux ou d'entreprise. Cela dépend généralement du superviseur de votre système.

Au corps à corps avec USENET

Vous avez sûrement hâte de vous lancer. (Dans le cas contraire, vous pouvez passer directement au Chapitre 13.) USENET est conçu de sorte que toute personne souhaitant écrire un programme de lecture de news puisse le faire sans trop de difficultés. Les programmes traités dans ce chapitre sont : le nouveau programme d'UNIX *trn*, et son prédécesseur *rn*, lesquels sont les deux programmes les plus couramment utilisés.

Tous les programmes de lecture de news ont à peu près les mêmes fonctions : ils vous permettent de lire des news. (Qu'est-ce que vous croyiez ?) Par conséquent, hormis quelques différences d'affichage et de lettres de commande, ils sont tous plus ou moins identiques. Les programmes de news sont généralement plein écran, certains exploitant mieux l'écran que d'autres. Ils sont conçus pour vous permettre de naviguer à travers USENET le plus efficacement possible. A cette fin, ces programmes utilisent des commandes par lettre unique : il suffit de presser une lettre pour activer la commande qui lui est reliée. Ce principe est très efficace ; toutefois il n'est pas toujours simple pour un nouvel utilisateur de retenir de telles commandes.

Presque tous les programmes de lecture de news vous dispensent de presser la touche Entrée pour valider les commandes par lettre unique. Certaines commandes requièrent cependant que vous saisissiez une ligne de texte après la lettre, par exemple un nom de fichier ou un nom de groupe de news. Dans ce cas, il est nécessaire d'appuyer sur Entrée pour indiquer au programme que la ligne de commande est terminée.

Vous lancez le programme en tapant **trn** (ou si cela ne marche pas, **rn**). Si le programme vous informe qu'il est incapable de trouver trn ou rn, il faudra demander de l'aide afin de découvrir quel autre programme est utilisé localement. Si vous êtes un utilisateur de Microsoft Windows, il y a de fortes chances pour que le programme *Trumpet* soit installé sur votre système. Ce programme utilise l'interface Windows habituelle pour manipuler les news. Quel que soit le programme dont vous disposez, les informations de ce chapitre vous seront utiles dans la mesure où les commandes et manipulations des news sont généralement identiques, même si les touches à frapper varient quelque peu.

Si vous avez réussi à lancer trn ou rn, et si vous êtes un nouvel utilisateur, le programme vous annonce qu'il crée un fichier intitulé *.newsrc* (oui, newsrc commence bien par un point, et vous ne tenez pas à en savoir plus). Ce fichier va lui permettre de savoir quels articles vous avez déjà lus. Ensuite, par excès d'optimisme, il suppose que vous avez l'intention de vous inscrire à tous les groupes disponibles sur votre système. La liste des groupes de news affichée dépend bien évidemment de ce qui est disponible sur votre système.

Lorsque vous en avez assez, vous pouvez quitter le programme en pressant la touche q (quit). En fonction de votre position à l'écran, il faudra peut-être presser cette touche deux ou trois fois, mais vous vous en sortirez toujours.

Si vous ne voulez pas encore abandonner, trn ou rn vous proposera alors un aperçu des groupes de news. Pour chaque groupe, vous disposez de trois options de base : vous pouvez lire ses articles maintenant, choisir de ne pas les lire maintenant mais peut-être plus tard, ou annuler votre inscription pour ne plus jamais revoir ce groupe à moins d'effectuer une nouvelle inscription.

Supprimez cet article !

La plupart des utilisateurs de groupes de news entretiennent entre eux des discussions continues. Comme partout, certaines sont plus intéressantes que d'autres. Vous pouvez faire en sorte de ne jamais voir ces discussions ennuyeuses en utilisant un *fichier kill*. Au cours de votre lecture, si vous rencontrez un article désespérément ennuyeux, pressez la lettre K (en lettre capitale, ce qui est logique pour une telle exécution) afin de supprimer tous les articles courants du même nom et d'inscrire son titre dans le fichier kill. A l'avenir, dès que vous ouvrirez ce groupe, rn ou trn vérifiera tous les titres des nouveaux articles, et supprimera chaque article comportant le titre enregistré. Ainsi, ils ne pourront plus vous ennuyer. L'utilisation d'un fichier kill vous permet de gagner du temps et de vous concentrer sur les discussions vraiment intéressantes.

Il est possible d'éditer ces fichiers afin de les mettre à jour : lorsqu'une discussion s'est éteinte d'elle-même par exemple, ou bien pour y ajouter d'autres commandes d'exécution capitale. Si vous pressez les touches Ctrl+K alors que vous lisez un groupe de news, le programme affichera automatiquement le fichier kill de ce groupe dans l'éditeur de texte (souvent *vi* ou *emacs* sur UNIX). Les fichiers kill commencent généralement par la ligne suivante :

```
THRU 4765
```

Cette ligne indique le nombre d'articles déjà parcourus lors de la recherche de titres à supprimer, ce qui permet de ne pas analyser la totalité des articles chaque fois, et donc de gagner du temps. Sur les lignes suivantes figurent les titres d'articles que vous ne voulez pas lire. Vous effacez un titre en effaçant la ligne qui le concerne dans le fichier kill ; après quoi, vous sauvegardez le fichier, quittez l'éditeur de texte, et vous pouvez continuer votre lecture.

Vous pouvez également trouver que *certaines personnes* écrivent des articles qui ne vous intéressent jamais. Vous n'avez pas à lire ces articles si vous n'y tenez pas. Il vous suffit pour cela de taper Ctrl+K pour éditer le fichier kill de ce groupe et d'ajouter à la fin une ligne telle que celle-ci :

```
/Aaron Burr/h:j
```

Tapez le nom de l'auteur à bannir entre les barres obliques tel qu'il apparaît au début de ses articles. Il n'est pas nécessaire de taper la totalité de ce nom, mais suffisamment de caractères pour permettre au programme de l'identifier. A la fin de la ligne, après la seconde barre oblique, placez la formule magique **h:j**. Enfin, sauvegardez ce fichier, quittez l'éditeur de texte, et voilà !

Pressez y (yes) pour lire le groupe. Pressez n (no) pour passer au groupe suivant. Enfin, pressez u (unsubscribe) pour annuler votre inscription et ne plus jamais revoir le groupe en question. (Bien sûr, vous pouvez toujours utiliser q pour sortir du programme.)

Si vous pressez y, trn affiche le premier écran du premier article non lu du premier groupe qui était affiché lors de la page d'accueil. De nouveaux choix se présentent à vous. Si l'article comporte plusieurs pages, la barre d'espacement vous permettra de passer à la page suivante. Lorsque vous avez fini de lire l'article, pressez n (next) pour passer à l'article suivant, ou q pour passer à un autre groupe. Si vous trouvez qu'un article est terriblement ennuyeux, vous pouvez sauter tous les articles du groupe contenant tous ces textes rébarbatifs en utilisant la touche k (pour kill, supprimer). Vous pouvez faire en sorte que tous les articles comportant les mêmes titres ennuyeux soient supprimés chaque fois que vous ouvrez un groupe de news (voir l'encadré "Supprimez cet article !").

Des groupes de news à foison

La croissance de USENET est telle que chaque semaine de nouveaux groupes de news apparaissent. Chaque fois que vous lancez rn ou trn, vous avez l'opportunité de vous inscrire à un de ces nouveaux groupes. Le programme vous pose généralement une question de ce type :

```
Checking active list for new newsgroups...
Newsgroup alt.comp.hardware.homebuilt not in .newsrc-subscribe?
[ynYN]
```

Pressez la touche y si vous voulez vous inscrire au groupe *alt.comp.hardware.homebuilt*, ou n dans le cas contraire. Si vous optez pour la première solution, le programme vous demandera alors où vous souhaitez le faire apparaître.

```
Put newsgroupe where? [$^L]
```

Les réponses les plus probables sont $ (pour le placer à la fin), ou + suivi d'un nom de groupe existant (pour le placer après ce groupe).

Si vous avez annulé une inscription et que vous souhaitiez vous réinscrire, pressez la touche g suivie du nom du groupe que vous voulez revoir. Si vous ne vous êtes jamais inscrit à ce groupe, rn ou trn peut vous demander où vous voulez le placer. Vous aurez alors les mêmes options que précédemment ($ ou +). La touche g (go) peut également s'utiliser pour ouvrir directement un groupe particulier en vue de lire ses nouveaux articles.

Ignorer des articles plus rapidement avec trn

Le programme trn offre des options plus intéressantes que rn pour sélectionner les articles que vous voulez voir ou ne pas voir. La différence majeure entre trn et rn réside dans le fait que trn est capable de créer des liens entre articles. Vous pouvez ainsi sélectionner ou ignorer non seulement des articles, mais également plusieurs groupes d'articles à la fois.

Si vous appuyez sur la barre d'espacement ou la touche + pour ouvrir un groupe de news, vous allez voir apparaître une page d'écran présentant un sommaire des titres des messages non lus du groupe :

```
    general              14 articles
  a 0000-uucp (0000)      3 New mail paths
  b 0000-Admin (0000)    10 backup
  c Chet Arthur           1 hamsters
Select threads - All [Z>]
```

Les groupes intitulés *general*, tel celui-ci, contiennent tous les messages locaux qui ne font partie d'aucun autre groupe. Le nombre d'articles non lus est de 14. Pour vous rendre la tâche plus facile, trn regroupe les articles liés (généralement ceux dont les titres sont identiques). Dans le cas présent, trois articles s'intitulent *New mail paths*, dix s'intitulent *backup*, et un concerne les *hamsters*.

Après avoir sélectionné les articles qui vous intéressent, quelques options se présentent à vous. Vous pouvez :

- Utiliser la barre d'espacement pour passer à la page suivante du sommaire (dans l'éventualité où celui-ci contient plusieurs pages), et commencer à lire les articles sélectionnés si vous avez vu tous les titres.

- Presser la touche D majuscule (Delete) pour lire les articles sélectionnés et supprimer tous les articles non sélectionnés de l'écran.

- Presser la touche D majuscule pour lire tous les articles sélectionnés sans supprimer les autres.

Une oeuvre d'art à n'en point douter

USENET n'autorise qu'un seul type de message : du texte ordinaire. (Des versions spéciales sont capables de gérer les caractères japonais et russes, mais ce chapitre est déjà assez compliqué comme ça pour que vous ayez en plus à vous en inquiéter.) Toutefois, il existe quelques conventions très répandues permettant d'aller fureter dans d'autres types de fichiers.

Les fichiers binaires

Certains groupes de news sont totalement ou partiellement constitués de fichiers binaires. Ces fichiers sont pour la plupart des programmes exécutables sur Mac, PC IBM ou tout autre type d'ordinateur, ou encore des fichiers *bitmap JPEG* ou *GIF* (voir le Chapitre 17 pour les détails sur les formats de fichiers) d'images plus ou moins artistiques. (A dire vrai, le groupe de news comprenant le plus grand nombre de mégaoctets par jour se nomme *alt.binaries.pictures.erotica* qui contient, vous vous en doutez, des images plutôt osées. C'est un groupe égalitaire : il présente autant d'images d'hommes nus que de femmes nues.)

Tout type de fichier binaire est habituellement transmis par une méthode appelée *uuencode*. Ces messages sont facilement identifiables, car ils commencent tous par le terme begin suivi d'informations incompréhensibles, comme dans l'exemple suivant :

```
begin plugh.gif 644
M390GNM4L-REP3PT45G00I-05[I5-6M30ME,MRMK760PI5LPTMETLMKPY
ME0T39I4905B05Y0PV30IXKRTL5KWLJR0JT0U,
6P5;3;MRU050I4J50I4
```

Le programme *uudecode* permettra de décoder ces informations. Heureusement, rn et trn ont un décodeur intégré que vous pouvez lancer en pressant la touche e (extract). Pour les fichiers comprenant beaucoup de données, il est de coutume de séparer le fichier codé par article. La fonction d'extraction lancée par la frappe de la touche e est assez habile pour s'en charger si vous pressez e à chaque article.

Les groupes de fichiers

Un article peut quelquefois contenir un groupe de fichiers. Ces fichiers sont assemblés en tant que fichiers *shar* ou *shell archive*, lesquels sont des codes de commande shell d'UNIX qui, lorsqu'ils sont lancés, recréent les fichiers désirés.

Vous pouvez aussi extraire des fichiers shar à l'aide de la commande e du programme rn ou trn, comme avec les messages codés. (Elle saura de quel type de fichier il s'agit.)

Méfiez-vous des fichiers shar ! Ces derniers peuvent être dangereux dans la mesure où ils contiennent des commandes que vous pouvez taper depuis votre terminal. Dans le pire des cas, ils peuvent effacer tous vos fichiers, envoyer du courrier électronique obscène accompagné de votre signature, et autres mesquineries que vous ne soupçonnez même pas. Dans le passé, ces fichiers farceurs n'ont jamais vraiment été un problème, mais il vaut mieux être sur ses gardes. Des programmes "anti-farces" existent pour parcourir les articles shar à la recherche de commandes suspectes (votre administrateur système doit probablement en avoir un sous la main avec le programme C news).

Vous aurez été prévenu !

Il peut vous arriver de trouver des articles contenant un charabia incroyable qui ne soient ni des fichiers codés de type uuencode, ni des fichiers shar. De tels articles utilisent un procédé connu sous le nom de *rot13 cipher*. Son principe est simple : toutes les lettres de l'alphabet sont remplacées par la treizième lettre suivante ou précédente. Ainsi, A devient N et réciproquement, B devient O, etc. Ce code est loin d'être infaillible, bien sûr, mais là n'est pas son but.

En effet, l'objectif de rot13 est de vous avertir qu'un message est susceptible de contenir des termes crus, grossiers ou choquants. Ainsi, dans l'éventualité où vous seriez sensible à ce genre de propos (ou simplement pas intéressé), vous savez qu'il est préférable de ne pas lire ce message. Toutefois, si vous tenez à poursuivre votre lecture, pressez la touche X (majuscule) pour que le programme rn ou trn procède au décodage.

N'attendez aucune sympathie par la suite si vous avez été blessé par un message rot13 agressif. Vous aurez été prévenu !

Thésauriser les oeuvres

De temps à autre, vous tombez sur un article si intéressant que vous tenez absolument à le sauvegarder. Pour cela, vous devez utiliser la commande s (save). Pour sauvegarder un article, il faut donc presser la touche s suivie du nom du fichier sous lequel vous voulez l'enregistrer. Si le fichier n'existe pas encore, rn ou trn demande s'il doit formater le fichier en fichier ordinaire ou en boîte aux lettres (fichier particulier contenant généralement du courrier électronique). Le plus souvent, il sera préférable d'opter pour la boîte aux lettres. Si vous sauvegardez plusieurs articles dans la même boîte, vous pourrez ensuite utiliser des programmes de messagerie (voir le Chapitre 7) pour visualiser et modifier le contenu de la boîte. Les fichiers (ou boîtes aux lettres) sauvegardés sont placés par défaut dans votre répertoire *News*, mais vous pouvez assigner un tout autre répertoire à la commande s.

Il est également possible de sauvegarder un article et de le transférer dans un autre programme. Pour cela, utilisez la barre verticale à la place de la touche s et faites-la suivre de la commande que vous voulez exécuter. Cette option est très utile si vous voulez imprimer un message à l'aide de la commande *lpr*, ou *lp*, ou d'une tout autre commande d'impression locale. Des pipelines UNIX sont également possibles, par exemple :

```
|pr -h "Un message important" | lpr
```

Mémento trn et rn

A ce stade, vous avez probablement oublié la plupart des commandes trn et rn. Voici un rappel des touches de commande décrites dans ce chapitre et de leur fonction, sous la forme de trois tableaux. D'autres commandes y ont été ajoutées pour vous permettre une meilleure utilisation des programmes. Deux *états* différents peuvent caractériser le programme rn : l'*état Groupe de news* (Tableau 11.1), dans lequel vous sélectionnez le groupe que vous voulez lire, et l'*état Article* (Tableau 11.2), dans lequel vous lisez des articles d'un groupe précis. Le programme rn est doté d'un état supplémentaire, l'*état Sommaire* (Tableau 11.3), lequel propose la liste des titres des articles non lus d'un groupe.

Tableau 11.1 : Etat Groupe de news.

Touche	Fonction
Barre d'espacement	Passe au groupe suivant contenant des articles non lus.
y (yes)	Même fonction que la barre d'espacement.
n (no)	Saute ce groupe.
u (unsubscribe)	Annule une inscription.
g (go)	Ouvre un groupe (tapez le nom du groupe après la lettre g). Si vous avez déjà été inscrit à ce groupe, votre inscription sera de nouveau validée.
q (quit)	Ferme le programme.
p (previous)	Ouvre le groupe précédent contenant les articles non lus.
h (help)	Affiche un fichier d'aide extrêmement concis.
^L	Actualise l'écran.

Tableau 11.2 : Etat Article.

Touche	Fonction
Barre d'espacement	Procède à la lecture de la page suivante de l'article en cours, ou de l'article suivant non lu.
n	Saute cet article.
k (kill)	Supprime cet article et tous les autres articles dotés du même titre.
K	Identique à k ; inscrit en plus le titre dans le fichier kill de sorte que ce titre soit supprimé chaque fois que vous ouvrez le groupe.
q	Ferme ce groupe.
c (catch up)	Considère que vous avez lu tous les articles de ce groupe.
u	Annule une inscription.
spdq	Sauvegarde un article dans le fichier pdq.
| lpr	Transmet un article à la commande lpr (méthode pratique pour imprimer un article).
/xyz	Trouve l'article suivant dont le titre contient xyz.
=	Affiche les titres des articles non lus.
^L	Actualise l'écran.
^R	Relance l'article en cours (affiche la première page).
X	Décode un message rot13 (déconseillé aux âmes sensibles).
e (extract)	Extrait un fichier shar ou uuencode.
edir	Extrait un fichier à l'intérieur du répertoire dir.
h	Affiche un fichier d'aide extrêmement concis.
q	Ferme ce groupe.

Les commandes trn sont en fait beaucoup plus nombreuses (le manuel de référence contient 25 pages), toutefois ces commandes principales devraient vous suffire.

Numéros et identifications

Chaque message USENET contient un *message d'identification (message ID)*, tel que :

```
<1993Ju19.055259.15278@chico.iecc.com>
```

Tableau 11.3: Etat Sommaire.

Touche	Fonction
Barre d'espacement	Procède à la lecture des articles sélectionnés, ou de la page suivante du sommaire (si celui-ci contient plus d'une page).
d	Procède à la lecture des articles sélectionnés, marque les articles non sélectionnés comme étant lus.
z	Procède à la lecture des articles sélectionnés.
/xyz	Sélectionne les articles dont les titres contiennent xyz.
c-g	Sélectionne les articles de c à g du sommaire en cours.
h	Affiche un fichier d'aide extrêmement concis.
q	Ferme ce groupe.

La partie située après le signe @ est le nom du site où l'article a été créé. La partie située avant est une suite d'informations dont l'objectif premier est d'être unique. Elle contient généralement la date, l'heure, la phase de la lune, etc.

Les messages contiennent également des numéros, qui sont attribués par ordre chronologique à tous les groupes. Par exemple, le premier message du groupe *comp.fooble*, par exemple, sera le numéro 1, le deuxième sera le numéro 2, et ainsi de suite. *Note :* Il existe une différence essentielle entre une identification et un numéro. Les identifications sont les mêmes partout, alors que les numéros ne s'appliquent qu'à *votre système local*. Aussi, ne faites pas référence aux numéros de message des articles auxquels vous répondez, car les utilisateurs des autres sites ne pourront savoir de quel article il s'agit.

Si vous utilisez la commande f ou F (follow-up) du programme rn ou trn pour envoyer une suite à un message, une ligne de référence apparaîtra automatiquement, contenant l'identification de l'article d'origine, ainsi que des éventuels articles précédents. Le programme trn utilise ces références pour entretenir des liens entre les articles.

Comment devenir célèbre

Tôt ou tard, à moins d'être excessivement réservé, vous voudrez envoyer des messages de votre cru à travers le monde, pour révéler enfin tous vos talents. Cette section traite des différents types de messages qu'il est possible d'envoyer et concerne tout particulièrement les lecteurs qui ne veulent plus rester dans l'ombre.

Adresser une réponse à l'auteur d'un message

Le moyen le plus simple et généralement le plus approprié de répondre à un article consiste à envoyer un message à son auteur, contenant votre question ou commentaire. A cette fin, vous pouvez presser la touche r ou R. Dans les deux cas, rn ou trn affiche alors un éditeur vous permettant de saisir votre texte. L'en-tête du fichier proposé contient des lignes, indiquant notamment le sujet et le destinataire du message, que vous pouvez modifier. La commande R (majuscule), contrairement à la commande r (minuscule), insère également une copie du texte de l'article dans le message. Vous pouvez ainsi faire directement référence au texte d'origine. N'oubliez pas de tronquer les passages peu à propos, l'auteur sait déjà ce qu'il a écrit.

Lorsque vous quittez l'éditeur de texte, rn ou trn vous demande s'il doit envoyer le message (s), l'éditer à nouveau (e), ou l'interrompre (a). Appuyez sur s (send), e (edit) ou a (abandon) selon le cas.

Adresser une réponse à tous les lecteurs

Si vous jugez que le commentaire que vous souhaitez envoyer peut être d'intérêt général, envoyez-le en tant qu'article USENET. Pour cela, utilisez la touche f ou F (follow-up, ou suivi). Le programme vous demande alors si vous êtes sûr de bien vouloir envoyer un suivi USENET. Si vous répondez par l'affirmative, l'éditeur dans lequel vous saisissez vos messages apparaîtra. La commande F (majuscule) inclut également une copie de l'article d'origine que vous réduirez, là encore, aux passages les plus significatifs.

Certains systèmes de news refusent tout message contenant plus de texte rapporté que de nouveau, afin de décourager les fainéants. Rapporter un passage entier d'une centaine de lignes pour y ajouter un commentaire de deux lignes est loin d'être une bonne idée. Lorsqu'un message est rejeté, certaines personnes pensent qu'il suffit d'ajouter quelques lignes de remplissage pour équilibrer leur message. *Ne faites jamais cela.* Réduisez plutôt le texte rapporté, vos lecteurs vous en sauront gré.

Comme précédemment, lorsque vous quittez l'éditeur, trois options vous sont proposées, que vous pouvez sélectionner en pressant les touches correspondantes : s pour envoyer le message, e pour le modifier, et a pour l'interrompre.

La plupart du temps, lorsque vous envoyez un suivi, l'article est transmis immédiatement, ou dans les minutes qui suivent. Certains groupes sont modérés, ce qui signifie que votre message est d'abord transmis au modérateur du groupe (personne filtrant les messages inadéquats) qui le transmettra s'il répond aux critères du groupe. Les modérateurs sont tous des volontaires, assumant leurs tâches de responsable de groupe en plus de leurs activités professionnelles, aussi ne vous étonnez pas si votre message n'apparaît pas illico. En général, cela prend un ou deux jours. Certains modérateurs étant plus lents que d'autres, il peut arriver que vous attendiez jusqu'à deux semaines. N'oubliez pas : la patience est une vertu.

Envoyer votre premier message

Vous envoyez un article (et non pas une réponse à un article) à l'aide de la commande *Pnews*. Cette commande n'est pas actionnée par la frappe d'une touche, contrairement aux commandes rn ou trn. Lorsque vous lancez Pnews, vous devez répondre à plusieurs questions. La première concerne le nom du ou des groupes de news. (Vous pouvez envoyer un même article à plusieurs groupes à la fois.) Saisissez le ou les noms (que vous séparez par des virgules). Vous devrez aussi inscrire le sujet du message, ainsi que sa *distribution* (voir la section "Petite ou grande distribution"). Cette dernière option contient une valeur par défaut que vous pouvez utiliser le cas échéant. Le programme vous demande alors si vous êtes absolument sûr de vouloir envoyer un article. Si vous répondez par l'affirmative, il mettra à votre disposition l'éditeur dans lequel vous saisirez votre message. A partir de là, les règles sont les mêmes que lorsque vous envoyez un suivi (voir la section "Adresser une réponse à tous les lecteurs").

Une signature s'il vous plaît

Si votre système comprend un fichier intitulé *.signature*, le contenu de ce fichier sera automatiquement ajouté à l'article que vous envoyez. Ce fichier doit contenir votre nom, votre adresse électronique (adresse e-mail) et tout ce que vous jugerez approprié, dans la mesure où vous ne dépassez pas trois lignes. Certaines personnes ont des signatures qui n'en finissent plus. Préférez trois lignes concises à vingt lignes ennuyeuses. **Notes :** De nombreux systèmes de news imposent une limite en n'incluant que les trois premières lignes du fichier, quelle que soit sa taille.

Ne faites pas l'erreur de copier votre fichier .signature dans les messages que vous envoyez, votre programme s'en charge pour vous. Si cela vous arrivait, votre message se retrouverait avec deux copies de votre signature, ce qui, il faut l'avouer, ferait assez mauvais effet. (Sans compter que vous auriez l'air, aux yeux de tous, d'un amateur de premier ordre.)

Petite ou grande distribution

Bien que USENET soit un réseau mondial, il s'avère souvent peu approprié d'envoyer un message à l'autre bout du monde. Si vous voulez vendre un vieux lecteur de disque par exemple, via un groupe de petites annonces, il est préférable de vous limiter à un réseau local ou national. Une telle vente à l'étranger impliquerait, outre une perte de temps, des frais de douane et de transport qui annuleraient probablement tout votre bénéfice. USENET permet de limiter votre champ d'action. Une ligne, telle que la suivante, limitera la diffusion d'un article à la France :

```
Distribution: fr
```

Si vous envoyez un nouvel article à l'aide de Pnews, vous devez indiquer la distribution à utiliser. Si vous envoyez une réponse à un article, le système présume que vous voulez utiliser la même distribution que l'article d'origine. Dans les deux cas, vous pouvez modifier la ligne Distribution: à votre guise.

Voici une liste de quelques codes de distribution très utilisés :

- **world :** Le monde entier (option par défaut)
- **usa :** Etats-Unis
- **can :** Canada
- **uk :** Royaume-Uni
- **fr :** France
- **na :** Amérique du Nord
- **ne :** Nouvelle-Angleterre

Toutes les catégories régionales, telles que ne ou na, peuvent être utilisées comme codes de distribution. (Ne faites pas l'erreur - comme certains - d'inscrire une catégorie hiérarchique telle que comp ou rec en guise de code de distribution, cela ne sert à rien.)

A moins d'être sûr que des personnes à l'autre bout du monde seront aussi fascinées par ce que vous dites que vos voisins, utilisez un code de distribution approprié et limité pour tous les articles que vous envoyez (autant les originaux que les réponses).

Dans la pratique, les systèmes de distribution ont souvent des fuites (dues à certaines particularités de transfert d'un système à l'autre), et ils peuvent envoyer des articles à des endroits que vous n'auriez pas indiqués. Toutefois, par politesse envers les lecteurs, il est de coutume de ne pas envoyer de messages à des lieux où ces derniers risquent de ne pas être opportuns. Souvenez-vous également que les communications téléphoniques internationales sont assez coûteuses. Par conséquent, si vous limitez votre réseau de distribution, vous réduirez par la même occasion vos dépenses téléphoniques (ou celles de votre employeur).

«IL Y A VRAIMENT UNE PLACE POUR TOUS SUR INTERNET AUJOURD'HUI».

Chapitre 12
Un échantillon des ressources USENET

Dans ce chapitre...

Quelques groupes courants
Informatique, encore et toujours...
Divers
Jeux et amusements
Dr. Science
Sociétés et phénomènes sociaux
Catégories annexes

Ce chapitre dresse la liste de quelques groupes intéressants que vous pouvez actuellement trouver sur USENET. Sachez que des groupes apparaissent pratiquement tous les jours, que d'autres disparaissent de temps à autre, et que les superviseurs de système peuvent rejeter un groupe par manque d'intérêt ou pour toute autre raison.

Quelques groupes courants

Voici une liste des groupes les plus connus :

news.announce.newusers

Ce groupe contient des informations de base que tous les utilisateurs (et principalement les nouveaux) devraient lire. Un des messages est d'ailleurs très amusant, mais il faut les lire pour savoir lequel.

news.answers

Ce groupe contient tous les articles périodiques (mensuels et hebdomadaires essentiellement) de tous les groupes. La plupart d'entre eux sont des introductions très bien rédigées. Lorsque vous avez besoin d'informations rapides concernant un sujet qui aurait pu être traité sur Internet, commencez par là.

rec.humor.funny

Ce groupe modéré contient des blagues, dont la plupart sont beaucoup plus amusantes que celles de son concurrent *rec.humor* qui propose des articles que leurs auteurs *croient* amusants.

comp.risks

Le *Risks Digest* (même digest que la liste de messagerie traitée dans le Chapitre 10) contient de nombreux récits mouvementés sur les dangers des ordinateurs et des systèmes informatiques.

comp.compilers

Ce groupe modéré (j'en suis le modérateur) est absolument génial, mais suis-je bien objectif ?

alt.sex

Tout le monde le lit, mais personne ne l'admet.

Informatique encore et toujours...

La gamme de groupes la plus importante est évidemment celle concernant l'informatique sous la catégorie *comp*, pour *computer* (la plupart de ces groupes sont listés dans le Tableau 12.1).

Les groupes comp sont souvent excessivement techniques à tendance ésotérique. Toutefois, ils peuvent offrir des mines d'informations considérables, lorsque votre ordinateur ne répond plus par exemple et que vous avez besoin d'un conseil ou de l'aide de personnes ayant surmonté de telles situations.

De nombreux groupes mettent à la disposition de tous des programmes informatiques gratuits. Vous trouverez des programmes pour PC, Mac et autres systèmes personnels sous *comp.binaries*.

Chapitre 12 : Un échantillon des ressources USENET

Tableau 12.1 : Catégorie comp.

Nom	Description.
comp.ai	Discussions sur l'intelligence artificielle.
comp.ai.nat-lang	Langues naturelles traitées par ordinateur.
comp.ai.neural-nets	Tous les aspects des réseaux neuronaux.
comp.ai.philosophy	Aspects philosophiques de l'intelligence artificielle.
comp.ai.shells	Intelligence artificielle appliquée aux shells.
comp.answers	Groupe d'articles USENET périodiques (modéré).
comp.apps.spreadsheets	Tableurs sur différentes plates-formes.
comp.arch	Architecture informatique.
comp.arch.storage	Systèmes matériels et logiciels de stockage.
comp.archives	Archives à accès public (modéré).
comp.archives.admin	Problèmes liés à l'administration d'archives informatiques.
comp.bbs.misc	Tous les aspects des BBS (bulletin board systems) informatiques.
comp.bbs.waffle	Le BBS Waffle et le système USENET sur toutes les plates-formes.
comp.benchmarks	Discussions sur les techniques de banc d'essai et leurs résultats.
comp.binaries.apple2	Envois en binaire uniquement pour Apple II.
comp.binaries.atari.st	Envois en binaire uniquement pour Atari ST (modéré).
comp.binaries.ibm.pc	Envois en binaire uniquement pour PC IBM/MS-DOS (modéré).
comp.binaries.ibm.pc.d	Discussions sur les envois en binaire de PC/IBM.
comp.binaries.ibm.pc.wanted	Demandes de PC/IBM et programmes compatibles.
comp.binaries.mac	Programmes Macintosh encodés en binaire (modéré).
comp.binaries.ms-windows	Programmes binaires pour Microsoft Windows.
comp.binaries.os2	Programmes binaires à utiliser sous OS/2 ABI (modéré).
comp.cog-eng	Ingénierie cognitive.
comp.compilers	Compilateurs, théorie et pratique (modéré).
comp.compression	Algorithmes de compression de données, et théorie.
comp.databases	Discussions sur les SGBD, et théorie.

Tableau 12.1 : Catégorie comp (suite).

Nom	Description.
comp.dcom.fax	Matériel et logiciel fax, et protocoles.
comp.dcom.lans.ethernet	Discussions sur les protocoles Ethernet/IEEE 802.3.
comp.dcom.modems	Logiciels et matériels de communication de données.
comp.dcom.servers	Sélection et opération de serveurs de communication de données.
comp.dcom.telecom	Digest (condensé) de télécommunications (modéré).
comp.doc	Documentation archivée du domaine public (modéré).
comp.doc.techreports	Listes de rapports techniques (modéré).
comp.dsp	Traitement de signaux numériques (digital signal processing) par ordinateur.
comp.edu.	Enseignement scientifique et informatique.
comp.emacs.	Editeurs EMACS selon le goût.
comp.fonts	Polices de caractères : conception, conversion, utilisation, etc..
comp.graphics	Infographisme, art, animation, traitement d'images.
comp.human-factors	Sujets traitant d'interaction homme-machine (Human-Computer Interaction, HCI).
comp.infosystems	Discussions sur les systèmes d'information.
comp.infosystems.gis	Tous les aspects des systèmes d'information géographiques.
comp.infosystems.gopher	Discussion sur le service d'information Gopher.
comp.infosystems.wais	Système de recherche texte intégral WAIS installé sur Z39-50.
comp.infosystems.www	Système d'information World Wide Web.
comp.internet.library	Bibliothèques électroniques (modéré).
comp.lang.c	Discussion sur le langage C.
comp.lang.c++	Discussion sur le langage C++ orienté objet.
comp.lang.fortran	Discussion sur le langage FORTRAN.
comp.lang.lisp	Discussion sur le langage LISP.
comp.misc	Généralités sur l'informatique qui ne seraient pas traitées ailleurs.

Tableau 12.1 : Catégorie comp (suite).

Nom	Description.
comp.multimedia	Technologies interactives multimédias de toute sorte.
comp.newprod	Annonces de nouveaux produits d'intérêt général (modéré).
comp.object	Langages et programmation orientés objet.
comp.os.ms-windows.advocacy	Spéculations et débats sur Microsoft Windows.
comp.os.ms-windows.announce	Annonces à propos de Windows (modéré).
comp.os.ms-windows.apps	Applications en environnement Windows.
comp.os.ms-windows.misc	Généralités sur Windows.
comp.os.ms-windows.programmer.misc	Programmation Microsoft Windows.
comp.os.ms-windows.programmer.tools	Outils de développement Windows.
comp.os.ms-windows.setup	Installation et configuration de Microsoft Windows.
comp.os.ms-dos.apps	Discussion sur les applications tournant sur MS-DOS.
comp.parallel	Matériels et logiciels massivement parallèles (modéré).
comp.patents	Discussions sur les brevets de technologies informatiques (modéré).
comp.periphs	Unités périphériques.
comp.programming	Programmation transcendant les langages et systèmes d'exploitation.
comp.risks	Dangers issus des ordinateurs et utilisateurs (modéré).
comp.robotics	Tous les aspects des robots et leurs applications.
comp.security.misc	Sécurité des ordinateurs et réseaux.
comp.simulation	Méthodes de simulation, problèmes, utilisations (modéré).
comp.society	Impact social de la technologie (modéré).
comp.society.cu-digest	Le Computer Underground Digest (modéré).
comp.society.development	Technologie informatique dans les pays en voie de développement.
comp.society.folklore	Folklore et culture informatique, passé et présent (modéré).
comp.society.futures	Evénements technologiques affectant l'avenir de l'informatique.

Tableau 12.1 : Catégorie comp (suite).

Nom	Description.
comp.society.privacy	Effets de la technologie sur la confidentialité (modéré).
comp.sources.misc	Sources logicielles (modéré).
comp.speech	Recherches et applications dans la technologie et la science de la parole.
comp.text	Traitements de texte et méthodes.
comp.unix.questions	Groupe de néophytes d'UNIX.
comp.unix.shell	Utilisation et programmation du shell d'UNIX.
comp.unix.wizards	Questions destinées aux véritables magiciens d'UNIX.
comp.virus	Virus informatiques et sécurité (modéré).

Divers

Malgré les efforts de classification des groupes USENET, certains groupes n'entrent dans aucune catégorie. Ils font donc l'objet d'une catégorie à part entière intitulée *misc*, pour *miscellaneous* (divers). Le dernier groupe *misc.misc* traite de sujets n'entrant dans aucun autre groupe (voir Tableau 12.2).

Tableau 12.2 : Catégorie misc.

Nom	Description.
misc.answers	Articles USENET périodiques (modéré).
misc.books.technical	Discussions sur les livres techniques.
misc.consumers	Intérêts du consommateur, présentations de produits, etc..
misc.consumers.house	Discussions sur la propriété et l'entretien d'une maison.

Tableau 12.2 : Catégorie misc (suite).

Nom	Description.
misc.education	Discussions sur le système de l'éducation publique.
misc.entrepreneurs	Discussions sur la gestion d'entreprise.
misc.fitness	Forme physique, exercices, etc..
misc.forsale	Petites annonces.
misc.int-property	Discussions sur les droits de propriétés intellectuelles.
misc.invest	Investissement et gestion financière.
misc.jobs.contract	Discussions sur les contrats de travail.
misc.jobs.misc	Discussions sur les emplois, carrières et sociétés.
misc.jobs.offered	Offres d'emplois.
misc.jobs.offered.entry	Offres d'emplois (sans qualification).
misc.jobs.resumes	Envois de CV et demandes d'emplois.
misc.kids	Les enfants, leurs comportements et activités.
misc.kids.computer	Les enfants et l'informatique.
misc.legal	La loi et l'éthique.
misc.legal.computing	Discussion sur la légalité dans le monde informatique.
misc.misc	Diverses discussions n'entrant dans aucun autre groupe.

Jeux et amusements

Tout le monde aime se divertir de temps à autre, même les fanatiques de la micro. USENET propose à tous les utilisateurs (fanas ou pas) des groupes de divertissement, dans la catégorie *rec*, pour *recreational*. Ces groupes traitent de loisirs éreintants tels que regarder des poissons dans un aquarium, ou relaxants tels que l'alpinisme. Il y en a sûrement un pour vous (voir Tableau 12.3).

Tableau 12.3 : Catégorie rec.

Nom	Description
rec.answers	Articles USENET périodiques (modéré).
rec.antiques	Antiquités et objets précieux.
rec.aquaria	Poissons et aquariums.
rec.arts.books	Livres de tout type et industrie de l'édition.
rec.arts.movies	Films et industrie du cinéma.
rec.arts.movies.reviews	Critiques de films (modéré).
rec.arts.poems	Envois de poèmes.
rec.arts.prose	Ouvrages de fiction (courts) et discussions suivies.
rec.arts.sf.announce	Evénements majeurs et nouveautés du monde de la SF (modéré).
rec.arts.startrek.current	Le nouveau Star Trek, films et livres.
rec.arts.startrek.info	Informations sur l'univers de Star Trek (modéré).
rec.arts.startrek.misc	Généralités sur Star Trek.
rec.arts.startrek.reviews	Critiques sur Star Trek, livres, épisodes, films, etc. (modéré).
rec.arts.theatre	Discussions sur tous les aspects de la scène et du théâtre.
rec.arts.tv	La télévision, son histoire, ses émissions anciennes et actuelles.
rec.audio	Systèmes HI-FI.
rec.audio.car	Autoradios.
rec.autos	Automobile et industrie de l'automobile.
rec.autos.antique	Discussions sur les voitures de collection (voitures de plus de 25 ans).
rec.autos.tech	Aspects techniques des automobiles.
rec.backcountry	Activités des grands espaces.
rec.birds	Pour les amoureux des oiseaux.
rec.boats	Pour les amoureux des bateaux.
rec.climbing	Techniques de l'alpinisme, compétitions, etc..
rec.crafts.brewing	L'artisanat de la bière.
rec.crafts.metalworking	L'artisanat du métal.

Tableau 12.3 : Catégorie rec (suite).

Nom	Description
rec.crafts.misc	Articles divers sur l'artisanat.
rec.crafts.textiles	La couture, le tissage, le tricot et autres activités liées au textile.
rec.equestrian	Activités équestres.
rec.food.cooking	Alimentation, cuisine, livres de cuisine, et recettes.
rec.food.recipes	Recettes de bons plats et boissons (modéré).
rec.food.restaurants	Articles sur les restaurants.
rec.games.chess	Echecs et jeux d'échecs informatiques.
rec.games.corewar	Le jeu Core War.
rec.games.design	Discussions à propos des jeux et de leur conception.
rec.gardens	Le jardinage, méthodes et résultats.
rec.humor	Blagues et humour (parfois choquant).
rec.humor.d	Discussions sur le contenu des articles de rec.humor.
rec.humor.funny	Blagues amusantes (selon le modérateur du groupe).
rec.nude	Pour les amateurs de nudisme et de naturisme.
rec.railroad	Pour les passionnés de trains véritables.
rec.roller-coaster	Montagnes russes et autres amusements des fêtes foraines.
rec.running	La course à pied, sport, exercices, etc.
rec.scouting	Tous les centres de scouts au monde.
rec.scuba	Plongée sous-marine en scaphandre.
rec.skate	Patins à glace et à roulettes.
rec.skiing	Pour les passionnés de ski.
rec.sport.football.college	Foot américain dans les écoles
rec.sport.football.misc	Articles divers sur le foot américain.
rec.sport.football.pro	Foot américain professionnel.
rec.travel	Voyager à travers le monde.
rec.travel.air	Voyager par les airs à travers le monde.

Dr. Science

De nombreuses personnes aux commandes de USENET sont des universitaires ou des chercheurs, c'est pourquoi vous risquez de rencontrer de nombreux scientifiques (professionnels et amateurs) dans la catégorie *sci*. Vous y trouverez également des informaticiens de haut niveau, bien que cette catégorie ne soit pas vraiment scientifique (contrairement à ce que peut laisser croire son nom).

Toutes les sciences appliquées ou pures ont leur place dans cette catégorie, de l'archéologie à la zoologie, en passant par tout ce que vous pouvez imaginer (nous en citons quelques-unes dans le Tableau 12.4)

Tableau 12.4 : Catégorie sci.

Nom	Description
sci.aeronautics	Science et technologie de l'aéronautique.
sci.aeronautics.airliners	Technologie des avions de ligne (modéré).
sci.answers	Articles périodiques USENET (modéré).
sci.archaeology	Archéologie, étude des antiquités du monde.
sci.astro	Astronomie, discussions et informations.
sci.classics	Etude de l'histoire, des langues, de l'art, etc., classiques.
sci.crypt	Différentes méthodes d'encodage et de décodage de données.
sci.math	Discussions mathématiques.
sci.med	Médecine, ses produits et ses règles.
sci.military	Discussions militaires (modéré).
sci.misc	Courtes discussions scientifiques.
sci.skeptic	La pseudo-science vue par les sceptiques.
sci.space	Programmes spatiaux, recherches spatiales, etc.

Sociétés et phénomènes sociaux

USENET est un lieu social, aussi est-il tout naturel que l'on y trouve une catégorie *soc* (voir Tableau 12.5). La moitié des groupes de cette catégorie se

Chapitre 12 : Un échantillon des ressources USENET **143**

situe dans la sous-catégorie *soc.culture*, où l'on traite de pays et d'ethnies du monde entier, l'autre moitié s'intéresse à la vie sociale.

Tableau 12.5 : Catégorie soc.

Nom	Description
soc.answers	Articles périodiques USENET (modéré).
soc.college	La vie dans les universités, campus, etc.
soc.couples	Discussions sur les couples.
soc.culture.british	Discussions sur les Britanniques et les descendants britanniques.
soc.culture.canada	Discussions sur le Canada et son peuple.
soc.culture.tamil	Le tamil (langue dravidienne), son histoire, sa culture.
soc.history	Discussions sur des thèmes historiques.
soc.men	A propos des hommes.
soc.misc	Thèmes sociaux ne figurant dans aucun autre groupe.
soc.singles	Pour les célibataires, leurs activités, etc.
soc.women	A propos des femmes.

Blablabla

Certains thèmes suscitent des discussions qui n'en finissent jamais. USENET place ces débats éternels dans la catégorie *talk*. D'aucuns trouvent ces groupes (généralement peuplés d'étudiants) ennuyeux et arides. Vos vues peuvent être différentes, alors faites-vous votre propre opinion en commençant par l'un des groupes du Tableau 12.6.

Tableau 12.6 : Catégorie talk.

Nom	Description
talk.abortion	Toutes sortes de discussions et débats sur l'avortement.
talk.answers	Articles USENET périodiques (modéré).

Tableau 12.6 : Catégorie talk (suite).

Nom	Description
talk.bizarre	L'inhabituel, bizarre, curieux et souvent stupide.
talk.religion.newage	Esotérisme, philosophie et religion.
talk.rumors	Envois de rumeurs et potins.

Catégories annexes

Outre les catégories standard, il en existe de nombreuses autres beaucoup moins répandues. En voici quelques-unes :

alt

Les groupes de cette catégorie sont dits *alternatifs*. La constitution d'un groupe de ce type est assez compliquée, car des statuts formels ainsi qu'un vote en ligne sont requis. Toutefois, n'importe qui est capable de créer un groupe *alt*.

bionet

Si vous n'êtes pas passionné de biologie, ou même biologiste, gardez vos distances.

bit

Les groupes de cette catégorie correspondent aux listes de messagerie BITNET version news.

biz

Groupes commerciaux.

clari

Clari fait référence à *ClariNet* (250 groupes contenant des informations de la presse et des journaux télévisés).

gnu

Cette catégorie fait référence au *projet GNU* qui développe des logiciels disponibles gratuitement, dont une complète nouvelle version du système UNIX. (*GNU* est l'acronyme de *Gnu's Not UNIX*, GNU n'est pas UNIX.)

hepnet

HEP est l'acronyme de *High Energy Physics*. Comme pour bionet, les intéressés sauront se reconnaître.

IEEE

Institute of Electrical and Electronic Engineers, ou Institut des ingénieurs en électricité et électronique, publiant des magazines de haut niveau technique, ainsi que des standards.

k12

Le réseau D-12 intéresse plus particulièrement les étudiants et professeurs.

relcom

Groupes de langue russe, inintelligibles à moins de disposer d'un programme permettant de lire les caractères cyrilliques. Il faut également comprendre le russe.

vmsnet

Groupes traitant du système VMS tournant sur certains ordinateurs DEC. Ils sont essentiellement destinés aux fans de VMS.

De toutes ces catégories, seul alt propose de nombreux groupes d'intérêt général. Quelques-uns sont présentés dans le Tableau 12.7. Certains, tel *alt.dcom.telecom*, sont aussi sérieux que n'importe quel groupe comp. D'autres, tel *buddha.short.fat.guy*, sont très particuliers et assez indescriptibles.

Tableau 12.7 : Catégorie alt.

Nom	Description
alt.activism	Activités pour les activistes.
alt.angst	Angoisses et stress du monde moderne.
alt.answers	Articles périodiques USENET (modéré).
alt.appalachian	Evénements, culture, conscience de la région des Appalaches.
alt.bbs	Logiciels et systèmes BBS informatiques.
alt.binaries.pictures.erotica	Des mégaoctets de violations de copyrights érotiques.
alt.binaries.pictures.erotica.d	Discussions sur les mégaoctets d'images du groupe précédent.
alt.books.isaac-asimov	Fans du défunt auteur d'ouvrages de SF Isaac Asimov.
alt.buddha.short.fat.guy	Discussions religieuses ou non sur le petit bonhomme au gros ventre.
alt.cobol	Discussions sur le langage COBOL.
alt.dcom.telecom	Technologie des télécommunications.
alt.dreams	Les rêves et leurs significations.
alt.evil	Contes et récits frissonnants.
alt.folklore.college	Humour d'étudiants.
alt.folklore.computers	Histoires et anecdotes informatiques (certaines sont vraies !).
alt.folklore.urban	Légendes urbaines.
alt.hackers	Descriptions de projets en cours de développement (modéré).
alt.online-service	Services en ligne commercialisés et Internet.
alt.paranormal	Phénomènes scientifiquement inexplicables.
alt.parents-teens	Relations parents-ados.
alt.party	Fêtes, soirées et débauches générales.
alt.save.the.earth	Pour les écologistes et tous ceux désirant protéger l'environnement.
alt.sex	Envois d'une nature lascive.
alt.supermodels	Discussions sur les top modèles.
alt.surfing	Pour les amoureux du surf.

Tableau 12.7 : Catégorie alt (suite).

Nom	Description
alt.tv.mash	Discussions sur la célèbre série télévisée américaine MASH.
alt.tv.muppets	Piggy, Kermit et toute la clique.
alt.tv.prisoner	Discussion sur la série télévisée Le Prisonnier.

Chapitre 13
Conversations interactives

Dans ce chapitre...

La commande talk

Converser à plusieurs grâce à IRC

La commande talk

Quel est le moyen de communication le plus rapide à l'heure actuelle ? Le téléphone bien sûr. Toutefois, établir un contact par téléphone n'est pas toujours très pratique (voir l'encadré "Pourquoi utiliser la commande talk si l'on peut téléphoner ?"). Aussi, lorsque cela est le cas, la meilleure solution est d'avoir recours à la commande *talk* d'Internet vous permettant de dialoguer avec un utilisateur situé à l'autre bout du monde. Pour cela, tapez :

```
talk nom.utilisateur@nom.de.l'hôte
```

Si l'autre personne se trouve sur la même machine, vous pouvez vous dispenser de saisir la seconde partie. Si vous utilisez un système multifenêtre, tel que Microsoft Windows ou Motif, vous devrez probablement cliquer deux fois sur l'icône correspondant à la commande talk, puis taper le nom de votre victime (destinataire) dans une boîte de dialogue. Cette commande fait apparaître un écran vierge séparé en son centre par une ligne en pointillé. (La partie supérieure de l'écran constitue votre zone de saisie, et la partie inférieure, la zone où apparaît le texte de l'autre personne, de sorte que même si vous tapiez en même temps que votre interlocuteur, les messages ne s'emmêleraient pas.)

Pour que la connexion soit effective, le destinataire doit alors saisir une commande talk correspondante. Lorsque la connexion est établie, vous pouvez échanger vos messages. Une fois terminé, vous quittez le programme en tapant les *caractères d'interruption* propres à votre système local, généralement Ctrl+C. Sur les systèmes multifenêtres, une option d'un menu vous permettra de vous déconnecter. Si vous essayez de converser avec une personne sans obtenir de réponse, le programme talk envoie des demandes de connexion jusqu'à ce que vous pressiez Ctrl+C, ou toute autre séquence d'interruption.

Trouver sa victime

Si le destinataire que vous recherchez utilise une station dotée d'un système multifenêtre, le programme sélectionne, plus ou moins au hasard, une des fenêtres de l'écran à laquelle il envoie une invitation. Il se peut (et cela est souvent le cas) que cette fenêtre ne soit pas celle qui est utilisée par votre ami à ce moment précis. Dans ce cas, il est recommandé d'utiliser la commande *finger* (voir le Chapitre 9) pour trouver la bonne fenêtre, comme dans l'exemple suivant :

```
finger @tammany.org
[suit.tammany.org]
Login    Name         TTY    Idle    When        Where
tweed    Boss Tweed   co     1:35    Wed 02:37
tweed    Boss Tweed   p0     4d      Wed 02:37   :0.0
tweed    Boss Tweed   p1             Wed 02:37   :0.0
tweed    Boss Tweed   p2     1:35    Wed 02:38   :0.0
```

Cet exemple indique que l'utilisateur dispose de plusieurs fenêtres à l'écran. Une seule fenêtre est active au moment de la demande. Vous pouvez déduire que p1, dans la colonne TTY, nom du *pseudo-terminal* utilisé par la fenêtre, est la fenêtre active car c'est la seule à ne pas afficher de temps d'inactivité dans la colonne Idle. Une fois que vous avez repéré le bon terminal, ajoutez son nom à la commande talk après le nom utilisateur de votre victime, comme dans l'exemple suivant :

```
talk tweed@suit.tammany.org ttyp1
```

Note : Vous devez saisir **ttyp1**, et non seulement **p1**. Le préfixe **tty** indique que l'élément qui suit est le pseudo-terminal auquel talk doit envoyer son invitation.

Pourquoi utiliser la commande talk si l'on peut téléphoner ?

Voilà une bonne question ! La plupart du temps, lorsque cela est possible, communiquer avec quelqu'un par téléphone se révèle beaucoup plus pratique qu'une conversation via la commande talk d'Internet. Toutefois, il n'est pas toujours possible de joindre quelqu'un par téléphone. Voici quelques exemples :

- La personne ne répond pas au téléphone ou travaille sur un terminal qui n'est pas dans son bureau habituel.

- La personne n'est pas à proximité d'un téléphone. (Cela est extrêmement rare.)

- La personne se trouve sur un autre continent, et les appels téléphoniques sont difficiles ou très chers. (Il paraît que les personnes travaillant à la base Amundsen-Scott au Pôle Sud utilisent Internet comme moyen de communication principal.)

- Vous ne parlez pas la même langue que votre correspondant. Dans ce cas, il est souvent plus facile de s'exprimer par écrit.

- Votre correspondant est malentendant. (De nombreux sourds utilisent Internet, et il est impossible de s'apercevoir de leur handicap à moins qu'ils décident de vous en informer.)

- Vous ne connaissez pas le numéro de téléphone de la personne que vous cherchez à contacter.

Converser à plusieurs grâce à IRC

La commande talk ne vous permet de dialoguer qu'avec une personne à la fois. D'autres programmes existent vous permettant de converser avec des dizaines de personnes situées à différents endroits. La plupart des utilisateurs de ces programmes sont des étudiants qui n'ont rien de mieux à faire (ou qui n'ont pas envie de travailler à ce moment-là).

Le programme *IRC (Internet Relay Chat)* est le programme le plus souvent utilisé pour converser à plusieurs. Certains systèmes (notamment les stations UNIX) peuvent être équipés d'un programme client IRC, auquel cas il suffit de taper **irc** pour y accéder. (Vous pouvez éventuellement demander à votre administrateur système d'installer IRC, mais n'attendez pas trop de compréhension de sa part, à moins qu'il ne soit lui-même un fanatique de ces programmes.)

Dans l'éventualité où vous ne pourriez disposer d'un programme client local, vous pouvez toujours utiliser *telnet* (voir le Chapitre 14) pour vous connecter à un *serveur IRC public*, et dialoguer à partir de là. Ces serveurs sont souvent très éphémères, car ils sont généralement considérés (et non sans raison) comme d'inutiles monopolisateurs de ressources. La meilleure façon de trouver des serveurs telnet IRC est d'utiliser le groupe USENET *alt.irc*.

Après vous être connecté à IRC, vous devez choisir un surnom pour vous identifier pendant toute la durée de votre conversation (votre nom utilisateur peut faire l'affaire sans problème). Ensuite, vous devez sélectionner le *canal* (thème de la discussion) auquel vous voulez vous joindre. Pour obtenir une liste des noms de tous les canaux disponibles sur IRC, tapez :

```
/list
```

Pour vous joindre à #penpals par exemple, tapez :

```
/join #penpals
```

Attendez ensuite une ou deux minutes pour que le programme IRC trouve les autres personnes de ce canal et affiche leurs noms sur votre écran. Vous pouvez alors démarrer. Les propos de chaque personne sont précédés du surnom approprié.

Pour fermer votre application, il suffit de taper :

```
/QUIT
```

De nombreuses autres commandes sont également disponibles. Vous pouvez les obtenir en tapant :

```
/HELP
```

En principe, IRC propose des groupes d'assistance en ligne ; toutefois, dans la pratique, ce n'est pas le cas. C'est juste du baratin...

Troisième partie
Internet et le temps réel

« TU VOIS, CE QUE J'APPRÉCIE LE PLUS,
C'EST LA TRANSPARENCE DE NOS SYSTÈMES ».

Dans cette partie...

J usqu'à présent, nous nous sommes penchés sur des méthodes de communication informatiques plutôt lentes. Il faut se rendre à l'évidence, le courrier électronique n'est rien d'autre que du courrier. Les chapitres suivants se concentrent sur des échanges d'un tout autre type : les échanges en temps réel. Si vous appréciez les services rapides (Qui ne les recherche pas aujourd'hui ?), alors cette partie est pour vous.

Chapitre 14
La magie de la connexion à distance

Dans ce chapitre...

La magie de telnet
La magie de rlogin
La petite magie de rsh

La magie de telnet

Les services Internet interactifs les plus utilisés sont, sans aucun doute, les diverses formes de connexion à distance. Le principe en est simple : vous vous connectez à un hôte éloigné (via telnet pour un ordinateur) comme si votre *terminal* (station, PC, etc.) était directement relié à cet hôte éloigné. Dans la mesure où tous les hôtes sur Internet sont officiellement égaux, vous pouvez vous connecter à un hôte situé à l'autre bout du monde aussi facilement que s'il était dans le bureau voisin. Evidemment, dans le premier cas, la procédure de connexion pourra être légèrement plus lente.

Bien que *telnet*, le programme de connexion à distance le plus répandu, soit la simplicité même, dès qu'il s'agit d'ordinateurs, tout semble se compliquer. Pour lancer telnet, il suffit de taper la commande qui lui correspond, suivie du nom de l'hôte que vous voulez utiliser. Si tout se passe comme prévu, vous êtes alors connecté.

Dans l'exemple suivant, je me suis connecté via telnet à l'ordinateur de mon domicile, sous mon propre nom *johnl*. (Non, je ne vais pas vous révéler mon mot de passe. Désolé.)

```
% telnet iecc.com
Trying 140.186.81.1 ... Connected to iecc.com.
Escape character is '^]'.


System V UNIX (iecc)
login: johnl
Password:


Terminal type (default VT100):
...
```

Prenez note des commentaires et conseils suivants :

- Certaines versions de telnet mentionnent les adresses numériques des hôtes contactés. Si vous utilisez l'une d'entre elles, conservez précieusement ce numéro dans l'éventualité d'une défaillance de votre connexion au réseau.

- Il est absolument indispensable de noter sur vos tablettes la *séquence d'échappement* vous permettant de sortir d'une connexion. Cette séquence est votre clé secrète à utiliser au cas où l'hôte éloigné deviendrait hostile.

- Dans mon exemple, la clé secrète à utiliser en cas de panique est la séquence ^]. Cette séquence signifie que vous devez presser la touche] (crochet fermé) tout en appuyant sur la touche Ctrl.

Une fois la connexion établie, vous pouvez utiliser l'hôte éloigné comme si vous y étiez, la seule différence étant que les caractères prendront plus de temps pour s'afficher à l'écran (parfois plus d'une seconde). Vous pouvez continuer à saisir votre texte, même si les caractères que vous tapez n'apparaissent pas instantanément ; l'hôte éloigné arrive toujours à vous rattraper.

Les types de terminaux

Si vous utilisez un programme plein écran, comme les éditeurs de texte d'UNIX *emacs* et *vi* ou les programmes de messagerie *elm* et *pine*, vous devrez définir votre *type de terminal*.

Le problème est qu'il existe plus d'une douzaine de conventions différentes de commandes d'écran, telles que les coordonnées (x,y) ou l'effacement d'écran. Le programme que vous utilisez sur l'hôte éloigné doit obligatoirement appliquer les mêmes conventions que votre terminal (si vous utilisez un terminal) ou que votre programme terminal local (si vous utilisez un PC ou une station de travail).

Si ces conventions ne sont pas identiques, vous obtenez un charabia à l'affichage lorsque vous essayez d'utiliser un programme plein écran. Dans la plupart des cas, le système éloigné vous demande quel type de terminal il doit appliquer. Voilà une bonne question.

- Si vous utilisez un PC, la réponse la plus probable est *ANSI (American National Standards Institute)*. La plupart des programmes de terminaux PC utilisent les conventions ANSI. Parmi les multiples standards ANSI, l'on trouve un groupe de conventions de gestion de terminaux que les PC MS-DOS ne manquent pas d'utiliser.

- Si vous possédez un système multifenêtre, tel que Motif ou Open Look, la bonne réponse a de grandes chances d'être *VT-100*, un terminal très populaire des années soixante-dix qui est devenu une norme de fait.

- Là où les équipements IBM sont utilisés en grande quantité, le type de terminal pourra être *3101*, un des premiers terminaux d'IBM qui fut également très populaire.

Les normes ANSI et VT-100 ne sont pas très différentes l'une de l'autre. Par conséquent, si vous appliquez l'une de ces deux conventions et que votre affichage n'est que légèrement brouillé, essayez l'autre.

En fonction de la version de votre programme telnet local, celui-ci peut informer automatiquement le système éloigné du type de terminal utilisé. Aussi, avec un peu de chance, vous n'aurez pas à vous préoccuper de ces détails ennuyeux, si ce n'est pour confirmer une proposition telle que : Terminal type VT100 OK?

Plus que vous ne voudriez en savoir sur les types de terminaux

Vers la fin des années soixante, une seule sorte de terminal était utilisée : un téléimprimeur du nom de *Télétype*. Les machines Télétypes étaient affreusement simples. Tout ce qu'elles pouvaient faire autre que taper du texte était : ramener le chariot et faire sonner la cloche.

Un jour, quelqu'un réalisa qu'il était possible de combiner un clavier avec un écran de télévision légèrement modifié de sorte d'obtenir un terminal vidéo. De nombreux fabricants remarquèrent que ces écrans étaient beaucoup plus fonctionnels que les vieilles machines Télétypes (l'écran pouvait s'effacer, le texte pouvait s'afficher à des endroits particuliers, etc.), et décidèrent de les commercialiser. Chacune de ces fonctions nécessitait l'attribution d'un code de caractères comme *caractère de fonction*. Evidemment, ces correspondances n'étaient pas les mêmes d'un fabricant à l'autre.

Pendant ce temps (à la fin des années soixante-dix) à Berkeley en Californie, prenait forme ce qui est aujourd'hui connu sous le nom de Berkeley UNIX. La collection de terminaux utilisés à l'université était très diversifiée. Quels terminaux Berkeley UNIX allait-il accepter ? Voici une indication : les terminaux coûtaient cher alors que les logiciels étaient écrits gratuitement par des étudiants. Par conséquent, tous les types de terminaux sur le campus furent acceptés par Berkeley UNIX qui employait une gigantesque base de données de plusieurs centaines de types de terminaux dotés de séquences de commande particulières pour chaque terminal.

Dans les années quatre-vingts, le terminal VT-100 de la firme DEC était de toute évidence le terminal dominant sur le marché des produits non IBM. De nombreux clones comprenant les mêmes séquences de commande que les VT-100 commencèrent à apparaître. L'institut ANSI chargé des normes techniques aux Etats-Unis adopta alors comme standard officiel des séquences de commande pratiquement identiques aux séquences VT-100.

N'en déduisez pas pour autant que tous les terminaux utilisent VT-100. En effet, de nombreux terminaux d'un âge avancé refusent encore de s'éteindre. En outre, les fabricants produisent aujourd'hui des terminaux plus évolués que les VT-100 (comprenant des fonctions telles que le traitement graphique ou la couleur). En fait, les terminaux actuels sont plus ou moins *compatibles* ANSI, mais avec leurs propres caractéristiques. Apparemment, le monde de l'informatique n'est pas prêt de voir disparaître ses multiples types de terminaux. Quoi qu'il en soit, si vous ne savez pas quelle sorte de terminal vous utilisez, ANSI ou VT-100 est la réponse la plus probable.

Pour une autre tentative ratée de normalisation de terminal, reportez-vous à l'encadré "Les terminaux virtuels de réseau (NVT)" plus loin dans ce chapitre.

Au secours, je n'arrive plus à sortir de ma connexion !

La meilleure façon de quitter telnet consiste à sortir du système de l'hôte éloigné. L'hôte éloigné ferme alors sa connexion telnet, ce qui a pour conséquence d'informer votre programme telnet local qu'il peut se retirer. Cette procédure est très simple lorsqu'elle fonctionne. En effet, quelquefois l'autre extrémité se bloque et ignore alors ce que vous tapez. Il peut arriver également que le temps de réponse de l'hôte soit si important que vous perdez patience et décidez d'en finir (avec l'hôte). Cette dernière éventualité peut se produire si la ligne de réseau utilisée entre votre ordinateur et l'hôte éloigné est encombrée.

Pour vous en sortir quoi qu'il arrive, vous devez connaître la formule magique :

- Vous devez tout d'abord attirer l'attention de telnet en tapant la séquence d'échappement (si rien ne se passe au bout de quelques secondes, appuyez sur Entrée également). Une invite telnet devrait alors apparaître, vous informant de sa présence.

- Il suffit ensuite de taper **quit** pour lui dire de se retirer. Votre écran devrait ressembler à l'exemple suivant :

```
^]
telnet> quit
Connection closed.
```

Vous pouvez soumettre à telnet des douzaines d'autres commandes (pressez ? pour savoir lesquelles), mais aucune n'est aussi utile que **quit**.

Les serveurs de terminaux

Les serveurs de terminaux sont des hôtes spécialisés de plus en plus utilisés sur Internet. A la base, les serveurs de terminaux sont de petits ordinateurs équipés de plusieurs modems ou de ports de terminaux câblés, dont le seul objectif dans la vie est de se connecter à d'autres hôtes via telnet. Ils sont très utiles si vous avez de nombreux terminaux dans vos bureaux, ou si de nombreuses personnes se connectent via les lignes téléphoniques, car ils réduisent considérablement le coût des connexions. (Les serveurs de terminaux sont si appliqués qu'un serveur d'une puissance informatique égale à celle d'un PC de 1985 est capable de traiter jusqu'à 30 connexions de modems à 14 000 bps *chacune*.)

L'utilisation d'un serveur de terminaux est extrêmement simple. Vous composez le numéro, et entrez généralement le mot de passe du site. Ensuite, vous tapez le nom de l'hôte que vous voulez utiliser, et voilà. Voici une session sur un serveur de terminaux de type Cisco :

```
User Access Verification Password: *****
TS>iecc.com
Translating "IECC.COM"...domain server (155.178.247.101) [OK]
Trying IECC.COM (140.186.81.1.)... Open System V UNIX (iecc)
login:
... session telnet habituelle...


[Connection to IECC.COM closed by foreign host]
TS>
```

Comme les programmes telnet, les serveurs de terminaux sont dotés de séquences d'échappement. La séquence habituelle pour les serveurs Cisco est Ctrl+^, suivie de la lettre x (minuscule). Pour les autres serveurs de terminaux, vous devrez vous renseigner localement.

La plupart des serveurs disposent également d'un petit jeu de commandes permettant de personnaliser votre session terminal. Appuyez sur la touche miracle ? pour en savoir plus.

Les systèmes multifenêtres

Si vous utilisez un Macintosh, un PC sous Microsoft Windows ou un autre système multifenêtre, vous lancez telnet en cliquant sur une icône. Une fenêtre apparaît alors, dotée d'une barre de menus en haut de l'écran. Dans cette barre de menus figure probablement une option intitulée Connect (ou un terme approchant). Vous cliquez sur cette option, vous tapez le nom du serveur qui vous intéresse, ou vous le sélectionnez dans une liste, et voilà !

La Figure 14.1 montre la même session que dans la partie précédente de ce chapitre, mais cette fois sous Windows. Un système multifenêtre ne dispose pas de séquences d'échappement, car les issues de secours sont cachées à l'intérieur des menus. Pour sortir d'un serveur récalcitrant par exemple, il vous suffit de cliquer sur une option intitulée Disconnect (ou quelque chose comme ça).

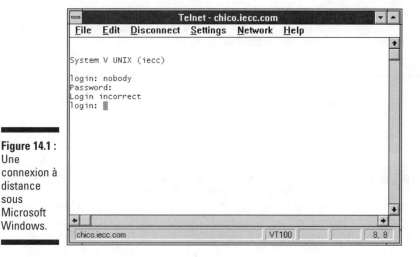

Figure 14.1 :
Une connexion à distance sous Microsoft Windows.

Telnet au doigt et à l'oeil

Vous pouvez ordonner à telnet de modifier son comportement de plusieurs façons. Entre autres, vous pouvez valider ou inhiber les options *l'écho local* et *le mode ligne*. L'écho local signifie que les caractères saisis sont transmis à votre écran par le serveur local (celui exécutant telnet) plutôt que par celui auquel vous vous êtes connecté (via telnet). Si le serveur éloigné renvoie vos données lentement ou ne les renvoie pas du tout (certains hôtes IBM sont comme ça), essayez de faire basculer le paramètre écho local. La combinaison à utiliser dans ce cas est généralement Ctrl+E.

Pratiquement tous les serveurs sur Internet traitent les caractères saisis au fur et à mesure qu'ils sont tapés. Quelques antiquités préfèrent les traiter ligne par ligne. Vous pouvez facilement les reconnaître, car ces serveurs ne savent pas gérer les retours arrière sur des erreurs. Pour pallier ce problème, tapez la séquence d'échappement telnet, puis :

```
telnet> mode line
```

Cette ligne indique à votre hôte local de sauvegarder les caractères et de les envoyer ligne par ligne, traitant ainsi les retours arrière avant de transmettre ses données. Le nombre d'hôtes utilisant ce mode est assez faible, et a tendance à diminuer. Si vous pensez avoir trouvé un hôte qui nécessite ce mode, demandez autour de vous si vous n'avez rien négligé. Si votre serveur envoie du texte écran après écran et utilise des acronymes tels que VM ou MVS (les deux systèmes d'exploitation les plus courants d'IBM), alors vous êtes en présence d'un hôte IBM et vous devez utiliser *tn3270* à la place. Reportez-vous à la section "Nous venons d'IBM et nous savons ce qu'il vous faut" pour davantage d'éclaircissements à ce sujet.

Les terminaux virtuels de réseau (NVT)

En 1983, au temps où telnet était en cours d'élaboration, les auteurs de ce programme étaient tout à fait conscients de la diversité des terminaux sur le marché de l'informatique. Leur solution à cette explosion de terminaux incompatibles fut la définition d'un terminal virtuel de réseau (*Network Virtual Terminal, NVT*). L'objectif était de faire en sorte que le *client* telnet (le programme que vous exécutez) transforme le charabia des commandes locales en codes NVT standard. Le *serveur* telnet (le programme situé à l'autre extrémité et qui permet à votre connexion de réseau d'agir comme un terminal de cet hôte) aurait alors à son tour transformé les codes NVT en fonction de la convention locale. Dans la mesure où chaque système était configuré correctement pour recevoir les connexions physiques des terminaux, NVT était censé s'occuper de tout.

Vous vous en doutez, cela n'a pas marché. Que s'est-il donc passé ? Telnet est simplement apparu un peu trop tôt sur le marché. Les terminaux de l'époque étaient des terminaux d'impression ligne à ligne, et plus particulièrement des terminaux IBM connus sous des noms à quatre chiffres, tels que 2741 et 1050. Le terminal 2741 était une machine à écrire Selectric légèrement améliorée et dotée d'une interface informatique. Toutefois, il n'était pas suffisamment musclé pour supporter la vitesse de traitement informatique (au lieu des 30 mots par minute d'un dactylographe).

NVT apporte une solution incontestable aux incompatibilités entre terminaux 2741, Télétypes, Flexowriters, et bien d'autres terminaux d'impression. Malheureusement, il n'a pas su s'adresser aux problèmes des terminaux vidéo qui apparaissaient sur le marché, si bien que les utilisateurs d'Internet se retrouvent avec des types de terminaux de toutes sortes.

(En fait, ce n'est pas tout à fait vrai. De grandes firmes telles que Digital Equipment Corporation n'acceptent que leurs propres terminaux. Par conséquent, si vous vous connectez à un système DEC VMS via telnet, avec un terminal autre que ceux proposés par DEC ou leurs clones, vous n'obtiendrez rien de bon. Heureusement, l'éternel VT-100 a été développé par DEC.)

Les ports

Lorsque vous vous connectez à un hôte éloigné via telnet, vous devez sélectionner non pas simplement l'hôte, mais aussi son *port*. Ce port est un petit nombre identifiant le service que vous désirez. Le port pour telnet est habituellement 23, qui indique que vous voulez ouvrir une session avec l'hôte en question. Vous sélectionnez un autre port en inscrivant le nom du port après celui de l'hôte, comme suit :

```
telnet ntw.org 13
```

Le port 13 est le port de jour. Il vous indique l'heure telle qu'elle est perçue par le serveur auquel vous vous êtes connecté. Ce n'est certes pas un exercice très intéressant, mais il peut parfois être utile de connaître le fuseau horaire d'un centre serveur éloigné.

Certains hôtes sont configurés de sorte qu'une connexion habituelle telnet au port 23 génère une invite d'ouverture de session (login) pour les habitués du système. Une connexion telnet à un autre port dirigerait alors l'utilisateur vers un sous-système spécial à accès public. Certains de ces systèmes sont mentionnés dans le Chapitre 15.

Nous venons d'IBM et nous savons ce qu'il vous faut

Tous les terminaux abordés jusqu'à présent sont en fait des terminaux Télétypes améliorés, assurant un affichage simplifié des caractères transmis en les présentant dans leur ordre d'arrivée (et dans l'ordre de départ pour le clavier). On parle alors de terminaux "télétypes".

IBM a développé des standards de terminaux très différents, comme la famille 3270. Le principe absolu est que tout repose sur l'ordinateur. L'ordinateur affiche ce qu'il veut à l'écran, pose des repères sur l'écran où l'utilisateur peut saisir son texte, puis déverrouille le clavier de manière que les utilisateurs puissent remplir les blancs. Lorsque l'utilisateur appuie sur la touche Entrée, le terminal verrouille le clavier, transmet les parties modifiées de l'écran à l'ordinateur, et attend d'autres instructions.

Ce principe est tout à fait raisonnable s'il s'agit de terminaux destinés à des applications de recherche d'informations et d'entrée de données dédiées. Les terminaux utilisés par votre banque, par exemple, sont probablement des terminaux 3270, ou des PC d'entrée de gamme à *émulation* 3270 (ce qui est plus probable aujourd'hui). Le protocole de terminal 3270 permet d'introduire beaucoup plus de données dans une ligne téléphonique que les terminaux "télétypes". Il est ainsi courant de voir plusieurs terminaux 3270 partager la même ligne téléphonique, avec des résultats encore très performants.

Internet est gigantesque, et comprend de nombreux gros ordinateurs IBM. Certains sont très utiles. La plupart des serveurs de bibliothèques, par exemple, acceptent les terminaux 3270. En règle générale, si vous vous connectez via telnet à un système exigeant le standard 3270, les données "télétypes" utilisées par telnet seront converties en 3270 de sorte que vous pourrez l'utiliser de toute façon. Toutefois, certains systèmes 3270 ne comprennent que le standard 3270, si bien que, si vous vous connectez à ces systèmes via telnet, vous risquez d'ouvrir et de fermer votre session sans que rien ne se produise.

Pour pallier cet inconvénient, vous pouvez essayer de taper la commande **tn3270**. Cette commande fait appel à une version de telnet du même nom (voir la Figure 14.2) capable de comprendre le standard 3270. Même si un système 3270 vous permet d'utiliser telnet de manière ordinaire, utilisez de préférence tn3270, vous obtiendrez des temps de réponse beaucoup plus rapides.

Figure 14.2 : Ouverture de session avec la bibliothèque de l'Université d'Harvard via TN3270.

La magie de rlogin

De nombreux systèmes incluent également un programme assez incompatible de type telnet, intitulé *rlogin*. (La plupart des logiciels de réseau comprenant telnet comprennent également rlogin.)

Le programme rlogin présente un avantage sur telnet : vous n'avez pas besoin de vous présenter (d'inscrire votre nom utilisateur et votre mot de passe) chaque fois que vous voulez vous connecter à un serveur. Si vous vous connectez régulièrement aux mêmes machines, vous pouvez faire en sorte qu'après vous être présenté à l'une, vous puissiez également vous connecter aux autres en tapant simplement la commande **rlogin** suivie du nom du serveur. Le programme rlogin transmet automatiquement votre nom utilisateur et le type de terminal au système éloigné. Si les centres serveurs que vous utilisez acceptent rlogin, préférez-le à telnet, il est beaucoup plus intéressant. Toutefois, tous ne l'acceptent pas, et vous devrez parfois utiliser telnet. Si vous essayez de vous connecter à l'aide de la commande rlogin à un système qui ne l'accepte pas, vous verrez apparaître un message tel que celui-ci :

```
% Connection refused by remote host
```

Ce message signifie tout simplement que vous devez utiliser telnet à la place de rlogin.

Comment échapper à rlogin

Vous vous en doutez, le programme rlogin dispose d'un jeu de caractères d'échappement entièrement différent de telnet. Toutes les issues rlogin commencent par un ~ (tilde) en début de ligne. La séquence la plus importante est ~. (le caractère tilde suivi d'un point). Elle vous permet de quitter rlogin lorsque le programme est bloqué. Ainsi, votre clé secrète pour échapper à une connexion rebelle consiste à taper Entrée (pour vous assurer que vous êtes en début de ligne) puis la séquence miracle.

Soyez mon invité

Il arrive parfois qu'un groupe d'hôtes partagent un même groupe d'utilisateurs, permettant ainsi à quiconque est connecté à l'un d'entre eux de se connecter à n'importe quel autre. Dans ce cas, un fichier système comporte la liste de tous les hôtes partagés. Ce fichier s'appelle */etc/hosts.equiv* sur UNIX (et un terme approchant sur les autres systèmes). Si la machine *Able* possède un fichier hosts.equiv contenant le nom de l'hôte *Baker*, quiconque sur Baker pourra utiliser rlogin pour se connecter à Able sans donner de mot de passe.

Certains groupes de stations de travail, en environnement Sun plus particulièrement, ont recours à un procédé appelé *NIS (Network Information System)*, contenant des informations réseau, telles que les noms utilisateur. Si vous utilisez NIS, le système consultera une base de données hosts.equiv NIS en plus du fichier habituel. Pour le visualiser, tapez **ypcat hosts.equiv**.

Soyez mon hôte

Il peut arriver que vous ayez un compte sur plusieurs hôtes ne dépendant pas de la même gestion. Pour vous adapter à cette situation, vous pouvez modifier votre propre rlogin. Sur chacun de vos comptes, créez un fichier appelé *.rhosts* listant tous les autres hôtes sur lesquels vous avez des comptes. Pour les systèmes où vous avez des noms utilisateur différents, placez votre nom utilisateur sur ce système *après* le nom de l'hôte, et séparez-les par un espace. Ensuite, lorsque vous utilisez rlogin, le système auquel vous tentez de vous connecter vérifie votre fichier .rhosts, s'aperçoit ainsi qu'il s'agit de vous, et voilà. Si vous utilisez rlogin pour vous connecter à un hôte pour lequel vous avez un nom différent, précisez-le de la façon suivante (dans l'éventualité où votre nom utilisateur à *ntw.org* serait *king*) :

```
rlogin ntw.org -l king
```

Si vous êtes un peu perdu, voici un exemple qui vous aidera à y voir plus clair. Admettons que vous ayez un compte sur trois machines différentes appelées *Able*, *Baker* et *Clarissa*. Sur Able et Baker, votre nom utilisateur est *sam*, et sur Clarissa, *Tilden*. Vous voulez être capable d'utiliser rlogin depuis et vers n'importe quelle machine. Votre fichier .rhosts sur Able pourrait contenir les informations suivantes :

```
Baker
Clarissa tilden
```

Votre fichier .rhosts sur Baker pourrait contenir les informations suivantes :

```
Able
Clarissa tilden
```

Votre fichier .rhosts sur Clarissa pourrait contenir :

```
Able sam
Baker sam
```

Une méthode plus simple consiste à inclure votre nom utilisateur, même s'il ne varie pas, et une ligne pour le système local. Ainsi, les trois fichiers .rhosts peuvent être identiques :

```
Able sam
Baker sam
Clarissa tilden
```

Si rlogin ne vous reconnaît pas, il vous demandera (comme telnet) votre nom et votre mot de passe. (Tout simplement.)

La petite magie de rsh

Il existe une version junior de rlogin appelée *rsh (Remote SHell)*. Ce programme n'exécute qu'une seule commande sur un système éloigné :

```
rsh Able ls -R
```

Si vous avez un nom utilisateur différent sur ce système, précisez-le de la même façon que pour rlogin :

```
rsh Clarissa -l tilden ls -R
```

Il n'est pas possible de faire tourner des programmes pleine page à l'aide de rsh. Néanmoins, vous pouvez lancer des programmes qui lisent leurs données ligne à ligne. (Rassurez-vous, je ne vais pas vous expliquer les obscures raisons techniques et soporifiques à l'origine de cela.) Sachez seulement que vous pouvez utiliser les programmes de messagerie ligne à ligne, tels que mail ou xmail, mais pas les programmes plus conviviaux, tels que elm ou pine. Une autre solution est encore possible : utilisez rlogin.

Pour finir, rsh ne vous demande jamais de nom utilisateur ou de mot de passe. S'il ne peut vous reconnaître à l'aide de hosts.equiv ou .rhosts, il n'a aucune autre alternative.

Chapitre 15
Quelques bonnes adresses pour vous servir

Dans ce chapitre...

Quelques grandes bibliothèques
Bases de données diverses
Systèmes de passerelles
Services commerciaux
Sports et loisirs

Internet est la clé d'un monde très convivial. De nombreux systèmes vous ouvrent leurs portes sans aucun arrangement préalable (ou quasiment). La plupart d'entre eux vous permettent de vous connecter via telnet sans restriction. D'autres vous demandent de vous inscrire lors de votre première session, mais vous n'avez rien à payer ; ils veulent juste faire plus ample connaissance avec leurs utilisateurs.

La liste proposée dans ce chapitre ne comprend pas les nombreux sites d'où vous pouvez utiliser telnet pour vous connecter aux serveurs Gopher, Archie, WAIS et WWW. Ces serveurs sont traités dans les Chapitres 19 à 22.

Quelques grandes bibliothèques

Pratiquement toutes les grandes bibliothèques des Etats-Unis (comme celles de tous les pays développés d'ailleurs) sont aujourd'hui informatisées, et nombre d'entre elles figurent également sur Internet. Certains services se contentent de proposer des catalogues listant les ouvrages de la bibliothèque et quelques détails supplémentaires. D'autres sont plus généreux et vous offrent des moyens de recherche très variés ainsi que la possibilité de parcourir un livre à domicile.

Cette partie dresse la liste de quelques grands services de bibliothèques disponibles sur Internet, et de leurs moyens d'accès.

Petit décodeur de liste

Les codes utilisés dans ce chapitre ont la signification suivante :

Code	Signification
T	Connexion ordinaire via telnet.
Port	Spécifie le numéro de port après le nom d'hôte de la commande telnet (voir le Chapitre 14 pour les détails).
3	Connexion via tn3270. La plupart des systèmes tn3270 listés dans ce chapitre permettent également une connexion ordinaire via telnet pour les utilisateurs ne disposant pas du standard tn3270.
I	Inscription requise : lors de votre première session, vous devez dire qui vous êtes.
C	Compte requis : vous devez vous acquitter des droits d'inscription. (Peu de services payants de ce style sont présentés ici.)

Bibliothèque : Bibliothèque du Congrès
Adresse : locis.loc.gov
Code d'accès : T3

La Bibliothèque du Congrès est la plus grande bibliothèque au monde. Elle possède une base de données gigantesque, appelée LOCIS. (Les impôts des contribuables américains à l'oeuvre !) Cette base de données vous présente pratiquement tous les livres publiés aux Etats-Unis. La bibliothèque met également à votre disposition un système de législation complet et utile que vous pouvez consulter pour prendre connaissance des projets de lois du Congrès. Vous pouvez découvrir quels sont les projets soumis, qui les a sponsorisés, et ce qu'ils proposent (en résumé).

La Figure 15.1 est un exemple de résumé d'un projet de loi américain soumis à la Chambre des députés (à l'époque de la rédaction de cet ouvrage).

Note : LOCIS est uniquement accessible pendant les heures d'ouverture de la bibliothèque, généralement entre 9 h et 19 h (heure de la côte Est des Etats-

Unis) pour les jours de la semaine. Les heures d'ouverture pendant le week-end sont plus restreintes.

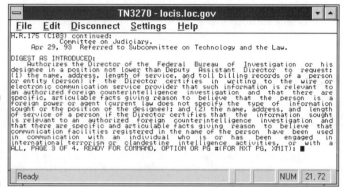

Figure 15.1 : LOCIS affichant le résumé d'un projet de loi.

Bibliothèque : Bibliothèque du Collège de Dartmouth
Adresse : library.dartmouth.edu
Code d'accès : T

Outre le catalogue de tous les livres disponibles, ce service propose le texte complet des pièces et sonnets de William Shakespeare, ainsi que les ouvrages d'autres grands auteurs. Pour visualiser une pièce, tapez **select file s plays** ; pour un sonnet, tapez **select file s sonnets**. La Figure 15.2 montre le résultat d'une recherche par thème à l'intérieur de la célèbre pièce *Hamlet*, écrite par mon collègue littéraire, Shakespeare.

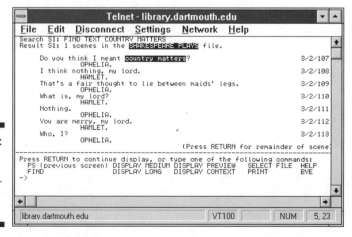

Figure 15.2 : Hamlet en V.O. depuis la Bibliothèque de Dartmouth.

Bibliothèque : Bibliothèque d'Harvard
Adresse : hollis.harvard.edu
Code d'accès : T3

Harvard possède une autre bibliothèque immense ; son service fournit également des informations sur le campus et la vie universitaire en général.

Bibliothèque : Bibliothèque de Yale
Adresse : orbis.yale.edu
Code d'accès : T3

Voilà une autre bibliothèque de grande envergure. C'est également la seule possédant une copie de ma thèse "A Data Base System for Small Interactive Computers" (Système de base de données pour petits ordinateurs interactifs), qui ne vous inspire peut-être pas, mais que je trouve très intéressante.

Bibliothèque : Université Victoria de Wellington
Adresse : library.vuw.ac.nz
Code d'accès : T

Ce catalogue se trouve en Nouvelle-Zélande. Après la procédure de connexion, pressez Entrée plusieurs fois jusqu'à ce que le service vous demande de vous présenter (login), puis tapez **OPAC**.

Où trouver d'autres bibliothèques accessibles

Il existe un service proposant une base de données de nombreuses autres bibliothèques, et constituant une passerelle vers ces mêmes bibliothèques. Ce service s'appelle *hytelnet*. Si vous vous connectez à un de ses sites, il vous aidera à trouver des informations pour des dizaines ou centaines de bibliothèques. Voici une petite liste de quelques serveurs hytelnet actuels :

- access.usak.ca
  login : hytelnet

- info.ccit.arizona.edu
  login : hytelnet

- laguna.epcc.edu
  login : library

- info.anu.edu.au
  login : library
  Note : situé en Australie

- nctuccca.edu.tw
  login : hytelnet
  Note : situé à Taiwan

Des listes plus importantes de services de bibliothèques sont également disponibles par FTP (voir le Chapitre 18 pour plus d'informations). Evidemment, certaines bibliothèques proposent des services qui ne sont utiles que si vous projetez d'aller *physiquement* leur rendre visite.

Bases de données diverses

Une multitude de bases de données recouvrant un éventail de thèmes considérable ne sont qu'à quelques frappes de votre clavier. En voici quelques-unes :

Géographie

Base de données : Geographic Server
Adresse : martini.eecs.umich.edu
Code d'accès : T
Port : 3000

Cette base de données possède une énorme quantité d'informations géographiques sur toutes les villes et villages des Etats-Unis.

Base de données : Earthquake info
Adresse : geophys.washington.edu
Code d'accès : T

Ouvrez votre session sous *quake*, et utilisez le mot de passe *quake*. Saviez-vous que les américains subissent des tremblements de terre pratiquement tous les jours ? Et dire qu'on les croyait paranoïaques !

Base de données : GLIS
Adresse : glis.ec.usgs.gov
Code d'accès : TI

GLIS (Global Land Use Info System) est un service géographique mondial du gouvernement des Etats-Unis. Une multitude de données cartographiques informatiques sont disponibles ; GLIS vous permet de les consulter et de les recevoir. Epatez vos amis en leur brandissant une carte informatisée de votre ville, de votre pays, et/ou de la planète.

Histoire

Les mordus d'histoire trouveront les réponses à toutes leurs questions (et plus encore) dans diverses bases de données regorgeant d'informations historiques.

Base de données : University of Kansas
Adresse : ukanaix.cc.ukans.edu
Code d'accès : T

Ouvrez votre session sous *history* pour les bases de données sur l'histoire, ou *ex-ussr* pour les bases de données concernant la Fédération Russe et ses pays voisins. Elles comportent des documents, bibliographies et autres informations que les historiens ne manqueront pas d'apprécier.

D'autres bases de données de ce type sont disponibles via Gopher (Chapitre 20) et FTP (Chapitre 16).

Espace (cosmique)

Si vous voulez élargir votre point de vue sur le monde, et parcourir l'univers, alors ces bases de données sont pour vous.

Base de données : NASA
Adresse : nssdc.gsfc.nasa.gov
Code d'accès : TI

La NASA est le centre d'informations spatiales scientifiques des Etats-Unis (*NSSDC, National Space Science Data Center*).

Base de données : Spacelink
Adresse : spacelink.msfc.nasa.gov
Code d'accès : TI

Cette base de données contient tous les derniers faits et gestes de la NASA, y compris les programmes des navettes spatiales.

**Base de données : European Space Agency
Adresse : esrin.esa.it
Code d'accès : T**

Cette base de données contient les nouvelles de l'espace côté européen.

Aviation

Le grand bleu (du ciel) vous attire ? Voici un endroit qui vous fera voyager.

**Base de données : DUATS
Adresse : duats.gtefsd.com
Code d'accès : T1**

Cette base de données contient des informations de pilotage, des instructions et des plans de vol. Si vous êtes un pilote confirmé, connectez-vous plutôt à *duat.gtefsd.com*. Ouvrez votre session sous votre nom de famille en guise de nom utilisateur.

Littérature

Vous cherchez des livres, des cassettes, des CD ? Voici quelques points de départ.

**Base de données : CARL
Adresse : pac.carl.org
Code d'accès : TC**

Cette base de données contient des critiques de livres, des magazines et des articles. Pour certains de ces services, vous devez posséder une carte de bibliothèque (ou un numéro de carte).

**Base de données : Consumer Access Services
Adresse : columbia.ilc.com
Code d'accès : T1**

Livres, CD et cassettes vidéo à foison. Si vous vous inscrivez, vous pouvez commander toutes ces bonnes choses par carte de crédit.

Systèmes de passerelle

Les systèmes suivants se comportent telles des passerelles vers d'autres systèmes, comme hytelnet pour d'autres bibliothèques.

Passerelle : Consumer Access Services
Adresse : wugate.wustl.edu
Code d'accès : T

Ouvrez votre session sous *services*. Cette passerelle donne accès à des centaines d'autres services sur Internet. Lorsque vous trouvez un service intéressant, notez son nom (ainsi que le numéro de port et le nom à utiliser - login - pour ouvrir une session, si nécessaire). Ainsi, vous pourrez utiliser telnet pour vous y connecter directement la prochaine fois.

Passerelle : MERIT Network
Adresse : hermes.merit.edu
Code d'accès : TC

MERIT est un réseau régional servant le Michigan, qui propose également quelques services nationaux américains. MERIT permet d'accéder à quelques services commerciaux, tels que CompuServe, à un taux horaire très faible. Il constitue en fait la solution la moins chère pour consulter CompuServe depuis n'importe quel pays autre que les Etats-Unis, sous réserve que vous puissiez utiliser telnet.

Services commerciaux

Quelques services commerciaux en ligne sont également disponibles.

Service : DELPHI
Adresse : delphi.com
Code d'accès : TC

Ouvrez votre session sous *joindelphi*, et utilisez le mot de passe *info* pour connaître les modalités et services de Delphi.

Passerelle : The World
Adresse : world.std.com
Code d'accès : TC

Ouvrez votre session sous *new* pour vous inscrire et obtenir des informations.

Loisirs et amusements

Voici une liste de quelques services auxquels vous pouvez vous connecter si vous êtes d'humeur ludique, ou si vous vous ennuyez tout simplement.

Service : Internet Relay Chat
Adresse : multiple
Code d'accès : T

Utilisez telnet pour vous connecter à un serveur *IRC (Internet Relay Chat)* et dialoguer avec d'autres utilisateurs. Reportez-vous au Chapitre 13 pour tous les détails concernant IRC. Ouvrez toujours votre session sous *irc*. Voici une liste de quelques serveurs actuellement disponibles, toutefois sachez que les serveurs IRC font partie d'un milieu en perpétuel mouvement.

- wbrt.wb.psu.edu (Pennsylvanie)
- irc.demon.co.uk (Grande-Bretagne)
- hastur.cc.edu (Etats-Unis)
- prof.jpl.nasa.gov (Californie)

Consultez le groupe USENET *alt.irc* pour toute information récente.

Service : Network Go
Adresse : multiple
Code d'accès : TI
Port : 6969

Jouez au *Go*, le jeu stratégique oriental, contre d'autres personnes sur Internet. Connectez-vous à l'un des serveurs suivants (la liste n'est pas exhaustive) :

- bsdserver.ucsf.edu (Californie)
- hellspark.wharton.upenn.edu (Pennsylvanie)

- ftp.pasteur.fr (France)

Service : Sports Info
Adresse : culine.colorado.edu
Code d'accès : T
Port : multiple

Connectez-vous via telnet au port 859 pour les programmes de la NBA, ou 862 pour le base-ball et la NFL.

Chapitre 16
Le transfert de fichiers

Dans ce chapitre...

FTP : Présentation
Les répertoires
Transférer des fichiers vers votre système
Transférer des fichiers depuis votre système
Les numéros à trois chiffres
Transférer des fichiers incognito
Mémento FTP
Quelques mots de Berkeley

FTP : Présentation

Transférer des fichiers signifie copier des fichiers d'un système à un autre. Vous pouvez copier des fichiers d'un système vers le vôtre, et de votre système vers un autre. Deux programmes de transfert de fichiers sont disponibles : *FTP* et *RCP*. Ce chapitre traite plus particulièrement du premier, car c'est le plus courant et le plus souple.

Si votre système n'est pas doté du programme FTP ou RCP, tout n'est pas encore perdu. Reportez-vous au Chapitre 17 pour découvrir comment utiliser FTP, lentement, par courrier électronique.

Transférer des fichiers : Version simplifiée

Copier des fichiers d'un endroit à l'autre est assez simple. Voici (pour l'essentiel) comment procéder : vous vous connectez à l'ordinateur d'où vous voulez transférer des fichiers, vous lui dites quels fichiers vous intéressent, et où vous voulez qu'il les transfère.

Voici un exemple dans lequel j'ai utilisé FTP sur mon ordinateur pour transférer un fichier intitulé *README* :

```
% ftp iecc.com
Connected to iecc.com.
220 iecc FTP server (Version 4.1 8/1/91) ready.
Name (iecc.com:johnl) : johnl
331 Password required for johnl.
Password:
230 User johnl logged in.
ftp> get README
150 Opening ASCII mode data connection for README (12686 bytes).
226 Transfer complete.
local: README remote: README
12979 bytes received in 28 seconds (0.44 Kbytes/s)
ftp> quit
221 Goodbye.
```

Que signifie FTP ?

En 1971, les grandes puissances d'Internet créèrent un protocole standard de haut niveau, appelé *FTP*, pour transférer des fichiers d'un point à un autre, sous TCP/IP. Ce protocole est défini par le RFC 959 et le standard MIL-STD-1780.

Ainsi, contrairement à ce que l'on pourrait croire, FTP n'est pas le petit nom de *File Transfer Program*, mais l'abréviation de *File Transfer Protocol*. La confusion provient du fait que les programmes mettant en oeuvre ce protocole sont généralement dotés du nom du protocole.

Au fait, *RCP* est l'acronyme de *Remote CoPy* (rien de particulier ici).

Analysons cet exemple étape par étape. Pour commencer, il faut lancer FTP, en lui indiquant le nom de l'hôte (ordinateur) que vous voulez contacter. Une fois la connexion effectuée, l'hôte demande votre nom utilisateur (tout comme lorsque vous ouvrez une session via telnet). Immanquablement, il va aussi demander votre mot de passe, que vous saisissez (généralement, les mots de passe n'apparaissent pas à l'écran). Ensuite, pour obtenir le fichier qui vous intéresse, tapez **get** suivi du nom de fichier. Cela génère différents messages vous informant notamment du temps de transfert. Une fois le fichier transféré, il ne reste plus qu'à dire au programme qu'il peut se retirer en tapant **quit**.

Voilà, dans les grandes lignes, comment fonctionne le programme FTP ; évidemment, il vous faudra connaître à peu près 400 petits détails supplémentaires pour l'utiliser de façon optimale.

Les types de fichiers

La définition FTP spécifie six différentes sortes de fichiers, desquelles seuls deux types sont utiles : les types *ASCII* et *binaire*. Un fichier ASCII est un fichier texte. Un fichier binaire est tout ce qui n'est pas un fichier texte. FTP dispose de deux modes, ASCII et binaire (également désigné par le mode *image*), pour transférer ces deux types de fichiers. Lorsque vous transférez un fichier ASCII entre différentes sortes d'ordinateurs stockant leurs fichiers chacun à leur manière, le mode ASCII adapte automatiquement le fichier lors du transfert, si bien qu'il devient un fichier texte valide à l'arrivée. En revanche, aucune modification ou conversion n'est appliquée à un fichier binaire, lequel est transféré tel quel.

Utilisez les commandes **binary** et **ascii** pour informer le programme FTP du mode à utiliser :

```
ftp> binary
200 Type set to I.
ftp> ascii
200 Type set to A.
```

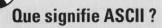

Que signifie ASCII ?

ASCII est l'acronyme de *American Standard Code for Information Interchange*. C'est un code à 7 bits (unités binaires), plus un huitième pouvant être différent selon le pays, établi pour obtenir une compatibilité des services lors des échanges de données. Ce code est mondialement utilisé.

Dans l'exemple précédent, *I* désigne le mode binaire, ou mode image (après 20 ans, les grands manitous du protocole Internet ne se sont toujours pas décidés), et *A* désigne le mode ASCII. Comme la plupart des commandes FTP, les commandes **binary** et **ascii** peuvent être réduites à leurs trois premières lettres : **bin** et **asc** seront donc utilisées par les dactylographes du moindre effort.

Les erreurs à ne pas commettre

Se tromper de mode en transférant un fichier est l'erreur la plus répandue parmi les utilisateurs novices d'Internet. Si vous transférez un fichier texte en mode binaire depuis un système UNIX vers un système MS-DOS ou Macintosh, votre fichier a l'aspect suivant (sur DOS) :

```
Ce fichier
            aurait dû être
                          copié en
                                   mode ASCII
```

Sur un Mac, tout le fichier a l'air d'avoir été copié sur une seule ligne. Lorsque vous visualisez le fichier à l'aide d'un éditeur de texte, vous voyez d'étranges symboles ^M à la fin de chaque ligne. Toutefois, lorsque cela arrive, il n'est pas nécessaire de transférer à nouveau votre fichier. De nombreux packs de logiciels de réseau comprennent des programmes permettant d'effectuer des conversions après coup d'un format à l'autre.

Si vous copiez un fichier autre qu'un fichier texte en mode ASCII, vous obtenez un fichier quelque peu perturbé. Les fichiers compactés ne se décompactent plus. Les fichiers exécutables ne s'exécutent plus (ou ils s'écrasent au moment du lancement, ou bloquent le système). Les images deviennent affreusement inesthétiques.

Un petit conseil : lorsqu'un fichier est altéré, pensez à vérifier en premier lieu le mode utilisé.

Si vous transférez des fichiers entre deux ordinateurs de même type, tels que deux systèmes UNIX, vous pouvez et devez effectuer tous vos transferts en mode binaire. Que vous copiez un fichier texte ou non texte, aucune conversion ne sera nécessaire. Le mode binaire est donc parfait pour ce type d'opération.

Les répertoires

Toutes les machines que vous contactez pour effectuer des transferts FTP stockent leurs fichiers dans des répertoires différents. Aussi, avant de pouvoir trouver ce que vous cherchez, vous devez savoir comment naviguer dans ces répertoires. Par chance, vous manipulez les répertoires sous FTP comme vous le faites (à quelque chose près) sous votre propre système. La commande à utiliser pour obtenir la liste des fichiers dans un répertoire courant est **dir**, et pour passer à un autre répertoire vous utilisez **cd**, comme dans l'exemple suivant :

```
ftp> dir
200 PORT command successful.
150 Opening ASCII mode data connection for /bin/ls.
total 23
drwxrwxr-x   19 root     archive     512 Jun 24 12:09 doc
drwxrwxr-x    5 root     archive     512 May 18 08:14 edu
drwxrwxr-x   31 root     archive     512 Jul 12 10:37 system
drwxrwxr-x    3 root     archive     512 Jun 25 1992 system
```
etc.
```
226 Transfer complete.
1341 bytes received in 0.77 seconds (1.7 Kbytes/s)
ftp> edu
250 CWD command successful.
ftp> dir
200 PORT command successful.
150 Opening ASCII mode data connection for /bin/ls.
total 3
-rw-rw-r-    1 root     archive   87019 8 Dec 13 1990 R
-rw-rw-r-    1 root     archive   41062 Dec 13 1990 RS
-rw-rw-r-    1 root     archive  554833 Dec 13 1990 RT
drwxrwxr-x    2 root     archive     512 May 18 09:31 adm
```

```
drwxrwxr-x   3 root     archive      512 May 11 06:44 ee
drwxrwxr-x   8 root     234          512 Jun 25 06:00 math
226 Transfer complete.
200 bytes received in 63 seconds (0.0031 Kbytes/s)
ftp> quit
221 Goodbye.
```

Dans une liste de répertoire UNIX standard, la première lettre de chaque ligne indique s'il s'agit d'un répertoire ou d'un fichier. Un *d*, pour *directory*, signifie que c'est un répertoire (toute autre lettre ou caractère correspond à un fichier). Dans le répertoire *edu* de l'exemple précédent, les trois premières entrées sont des fichiers, alors que les trois dernières sont d'autres répertoires. En général, lorsque vous vous connectez à un ordinateur hôte via FTP, vous demandez la liste d'un répertoire, puis de là vous passez à un autre répertoire, et ainsi de suite jusqu'à ce que vous trouviez les fichiers qui vous intéressent. Ensuite, vous utilisez la commande **get** pour les rapatrier.

Il arrive souvent que le répertoire dans lequel vous lancez le programme FTP ne soit pas celui vers lequel vous voulez copier les fichiers. Dans ce cas, utilisez la commande **lcd** pour changer de répertoire sur votre système local.

En résumé : la commande **cd** permet de changer de répertoire sur l'autre système, et **lcd** de changer de répertoire sur votre propre système.

La patience est une vertu

Lorsque vous copiez des fichiers entre deux ordinateurs sur le même réseau local, les informations peuvent se déplacer à environ 200 000 caractères par seconde. Ce qui est très rapide. Toutefois, lorsqu'il s'agit de transférer des fichiers entre ordinateurs situés à des milliers de kilomètres, la vitesse peut diminuer jusqu'à 1 000 caractères par seconde, voire moins. Ce qui n'est plus du tout aussi rapide. Aussi, si vous copiez un fichier contenant 500 000 caractères, cette opération se déroulera en quelques secondes sur un réseau local, mais en plusieurs minutes pour une connexion longue distance.

Il peut être utile de parcourir la liste d'un ou de plusieurs répertoires avant de lancer une commande **get** ou **put**. Le nombre de caractères affichés vous permettra de déduire le temps de transfert. (Si cela peut vous rassurer.)

Transférer des fichiers vers votre système

Il est parfois nécessaire d'attribuer à un fichier que vous venez de transférer sur votre système un nom différent de celui qu'il avait sur la machine éloignée. (C'est plus particulièrement vrai pour des ordinateurs sous DOS, où de nombreux noms UNIX sont tout simplement interdits.) Il peut être également fastidieux, lorsque vous devez transférer de nombreux fichiers, de taper toutes les commandes get correspondantes. Par chance, FTP dispose de quelques petites ruses pour résoudre ces problèmes. Admettons que vous ayez trouvé un répertoire contenant divers fichiers, comme dans l'exemple suivant :

```
ftp> cd edu
250 CWD command successful.
ftp> dir
200 PORT command successful.
150 Opening ASCII mode data connection for /bin/ls.
-rw-rw-r-   1 root     archive     5248 Nov  1 1989 rose
-rw-rw-r-   1 root     archive    47935 Nov  1 1989 rose2
-rw-rw-r-   1 jlc      archive   159749 Aug 16 1992 rtrinity
-rw-rw-r-   1 jlc      archive    71552 Feb 10 1993 ruby
-rw-rw-r-   1 jlc      archive   220160 Feb 10 1993 ruby2
-rw-rw-r-   1 jlc      archive     6400 Jul 14 1992 ruger_pistol
-rw-rw-r-   1 ftp      archive   133959 Nov 30 1992 rugfur1
-rw-rw-r-   1 jlc      archive    18257 Jul 14 1992 rush
-rw-rw-r-   1 jlc      archive   205738 Sep  3 1992 rush1
-rw-rw-r-   1 jlc      archive   202871 Sep  3 1992 rush2
-rw-rw-r-   1 jlc      archive    51184 Jul 14 1992 ruth
226 Transfer complete.
9656 bytes received in 3.9 seconds (2.4 Kbytes/s)
```

Dans cet exemple, vous voulez copier le fichier intitulé *ROSE2*, mais vous voulez l'appeler *ROSE2.GIF*, car il contient une image de format GIF (voir le Chapitre 17). Tout d'abord, assurez-vous que vous êtes bien en mode binaire.

Récupérez ensuite le fichier à l'aide de la commande get, en lui indiquant, cette fois, deux noms différents, le nom du fichier de l'hôte éloigné et le nom local, de sorte qu'elle le renomme à l'arrivée :

```
ftp> bin
200 Type set to I.
ftp> get rose2 rose2.gif
200 PORT command successful.
150 Opening BINARY mode data connection for rose (47935 bytes).
226 Transfer complete.
local: rose2.gif remote: rose2
47935 bytes received in 39 seconds (1.2 Kbytes/s)
```

Admettons maintenant que vous vouliez copier un groupe de fichiers commençant par les lettres *ru*. Pour effectuer cette opération en une seule fois, vous devez utiliser la commande **mget** (qui signifie *Multiple GET*). Outre les noms ordinaires des fichiers, vous pouvez également taper à la suite de cette commande des caractères génériques (tels que le signe *) correspondant à un ensemble de fichiers. Pour chaque correspondance, le programme vous demande si vous voulez rapatrier le fichier en question, comme dans l'exemple suivant :

```
ftp> mget ru*
mget ruby? n
mget ruby2? n
mget ruger_pistol? n
mget rugfur1? n
mget rush? y
200 PORT command successful.
150 Opening BINARY mode data connection for rush (18257 bytes).
226 Transfer complete.
local: rush remote: rush
18257 bytes received in 16 seconds (1.1 Kbytes/s)
mget rush1? y
```

Chapitre 16 : Le transfert de fichiers

```
200 PORT command successful.
150 Opening BINARY mode data connection for rush1 (205738 bytes).
226 Transfer complete.
local: rush1 remote: rush1
205738 bytes received in 200.7 seconds (1.2 Kbytes/s)
mget rush2?
```

Note : Si vous trouvez que mget établit plus de correspondances que vous ne le souhaitiez, vous pouvez interrompre la procédure à l'aide de la séquence d'interruption habituelle de votre système (généralement, Ctrl+C). Vous répondez ensuite par la négative lorsque FTP vous demande si vous voulez continuer la procédure, et vous tapez **quit** pour fermer FTP. Vous pouvez également interrompre la procédure en plein milieu si vous jugez le temps de transfert trop long.

Vous pouvez aussi effectuer une procédure mget *express*, dans laquelle vous transférez plusieurs fichiers en même temps sans que le programme vous pose aucune question.

```
ftp> dir 92-1*
200 PORT command successful.
150 Opening ASCII mode data connection for 92-1*.
-rw-rw-r-  1 johnl    staff    123728 Jul 1 20:30 92-10.gz
-rw-rw-r-  1 johnl    staff    113523 Jul 1 20:30 92-11.gz
-rw-rw-r-  1 johnl    staff    106290 Jul 1 20:30 92-12.gz
226 Transfer complete.
remote: 92-1*
192 bytes received in 0.12 seconds (1.5 Kbytes/s)
```

Utilisez la commande **prompt** pour inhiber le mode interactif, et ainsi faire en sorte que le programme ne vous pose plus de questions pendant toute la durée de la procédure.

```
ftp> prompt
Interactive mode off.
```

```
ftp> mget 92-1*
200 PORT command successful.
150 Opening BINARY mode data connection for 92-10.gz
(123728 bytes).
226 Transfer complete.
local 92-10.gz remote: 92-10.gz 123728 bytes received
in 2.8 seconds (43 Kbytes/s)
200 PORT command successful.
150 Opening BINARY mode data connection for 92-11.gz
(113523 bytes).
226 Transfer complete.
local 92-11.gz remote: 92-11.gz 113523 bytes received
in 3.3 seconds (34 Kbytes/s)
200 PORT command successful.
150 Opening BINARY mode data connection for 92-12.gz
(106290 bytes).
226 Transfer complete.
local 92-12.gz remote: 92-12.gz 106290 bytes received
in 2.2 seconds (47 Kbytes/s)
ftp> quit
221 Goodbye.
```

Transférer des fichiers depuis votre système

Maintenant que vous savez comment transférer des fichiers vers votre système, voyons comment transférer des fichiers *depuis* votre propre ordinateur. En fait, la procédure est très similaire, si ce n'est que vous utilisez la commande **put** au lieu de get. L'exemple suivant montre comment copier un fichier local intitulé *rnr* vers un fichier éloigné intitulé *rnr.new* :

```
ftp> rnr rnr.new
200 PORT command successful.
```

```
150 Opening ASCII mode data connection for rnr.new.
226 Transfer complete.
local: rnr remote: rnr.new
168 bytes received in 0.014 seconds (12 Kbytes/s)
```

(Tout comme avec la commande get, ne tapez que le nom du fichier à transférer si vous ne voulez pas le renommer.)

La commande **mput** fonctionne exactement de la même façon que la commande mget, mais dans l'autre sens. (Tout comme avec la commande mget, vous pouvez utiliser la commande prompt pour inhiber le mode interactif.)

La plupart des systèmes utilisent des protections sur leurs fichiers et répertoires limitant les emplacements pouvant recevoir les fichiers copiés. En règle générale, vous pouvez utiliser FTP pour copier un fichier là où vous pourriez normalement en créer un si vous étiez connecté directement.

D'autres commandes sont parfois très utiles, telles que la commande **delete**. Cette commande suivie d'un nom de fichier permet de supprimer ce fichier sur l'ordinateur éloigné, sous réserve que ce fichier ne soit pas verrouillé. La commande **mdelete** supprime plusieurs fichiers en même temps et fonctionne exactement comme mget et mput. La commande **mkdir**, suivie d'un nom, crée un nouveau répertoire, doté du nom que vous venez d'indiquer, sur le système éloigné (là encore, sous réserve que vous en ayez l'autorisation). La création d'un nouveau répertoire ne vous place pas dans ce répertoire. Aussi, vous devez utiliser la commande cd suivie du nom du répertoire si vous voulez y transférer des fichiers via la commande put ou mput.

Si vous projetez de supprimer de nombreux fichiers, de créer de nombreux répertoires et autres manipulations du genre, pensez plutôt à vous connecter à l'autre système via telnet. Vous effectuerez ainsi vos opérations, à l'aide des commandes habituelles locales, beaucoup plus rapidement.

Les numéros à trois chiffres

Vous avez peut-être remarqué que, chaque fois que vous tapez une commande sur FTP, la réponse en provenance du système éloigné commence par un numéro à trois chiffres.

Ces numéros constituent en fait le vocabulaire FTP. Chaque chiffre a une signification particulière pour le programme.

Voici ce que le premier chiffre désigne avec les valeurs suivantes :

- **1** signifie que le programme a commencé à traiter votre requête, mais qu'il n'a pas fini.
- **2** signifie qu'il a terminé.
- **3** signifie qu'il a besoin de plus d'informations.
- **4** signifie que l'opération effectuée n'a pas réussi, mais peut réussir en essayant encore.
- **5** signifie que l'opération effectuée n'a pas réussi, et qu'elle ne réussira pas.

Le deuxième chiffre est un sous-type de message.

Le troisième chiffre n'a d'autre fonction que de créer des possibilités supplémentaires de sorte qu'aucun message n'ait le même numéro qu'un autre.

Si un message comporte plusieurs lignes, toutes les lignes sauf la dernière débuteront par le numéro correspondant suivi d'un tiret plutôt qu'un espace.

Note : La plupart des utilisateurs de programmes FTP n'ont aucune idée de ce que ces chiffres signifient. (Maintenant que vous le savez, cela fait de vous un expert.)

Transférer des fichiers incognito

Jusqu'à présent, nous n'avons traité que de transferts de fichiers vers ou depuis des systèmes sur lesquels vous aviez déjà un compte. Mais qu'en est-il des autres 99 pour 100 qui n'ont jamais entendu parler de vous ? Pas de problème. En fait, des milliers de systèmes vous permettent d'ouvrir des sessions sous le nom utilisateur *anonymous*. Il suffit ensuite d'utiliser votre adresse électronique en guise de mot de passe. Lorsqu'il s'agit de connexion FTP anonyme, la plupart des hôtes limitent l'accès à leur système à certains répertoires. Toutefois, il est difficile de se plaindre dans la mesure où ces connexions sont fournies gratuitement. Une fois connecté, vous utilisez les commandes habituelles pour vous déplacer et transférer des fichiers.

Les petits trucs anonymes

- Certains hôtes limitent le nombre d'utilisateurs anonymes ou le nombre de connexions autorisées par jour. Il est préférable de respecter ces restrictions, car aucune loi n'empêche un propriétaire de système d'invalider une connexion anonyme.

- Ne stockez pas de fichiers dans l'autre ordinateur à moins d'en avoir été préalablement invité par le propriétaire du système. Un répertoire intitulé *INCOMING* (ou quelque chose similaire) est généralement disponible à cet effet.

- Certains hôtes n'autorisent de connexions FTP anonymes qu'en provenance d'un hôte doté d'un nom. Autrement dit, si vous tentez une connexion FTP anonyme depuis un ordinateur auquel un numéro a été attribué, ces hôtes ne vous seront pas accessibles. Cela constitue souvent un problème pour les ordinateurs personnels qui, n'offrant généralement aucun service utile, ne disposent pas de nom.

Les systèmes multifenêtres

Si vous utilisez Microsoft Windows, ou tout autre environnement multifenêtre, vous avez probablement l'impression que votre programme FTP a été *convivialisé*. La Figure 16.1 montre une liste contenant des fichiers et répertoires provenant d'un hôte éloigné que vous pouvez sélectionner à l'aide d'un simple clic. Ces programmes vous permettent d'exécuter exactement les mêmes commandes que les programmes FTP ordinaires (changer de répertoire, copier des fichiers, etc.). La seule différence est que vous n'avez plus à les saisir. Il vous suffit de déplacer votre souris sur la bonne option, et de cliquer.

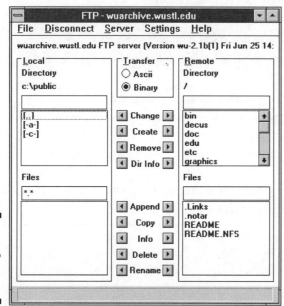

Figure 16.1 : Un programme FTP sous MS-DOS.

Lorsque vous lancez un programme FTP pleine page, celui-ci ne s'exécute pas immédiatement. En effet, avant que vous ne puissiez utiliser votre souris, il doit d'abord demander à l'hôte éloigné une liste de noms de répertoires et de fichiers pour remplir la liste de sélection de l'écran.

Mémento FTP

Le Tableau 16.1 dresse la liste des commandes FTP mentionnées dans ce chapitre, et de quelques autres commandes très utiles.

Tableau 16.1 : Commandes FTP.

Commande	Description
get x y	Copie le fichier *x* de l'hôte éloigné vers le fichier local *y* (ne pas taper *y* pour conserver le même nom).
put x y	Copie le fichier local *x* vers le fichier *y* de l'hôte éloigné (ne pas taper *y* pour conserver le même nom).
del x	Supprime le fichier *x* sur le système éloigné.
cd x	Passe dans le répertoire *x* de la machine éloignée.
cdup	Passe dans le répertoire directement supérieur.
lcd x	Passe dans le répertoire *x* local.
asc	Transfère les fichiers en mode ASCII (pour les fichiers texte).
bin	Transfère les fichiers en mode binaire (pour tous les autres fichiers).
quit	Ferme FTP.
dir xyz	Liste les fichiers dont les noms correspondent à *xyz*.
mget xyz	Copie les fichiers dont les noms correspondent à *xyz* de l'ordinateur éloigné vers l'ordinateur local.
mput xyz	Copie les fichiers dont les noms correspondent à *xyz* de l'ordinateur local vers l'ordinateur éloigné.
mdel xyz	Supprime les fichiers du système éloigné dont les noms correspondent à *xyz*.
prompt	Fait basculer le mode interactif sous mget et mput.

Quelques mots de Berkeley

Les systèmes Berkeley UNIX, ainsi que les systèmes conçus par des programmeurs qui (pour on ne sait quelle raison) *apprécient* Berkeley UNIX, possèdent leur propre commande pour copier des fichiers : *RCP*. Le principe de cette commande est qu'elle fonctionne comme la commande ordinaire de copie de fichiers, si ce n'est qu'elle s'applique à des fichiers éloignés que vous possédez ou auxquels vous avez accès. La commande RCP utilise les mêmes règles que *rlogin* et *rsh* concernant les noms utilisateur. Aussi, avant de pouvoir utiliser RCP, l'ordinateur éloigné doit être préparé de sorte que vous puissiez utiliser rlogin et rsh également (voir le Chapitre 14 pour les détails).

Pour désigner des fichiers d'un autre système, tapez le nom de ce système suivi du signe : (le deux-points) avant de taper ces fichiers. Par exemple, pour copier le fichier *mesinfos* de l'hôte *citrouille* vers l'ordinateur local et le renommer *citrouilleinfos*, entrez la commande suivante :

```
rcp citrouille:mesinfos citrouilleinfos
```

Pour effectuer cette opération en sens inverse, utilisez cette commande :

```
rcp citrouilleinfos citrouille:mesinfos
```

Si votre nom utilisateur sur l'autre système est différent de celui que vous utilisez sur votre *propre* système, tapez votre nom utilisateur ainsi que le signe @ (arrobas) avant le nom de l'autre système, comme dans l'exemple suivant :

```
rcp steph@citrouille:mesinfos citrouilleinfos
```

Si vous voulez copier des fichiers appartenant à un autre utilisateur sur l'autre système, le nom utilisateur doit être placé après le signe ~ (tilde) et séparé du nom de fichier par une barre oblique. Par exemple, pour copier un fichier intitulé *trfichier* appartenant à l'utilisateur *tracyfichier* vous devez taper :

```
rcp citrouille:~tracy/trfichier tracyfichier
```

Lorsque vous voulez copier un répertoire entier en une seule commande, vous pouvez utiliser le drapeau *-r (récursif)* pour ordonner au programme de copier la totalité du contenu d'un répertoire, comme dans l'exemple suivant :

```
rcp -r citrouille:projet .
```

La ligne précédente ordonne au programme de copier le répertoire *projet* de l'hôte citrouille dans le répertoire courant local (désigné par le point final).

Vous pouvez combiner toutes ces annotations en une majestueuse fête syntaxique, comme suit :

```
rcp -c steph@citrouille:~tracy/projet tracy-projet
```

La ligne précédente indique au programme de se connecter à l'hôte *citrouille*, où votre nom utilisateur est *steph*, d'obtenir de l'utilisateur *tracy* un répertoire appelé *projet*, puis de copier *projet* et son contenu vers un répertoire de la machine *tracy-projet*. (Quelle balade !)

Dans la plus pure des traditions UNIX, RCP est extrêmement taciturne et ne s'exprime que si un problème survient. Copier des fichiers à travers un réseau peut prendre quelques minutes, aussi il faudra parfois être plus patient qu'à l'ordinaire en attendant que RCP fasse son travail.

Après avoir copié des données vers un autre système, vous pouvez, si vous le souhaitez, vous assurer que l'opération a correctement fonctionné. Pour cela, utilisez *rsh* pour lancer une commande *ls* et obtenir ainsi la liste du répertoire dans lequel les fichiers devraient se trouver :

```
rcp -r projet citrouille:projet1
rsh citrouille ls -l projet1
```

Le programme RCP est très fiable. Tant qu'il ne se plaint pas, on peut en déduire que les procédures de copie effectuées ont réussi (mais cela ne coûte rien de vérifier).

Chapitre 17
Identifier et manipuler les différents types de fichiers

Dans ce chapitre...

Les catégories de fichiers
Les fichiers texte
Une dernière requête avant votre exécution ?
Sachez décompacter
Dans les archives
Pour les amateurs d'art
Transférer des fichiers par courrier électronique

Maintenant que vous savez comment utiliser les programmes FTP et RCP, vous avez probablement déjà récupéré des tonnes de fichiers (ou peut-être seulement trois ou quatre). Toutefois, si vous avez tenté de les visualiser dans votre éditeur de texte, vous avez certainement été déçu. En effet, quelques informations vous manquent encore. Ce chapitre présente les différentes sortes de fichiers peuplant les réseaux d'Internet, et explique comment les reconnaître et les manipuler.

Les catégories de fichiers

Il existe plusieurs centaines de types de fichiers différents qu'il est possible de réduire à quelques catégories générales.

Les fichiers texte

Les fichiers texte contiennent (vous vous en doutez) du texte lisible. Le texte peut être en effet normalement lisible (comme les fichiers texte du manuscrit de ce livre). Il peut constituer un code source pour des programmes en langages informatiques, tels que les langages *C* ou *Pascal*. Enfin, il peut parfois constituer des données pour des programmes. Les données d'imprimantes PostScript sont des fichiers texte de type particulier traités plus loin dans ce chapitre.

Les fichiers exécutables

Les *fichiers exécutables* sont de véritables programmes pouvant être lancés sur un ordinateur. Ces fichiers sont très répandus parmi les fichiers d'archives sur PC et Mac. Certains programmes exécutables sont également disponibles sur Internet pour d'autres types d'ordinateurs, tels que diverses stations de travail.

Les fichiers d'archivage et les fichiers compactés

Il arrive assez souvent qu'un module particulier requiert un ensemble de fichiers reliés. Pour faciliter son envoi, les fichiers peuvent être rassemblés à l'intérieur d'un fichier unique appelé *fichier d'archives* ou *d'archivage*. Après avoir rapatrié un fichier d'archives, vous devez utiliser un programme de *désarchivage* pour extraire les fichiers d'origine.

Les fichiers compactés sont des fichiers codés de sorte que les caractères occupent moins de place, permettant ainsi, outre des capacités de stockage plus importantes, des envois de données plus rapides. Pour cette raison, la plupart des fichiers que vous rapatriez par FTP anonyme sont compactés. Dans le monde des PC, l'archivage et la compression sont généralement des opérations effectuées aux mêmes moments à l'aide d'outils tels que PKZIP. Dans le monde des stations de travail cependant, ces deux procédures ne sont pas souvent jumelées. Les programmes *tar* et *cpio*, par exemple, se chargent de l'archivage, et les programmes *compress*, *pack* et *gzip* de la compression.

Les fichiers de données

Certains fichiers n'entrent pas dans les catégories précitées. Faute d'un terme plus éloquent, nous les appellerons dans ce chapitre *fichiers de données*. De

Chapitre 17 : Identifier et manipuler les différents types de fichiers

nombreux programmes sont fournis avec des fichiers de données qui leur sont propres. Les programmes Microsoft Windows, par exemple, comprennent généralement un fichier de données contenant le texte de l'aide.

Les types de fichiers de données les plus répandus sur Internet sont des images, le plus souvent des photographies numérisées au format *GIF* ou *JPEG*. On y trouve aussi un nombre croissant de films numérisés aux formats *GL* et *MPEG*.

Vous pouvez également y rencontrer des fichiers formatés en fonction d'un traitement de texte particulier, comme WordPerfect et Microsoft Word. Le cas échéant, si vous ne possédez pas le traitement de texte correspondant, vous pourrez probablement les visualiser à l'aide d'un éditeur de texte. Le texte y apparaîtra accompagné de données de formatage. Au besoin, vous pouvez supprimer ces informations pour récupérer le texte.

Les traitements de texte les plus couramment utilisés sur Internet sont les immortels TeX et troff, deux programmes très performants malgré leurs nombreuses années de service. Ils utilisent tous deux des fichiers texte ordinaires comprenant des commandes de formatage sous forme de texte.

Pour en savoir plus sur TeX, consultez le groupe USENET *comp.text.tex*. Des versions sont disponibles gratuitement pour la plupart des ordinateurs. Troff est généralement intégré aux systèmes UNIX ; consultez *comp.text.troff*.

Les fichiers texte

Il n'y a pas grand-chose à dire sur les fichiers texte : vous les reconnaissez tout de suite. Comme mentionné dans le Chapitre 16, la façon dont le texte est traité varie d'un système à l'autre. Aussi, il est préférable de transférer vos fichiers via FTP en mode ASCII pour les convertir ensuite automatiquement au format local.

Si vous rencontrez un fichier dont la première ligne ressemble à la suivante, vous êtes probablement en présence d'un document PostScript :

```
%!PS-Adobe-2.0
```

Un document PostScript est en fait un programme en langage PostScript décrivant un document. A moins d'être versé dans la technologie PostScript, lorsque vous rencontrez un tel document, vous n'avez pas d'autre alternative que de lancer le programme et de voir le document. Le plus souvent, cela consiste à envoyer ce document à une imprimante PostScript. Vous pouvez également utiliser des interpréteurs de commandes PostScript, tels que *GNU Ghostscript*, pour transformer ces formats en d'autres formats d'affichage ou d'impression.

Certains documents texte peuvent également être des archives ou des fichiers non texte déguisés. Pour ces documents, reportez-vous à la section concernant les fichiers *shar* et *uuencode*, plus loin dans ce chapitre.

Une dernière requête avant votre exécution ?

Les programmes exécutables les plus courants tournent sous DOS et Windows. Ces programmes sont généralement estampillés des extensions *.EXE* et *.COM*, et quelquefois, pour Windows plus particulièrement, de l'extension *.DLL*. Vous les exécutez comme vous lancez n'importe quel autre programme sur DOS ou Windows. (Pour impressionner vos amis, désignez-les par leurs petits noms en les prononçant correctement : *points égzé*, *points comme*, et *points dé elle elle*.)

Lorsque vous utilisez un PC ou un Mac, soyez conscient que vous courez le risque qu'un nouveau programme vienne infecter votre système. Par contre, en raison de la structure même des stations de travail, il y a généralement peu de chances que leurs programmes exécutables soient victimes de virus. Les fichiers en provenance de systèmes tels que SIMTEL-20 et wuarchive (voir le Chapitre 18) ne sont généralement d'aucune menace. Toutefois, si vous lancez un programme de fortune depuis un site de fortune, vous risquez d'obtenir de bien pauvres résultats.

Les programmes exécutables pour stations de travail ne sont pas dotés de noms de fichiers facilement identifiables. (Cependant, il y a peu de chances qu'un nom de fichier comprenant un point soit un fichier exécutable.) Bien qu'UNIX soit présent dans presque toutes les sortes de stations de travail, les programmes exécutables ne sont pas interchangeables. Les programmes d'un SPARC, par exemple, ne peuvent fonctionner sur un IBM RS/6000, et vice versa. D'autre part, plusieurs versions différentes d'UNIX tournent sur PC 386, avec des formats exécutables différents. Généralement, les versions récentes d'UNIX pour PC acceptent les programmes exécutables des anciennes versions, mais le contraire est impossible.

Sachez décompacter

Si vous récupérez de nombreux fichiers sur Internet, vous devez absolument savoir comment décompacter des données. Les trois principaux logiciels de compactage sont :

- compress
- gzip
- ZIP

Compactage classique

En 1975, Terry Welch publia un document sur un tout nouveau logiciel de compactage qu'il venait d'inventer. Deux programmeurs d'UNIX mirent alors cette petite merveille en application sous le nom de *compress*. Ce logiciel devint très vite le programme de compactage standard. Depuis, d'autres logiciels de compactage plus performants sont apparus sur le marché, mais compress constitue toujours la norme.

Ces programmes sont facilement repérables, car ils sont généralement dotés de l'extension .Z. Vous récupérez un fichier d'origine à l'aide du programme *uncompress* (lequel est en fait identique au programme compress, mais dans un mode différent), comme dans l'exemple suivant :

```
uncompress bidule.Z
```

Cette ligne de commande opère un décompactage de fichier, et remplace le fichier bidule.Z par le fichier d'origine. Il peut arriver que uncompress ne soit pas disponible, auquel cas vous pouvez obtenir exactement le même résultat en utilisant compress de la façon suivante :

```
compress -d bidule.Z
```

Une version de compress compatible UNIX est disponible sur SIMTEL, sous le nom de *COMP430D.ZIP*. Vous la trouverez dans le répertoire */msdos/compress/*. (Voir "PKZIP : des Fichiers à ZIPper" un peu plus loin dans ce chapitre.)

Si vous voulez voir ce que contient un fichier compacté sans pour autant le décompacter, vous pouvez utiliser *zcat* pour afficher à l'écran une copie décompactée de ce fichier. Tout fichier ayant fait l'objet d'un compactage a des chances d'être plus long qu'une page d'écran. Aussi, lorsque vous lancez *zcat*, il est souvent préférable d'inclure la commande *more*, permettant une lecture page par page, dans votre ligne de commande :

```
zcat bidule.Z | more
```

Une histoire de brevet

Pour en revenir à Welch, celui-ci ne s'est pas contenté en 1975 de publier son invention. En effet, et chose que les programmeurs qui ont écrit compress n'ont pas réalisée, il l'avait préalablement brevetée. (Au même moment, Miller et Wegman, deux employés d'IBM, ont écrit un logiciel similaire qu'ils ont également breveté ; ce qui ne devrait jamais arriver d'ailleurs puisqu'une même invention ne peut être brevetée plusieurs fois.)

Le programme *gzip*, contrairement au programme compress, utilise des algorithmes 100 pour 100 non brevetés. Ce programme a été conçu par le groupe Free Software Foundation, qui est également à l'origine du logiciel GNU disponible gratuitement. Les fichiers compactés par gzip sont dotés de l'extension *.gz*, et sont décompactés par la commande *gunzip* :

```
gunzip bidule.gz
```

Si la technique de compactage utilisée par compress a bien été brevetée, en revanche personne ne s'est occupé des droits de la technique de *dé*compactage, si bien que gunzip peut également décompacter les fichiers .Z. Il peut même décompacter les archives ZIP sous réserve qu'elles ne comprennent pas plus d'un fichier. Tout comme zcat, la commande *gcat* vous permet d'obtenir à l'écran une copie décompactée d'un fichier mystérieux :

```
gcat fichmystérieux | more
```

Des versions UNIX de gzip et gunzip sont disponibles dans les fichiers GNU à *ftp.uu.net* et ailleurs. Une version DOS est également disponible dans le répertoire */msdos/compress* de SIMTEL (voir le Chapitre 18) sous le nom de *GZIP123.ZIP*.

PKZIP : des fichiers à ZIPper

Le programme d'archivage et de compactage le plus couramment utilisé sous DOS est le shareware PKZIP. Les fichiers compactés par PKZIP sont dotés de l'extension *.ZIP*, et sont décompactés et désarchivés au moyen du programme *PKUNZIP*. Ce programme est disponible sur SIMTEL, ainsi que sur presque tous les BBS du monde.

Des programmes zip et unzip compatibles UNIX sont disponibles sur ftp.uu.net et ailleurs. Dans le cas où la nature du shareware PKUNZIP poserait un problème, une version DOS est également disponible, mais elle est deux fois moins rapide que sa consoeur UNIX.

Autres archiveurs

Des dizaines d'autres archiveurs de compactage, tels que *LHARC*, *ZOO* et *ARC.DOS* sont disponibles ; les utilisateurs de Mac trouveront leur bonheur dans le système SIMTEL.

Dans les archives

Tar et cpio sont deux programmes d'archivage UNIX très utilisés sur Internet. Tous deux ont été écrits à peu près à la même date par des concepteurs travaillant pour deux filiales différentes du Laboratoire Bell dans le New Jersey. Bien que ce soient deux logiciels différents, ils ont plus ou moins les mêmes fonctions.

Il existe une différence importante entre les archives de type UNIX et les fichiers ZIP. Les archives UNIX contiennent généralement des sous-répertoires, alors que les fichiers ZIP n'en ont pratiquement jamais. (Pensez à consulter la liste des fichiers proposée sur UNIX - *table of contents* - avant d'extraire vos fichiers, vous saurez ainsi où les trouver.)

Le programme tar

Le terme *tar* est l'acronyme de *Tape Archive* (système conçu à l'origine pour sauvegarder des fichiers d'archives sur cassettes à deux bobines). Les fichiers archivés par tar sont généralement dotés de l'extension *.tar*. Pour voir ce que contient une archive tar, saisissez la ligne de commande suivante :

```
tar tvf bidule.tar
```

Pour extraire les fichiers individuels, tapez :

```
tar xvf bidule.tar
```

Le programme cpio

Le terme *cpio* est l'acronyme de *CoPy In and Out*. Tout comme tar, ce programme a été conçu pour copier des fichiers depuis et vers des cassettes à deux bobines. (A l'époque, les disques des systèmes UNIX tombaient souvent en panne, de sorte que la sauvegarde sur cassettes n'était vraiment pas un luxe.) Les fichiers archivés par cpio sont généralement dotés de l'extension *.cp* ou *.cpio*. Pour voir ce que contient une archive cpio, saisissez la ligne suivante :

```
cpio -itcv <bidule.cpio
```

N'oubliez jamais de placer le signe < (signe inférieur à) avant le nom de fichier.

Pour extraire les fichiers, utilisez la ligne de commande suivante :

```
cpio -icdv <bidule.cpio
```

Le programme pax

Les versions récentes d'UNIX (postérieures à 1988) bénéficient d'un nouveau programme sophistiqué appelé *pax (Portable Archive eXchange)*. Ce programme est suffisamment habile pour pouvoir traiter des commandes tar et cpio. Il est, en principe, capable de décompacter *tout type* d'archives de type UNIX. (Très évolué, n'est-ce pas ? Il n'aura fallu qu'une vingtaine d'années pour y arriver.) Si votre système dispose d'un programme pax, utilisez-le, il est plus souple que tar et cpio.

Pour voir ce que contient une archive pax, saisissez la commande suivante :

```
pax -v <fichier tar-ou-cpio
```

Pour en extraire les fichiers, tapez :

```
pax -rv < fichier tar-ou-cpio
```

Au fait, si vous vous demandez ce que signifient les lettres placées après les commandes tar, cpio et pax, voici la réponse :

- **c :** Character headers (affichage des en-têtes de caractères, et non plus des en-têtes obsolètes en octal).
- **d :** Directories (création de répertoires si nécessaire).
- **f :** File (fichier).
- **i :** Input (entrées).
- **r :** Read (lecture).
- **t :** Table of contents (sommaire).
- **v :** Verbose-ly (affichage de type verbeux).

La dernière ligne de commande *-rv* indique au programme pax de procéder à la lecture de type verbeux d'un fichier tar ou cpio.

Pour les amateurs d'art

Une quantité importante et croissante de bits transitant sur Internet provient d'images numérisées de résolution de plus en plus élevée. A peu près 99,44 pour 100 de ces images ne sont destinées qu'à distraire les utilisateurs. Le 0,56 pour 100 restant représente des outils de travail. Voici donc un petit tour d'horizon de leurs formats.

Il est rare de trouver des fichiers d'images GIF et JPEG compactés ou archivés, dans la mesure où ces formats réalisent un travail de compactage interne considérable. Les programmes compress, zip et leurs semblables ne sont donc ici d'aucune utilité.

Le format GIF

Le format graphique le plus répandu sur Internet est sans aucun doute le format *GIF (Graphics Interchange Format)* de CompuServe. Ce format est tout à fait adapté aux capacités d'affichage d'un écran de type PC ordinaire. Une image GIF ne comporte pas plus de 256 couleurs, sa résolution pouvant être de 640x480, 1024x768, ou de toute autre résolution d'écran PC habituelle. Il existe deux versions de format GIF : *GIF87* et *GIF 89*. Leurs différences sont si infimes que pratiquement tous les programmes pouvant lire GIF sont capables de passer de l'une à l'autre sans distinction. En outre, dans la mesure où GIF est un standard parfaitement bien élaboré, il n'y a aucun risque d'incompatibilité entre fichiers écrits par différents programmes.

Des dizaines de shareware et de programmes commercialisés sur PC et Mac sont capables de lire et d'écrire des fichiers GIF. Les systèmes X Windows d'UNIX abritent de nombreux shareware, les plus utilisés étant ImageMagick et XV. Vous pouvez vous les procurer dans les archives *comp.sources.x* de USENET. Sur wuarchive par exemple, utilisez */usenet/comp.sources.x*. (Ces programmes sont tous disponibles en code source. Pour les installer, il est donc nécessaire de savoir compiler des programmes en langage C, ou de solliciter les services d'un expert en la matière.)

Le format JPEG

Il y a quelques années, des professionnels dans le domaine de la photographie numérisée se réunirent pour aboutir à deux constatations essentielles : 1.) un format standardisé était indispensable, et 2.) aucun des formats en cours n'était assez bon. Ce groupe prit alors le nom plus officiel de *JPEG (Joint Photographic Experts Group)*, et, après de longues négociations, le format JPEG vit le jour. Ce format s'adresse exclusivement au stockage d'images numérisées en Noir & Blanc et en couleur. Il n'a pas été conçu pour traiter les images animées générées par ordinateur ou toute autre image de ce style.

La taille d'un fichier JPEG contenant une photo correspond généralement à 1/4 de celle d'un fichier GIF. (En fait, la taille du fichier peut être définie lors de sa création. Sachez que plus elle est réduite, moins bonne sera la qualité de l'image.) Le temps de décodage d'une image JPEG est considérablement plus lent que pour une image GIF. Cependant, les fichiers sont tellement plus petits que cet inconvénient est négligeable. La plupart des programmes pouvant lire des fichiers GIF sont aujourd'hui capables de traiter des formats JPEG. Ces derniers sont généralement dotés de noms de fichiers finissant par *.jpg* ou *.jpeg*.

On entend dire parfois que les images JPEG ne sont pas d'aussi bonne qualité que les images GIF. Effectivement, si vous réduisez une photographie (comprenant des milliers de couleurs) en une image de format GIF de 256 couleurs, et que vous convertissiez ensuite ce format en format JPEG, vous ne risquez pas d'obtenir des merveilles. Pour le meilleur de la qualité photographique cependant, rien n'égale le format JPEG.

Le format MPEG

Dans la mesure où les réseaux sont de plus en plus rapides, et la capacité de stockage sur disques de plus en plus importante, on voit aujourd'hui apparaître des films entiers numérisés (encore assez *courts* à ce stade). Le format de film standard est connu sous le nom de *MPEG (Moving Photographic Experts Group)*. Ce format a été conçu par un comité voisin du groupe JPEG, et - pratique sans précédent dans l'histoire de la normalisation - à partir des travaux effectués par ce groupe.

Si vous souhaitez visualiser des images MPEG en temps réel, vous devez disposer d'une station de travail assez rapide, ou d'un PC de haut de gamme performant.

Et les autres...

De nombreux autres formats de fichiers graphiques sont utilisés, toutefois GIF et JPEG sont de loin les plus populaires sur Internet. Voici une liste de quelques autres formats :

- **PCX :** Ce format est un format DOS utilisé par de nombreux logiciels de coloriage graphique. (Il peut également être utilisé pour la lecture de photographies à faible résolution.)

Chapitre 17 : Identifier et manipuler les différents types de fichiers

- **TIFF :** Ce format, doté de centaines d'options, est terriblement compliqué. (Ces options sont d'ailleurs si nombreuses qu'il arrive souvent qu'un fichier TIFF écrit par un programme ne puisse pas être lu par un autre.)
- **TARGA :** Appelé TGA sur PC, ce format est le plus couramment utilisé pour les images numérisées de photographies en couleur. Sur Internet, TARGA a été supplanté par le format JPEG beaucoup plus compact.
- **PICT :** Dans la mesure où les Macintosh disposent d'une fonctionnalité capable de traiter les formats PICT, ceux-ci sont très répandus sur Mac.

Privé d'eXotisme

Je parie que vous brûlez d'envie de me demander si les archives en ligne contiennent des photographies, disons, *exotiques*, mais que vous n'osez pas. Eh bien, la réponse est non.

Cela pour deux raisons, la première étant d'ordre politique. Les entreprises et universités finançant la plupart des sites sur Internet n'ont aucune envie de se voir accusées de pratiques pornographiques, ni de remplir leurs disques onéreux d'images n'ayant aucun lien direct avec leurs activités professionnelles.

La seconde raison est d'ordre pratique. Il arrive parfois qu'une personne (un homme généralement) mette à la disposition de tous les utilisateurs, via FTP anonyme, sa collection privée de photographies classées X. En moins de cinq minutes, une vague de quelques milliers de jeunes étudiants déferle sur ce petit coin d'Internet, provoquant un raz de marée paralysant. Quelques minutes après, pour le bien-être de tous, ces images sont alors retirées.

Transférer des fichiers par courrier électronique

Que faire si vous ne disposez pas de connexion FTP, et que votre unique moyen d'accès à Internet soit votre messagerie électronique ? Toutes ces petites merveilles vous seraient-elles inaccessibles ? Heureusement non.

Certains hôtes bienveillants fournissent des services FTP via e-mail. En d'autres termes, ces hôtes vous permettent tout simplement de transférer des fichiers par courrier électronique. Ce n'est certes pas aussi bien qu'un accès FTP direct, mais c'est mieux que rien. Les serveurs proposant de tels services ne sont pas nombreux, aussi traitez-les avec égard. Observez particulièrement les règles suivantes :

- Soyez modéré dans vos demandes. Lorsque vous recevez un fichier non texte (rappelez-vous que les fichiers compactés ou archivés ne sont pas considérés comme des fichiers texte lorsqu'il s'agit de transfert FTP, quel que soit leur contenu), celui-ci inclut également des informations codées, de sorte que la taille totale du message est égale à la taille du fichier plus 35 %. Si vous transférez sur votre système un fichier de 100 Ko par exemple, vous recevrez un message de 135 Ko. Si vous utilisez un système commercial où vous devez payer les services de messagerie, vous trouverez probablement que le transfert par courrier électronique coûte cher. (Dans ce cas, essayez un service gratuit tel que AT&T Mail ou MCI Mail, ou même un fournisseur Internet public procurant un accès FTP direct.)

- Soyez patient. La plupart des systèmes FTP via e-mail limitent leur service. En outre, dans la mesure où ces services sont énormément sollicités, plusieurs jours peuvent parfois s'écouler avant que vous n'obteniez de réponse. Si vous envoyez une demande, et que vous ne receviez pas de réponse sur-le-champ, *ne l'envoyez pas de nouveau*.

- Avant de contacter un serveur universel, vérifiez si le système depuis lequel vous souhaitez récupérer des fichiers ne possède pas lui-même un serveur. Si c'est le cas, utilisez-le, car vous obtiendrez vos informations plus rapidement que par un serveur général.

BITFTP est le serveur FTP par courrier le plus couramment utilisé. A l'origine, il était destiné aux utilisateurs de *BITNET*, un vieux réseau à dominance IBM proposant de nombreux services de messagerie, mais aucune connexion FTP. Les américains utilisent généralement le serveur *biftp@pucc.princeton.edu* situé à l'université de Princeton. Les utilisateurs européens quant à eux préféreront utiliser *bitftp@vm.gmd.de* situé en Allemagne.

Avant de vous lancer, pensez à envoyer un message d'une ligne contenant le mot *help*. Cela pour deux raisons essentielles : pour voir si le message d'aide contient des informations intéressantes, et pour vérifier que vous et le serveur êtes capables de vous échanger des messages. N'essayez pas de transférer des fichiers avant d'obtenir ce message d'aide.

Le message envoyé à un serveur BITFTP est plus ou moins identique à la séquence de commandes que vous saisissez lors d'une session FTP interactive. Par exemple, pour récupérer un fichier texte contenant l'index FYI d'INTERNIC (INTERnet Network Information Center) à *ftp.internic.net*, envoyez le message suivant :

```
FTP ftp.intenic.net
USER anonymous
cd fyi
```

Chapitre 17 : Identifier et manipuler les différents types de fichiers

```
get fyi-index.txt
quit
```

Vous pouvez également entrer des commandes cd et get si nécessaire. Toutefois, soyez raisonnable, vous ne voulez pas submerger votre boîte aux lettres.

Comment savoir quels fichiers demander ?

Si vous êtes chanceux, quelqu'un vous aura envoyé une note vous indiquant ce que vous pouvez demander. A défaut, vous pouvez demander une liste des répertoires, puis le fichier qui vous intéresse lors d'une requête ultérieure, comme ceci :

```
FTP ftp.intenic.net
USER anonymous
cd fyi
dir
quit
```

De nombreux systèmes proposent une liste complète de répertoires sous forme de fichier au niveau du répertoire source. Ce fichier s'intitule généralement *ls-lR* ou *ls-lR.Z*. (Ce nom bizarre provient de la commande UNIX utilisée pour le créer.) Si un tel fichier existe, essayez de l'obtenir plutôt que d'envoyer des tonnes de commandes dir. Vous pouvez également vous procurer le fichier *README* qui indique généralement où se cache la liste des répertoires.

Si vs pvz lr cc vs svz dcdr

Jusqu'ici, nous n'avons abordé que les transferts de fichiers texte par courrier. Mais qu'en est-il des 95 pour 100 de fichiers disponibles qui ne sont pas des fichiers texte ? Pour ce type de fichiers, une ruse existe sous le nom de *uuencode*. (Ce procédé est également traité dans le Chapitre 11, car il est utilisé pour transmettre des fichiers binaires sur USENET.) Le programme uuencode déguise des fichiers binaires en fichiers texte. Ces fichiers ont généralement l'aspect suivant :

```
begin plugh.exe 644
M390GNM4L-REP3PT45G00I-05[I5-6M30ME,MRMK760PI5LPTMETLMKPYMEO
T39I4905B O5YOPV30IXKRTL5KWLJROJTOU,6P5;3;MRU050I4J50I4...
```

Le programme *uudecode* permettra de décoder ces informations pour récupérer le fichier dans sa forme d'origine. Lorsque la taille d'un fichier est très importante, sa version codée est divisée en plusieurs messages, auquel cas vous devrez enregistrer tous ces messages dans l'ordre dans un fichier d'accueil, et ensuite décoder ce fichier.

Pour récupérer un fichier binaire, vous devez inclure un *mot clé* uuencode dans la ligne de commande FTP. Ce mot clé indiquera au programme d'encoder ce qu'il doit récupérer. Comme de coutume, vous y ajouterez également une commande binaire pour que le fichier soit transféré en mode binaire. Par exemple, pour rapatrier la liste compactée du répertoire */INFO* sur le système *wuarchive.wustl.edu*, envoyez le message suivant à BITFTP :

```
FTP wuarchive.wustl.edu uuencode
USER anonymous
binary
cd info
get ls-lR.Z
quit
```

Vous devez d'abord décoder ce fichier, puis le décompacter (comme si vous l'aviez directement transféré).

Si vous ne disposez pas d'une version du programme uudecode, mais que vous ayez accès à un *compilateur C* (ou à quelqu'un sachant s'en servir), le premier fichier que vous devez récupérer doit être le programme uudecode lui-même. A *wuarchive.wustl.edu* dans le répertoire */info/ftp-by-mail* se trouve un fichier intitulé *uuconvert.c*, qui est une version supérieure de uudecode pouvant décoder des fichiers multiples envoyés en groupe de plusieurs messages.

Les fichiers Mac sont souvent décodés au moyen d'un programme différent de type uuencode intitulé *BinHex* (voir le Chapitre 5 pour les détails).

Chapitre 18
FTP : les meilleurs morceaux

Dans ce chapitre...

Des gigaoctets d'informations
Le hit-parade FTP
Les systèmes universitaires

Des gigaoctets d'informations

Des centaines de gigaoctets d'informations sont accessibles via FTP sur Internet, tout le problème consiste à savoir où les trouver. (Pour mémoire, FTP est l'acronyme de *File Transfer Protocol*. Ce protocole permet de transférer des fichiers d'un endroit à l'autre sur Internet. Reportez-vous au Chapitre 16 pour tous les détails.) La liste présentée ici contient quelques systèmes que vous pouvez consulter. Toutefois, avant de vous lancer, lisez les recommandations qui la précèdent.

Recommandations anonymes

N'oubliez jamais que tous les *serveurs FTP anonymes* (hôtes sur lesquels vous n'avez pas de compte, qui vous permettent d'ouvrir des sessions pour effectuer des transferts FTP) ne doivent leur existence qu'à la bienveillance de certaines personnes. Un serveur FTP anonyme peut disparaître du jour au lendemain si le fournisseur du service le souhaite. Aussi, veillez à respecter les règles suivantes pour ne pas l'offenser :

- Prenez bonne note des heures d'ouverture généralement indiquées dans le message d'accueil. Ces hôtes peuvent dépendre de fuseaux horaires différents du vôtre. Si un serveur de New York autorise son utilisation entre 18 h et 8 h et que vous habitez à Paris, vous devrez vous connecter entre 12 h et 2 h.

- Ne téléchargez aucun fichier sur le serveur à moins d'en avoir été invité par le propriétaire du système. (Le cas échéant, le matériel téléchargé doit bien évidemment correspondre au type d'informations recueillies par ce serveur.)

Miroir, miroir...

De nombreuses archives font l'objet d'*écriture miroir*, ce qui signifie que le contenu d'une archive est copié mécaniquement depuis le serveur domestique vers d'autres serveurs. Les systèmes recevant ces copies sont généralement plus rapides que les serveurs domestiques. Ils sont mis à jour quotidiennement, de sorte que tout ce qui se trouve sur le serveur domestique se trouve également sur les systèmes recevant ses copies miroir. Aussi, il est souvent plus simple d'avoir recours à un système miroir qu'au serveur principal.

Si plusieurs systèmes miroirs sont disponibles, connectez-vous au système le plus proche. En vérité, cette proximité est fonction du nombre de connexions de réseaux qui vous séparent, et non des kilomètres. Toutefois, dans la mesure où ce nombre de sauts est pratiquement impossible à définir, utilisez le système le plus proche de vous physiquement. Si possible, connectez-vous à un serveur situé dans votre propre pays, les liaisons internationales étant relativement lentes et encombrées.

Plan de route

Pour tous les serveurs FTP anonymes présentés dans ce chapitre, vous devez ouvrir vos sessions sous le nom utilisateur *anonymous*. Pour le mot de passe, utilisez votre adresse électronique.

De nombreux serveurs possèdent un petit fichier intitulé *README* qu'il est conseillé de rapatrier dès la première session. Ce fichier contient généralement une description des fichiers disponibles et des règles à respecter.

Si vous ne trouvez aucun fichier intéressant sur un serveur FTP, consultez le répertoire intitulé *pub* (pour public) avant de fermer votre session. Les systèmes UNIX ont pour habitude de rassembler toutes leurs bonnes choses dans ce répertoire.

Le hit-parade FTP

La suite de ce chapitre dresse la liste de quelques systèmes FTP disponibles. Chacun d'eux comporte les informations suivantes :

- Nom et localisation du système.
- Règles particulières à respecter.
- Courrier ou autre accès non FTP, éventuellement.
- Informations disponibles.

> **Si vous n'avez pas de connexion FTP**
>
> De nombreuses archives disposent de méthodes de transfert de fichiers autres que FTP. La plupart de ces méthodes sont des serveurs de courrier. Pour démarrer, envoyez un message contenant le mot *help* à l'adresse d'un serveur de courrier. Il vous fera alors parvenir ses indications d'utilisation.
>
> Ces serveurs sont tous plus ou moins différents, et sont sujets à des améliorations fréquentes. Aussi, il ne serait d'aucune utilité de vous fournir des indications détaillées à ce propos. D'une façon générale, vous utilisez quelques commandes pour envoyer un message indiquant ce que vous voulez, et vous recevez la réponse du serveur dans votre boîte aux lettres.
>
> La plupart des serveurs de courrier ont des capacités limitées, de sorte que si un serveur reçoit plus de demandes qu'il n'est capable de traiter en un jour, votre requête risque d'attendre sa réponse quelques jours. Toutefois, dans la mesure où tout cela est gratuit, il est difficile de se plaindre.

UUNET

UUNET Communications, Virginie
Connexion FTP acceptée exclusivement en provenance d'hôtes dotés de noms enregistrés.
Informations également disponibles sur uucp (système commuté disponible sur UNIX et DOS) via 1-900-GOT-SRCS, service payant.

UUNET est probablement le plus grand système d'archives disponible sur Internet. Il possède des tonnes de logiciels (principalement pour UNIX en code source), du matériel posté sur USENET, des fichiers et documents provenant de plusieurs éditeurs et distributeurs, et des copies miroirs d'autres archives sur Internet.

SIMTEL20

wsmr-simtel20.army.mil
White Sands Missile Range, Nouveau-Mexique
Copies miroirs sur wuarchive.wustl.edu, oak.oakland.edu, ftp.uu.net, nic.funet.fi, src.doc.ic.ac.uk, archie.au, et nic.switch.ch.
Serveurs de courrier : listserv@ndsuvm1.bitnet, listserv@rpiecs.bitnet

SIMTEL-20 est le plus grand système proposant du matériel MS-DOS. Il possède également de nombreuses données pour Mac, CP/M et UNIX. A l'heure où vous lirez ceci, SIMTEL aura probablement disparu, car c'est un ancien ordinateur DEC-20 qui revient très cher à l'armée. Toutefois, les systèmes miroirs seront toujours disponibles.

WUARCHIVE

wuarchive.wustl.edu
Université de Washington, Missouri

WUARCHIVE comprend de nombreux fichiers et programmes. Ce système comprend également beaucoup de copies miroirs d'autres archives de programmation, et des mégaoctets de données sur DOS, Windows, Macintosh et autres systèmes informatiques populaires. C'est également là que vous trouverez la plus grande collection d'images GIF et JPEG d'Internet.

RTFM

rtfm.mit.edu
Institut de Technologie du Massachusetts, Massachusetts
Serveur de courrier : mail-server@rtfm.mit.edu

RTFM contient toutes les questions les plus fréquemment posées sur USENET. C'est une mine d'informations couvrant absolument tous les domaines, techniques ou non. Consultez les répertoires *pub/usenet-par-groupe* et *pub/usenet-par-catégorie*.

RTFM dispose également d'une base de données expérimentale d'adresses USENET, répertoriant les adresses électroniques de chaque personne ayant envoyé un message sur USENET. Cette base de données se trouve dans le fichier *pub/usenet-adresses*.

INTERNIC

ftp.internic.net
INTERnic Network Information Center, Californie

Cette gigantesque base de données contient toutes les informations concernant Internet, y compris des copies de toutes les normes et documents RFC définissant le réseau. INTERNIC possède également des informations concernant de nombreux autres systèmes FTP disponibles sur Internet.

NSFNET

nic.nsf.net
National Science Foundation c/o MERIT, Michigan
Serveur de courrier : nis-info@nic.merit.edu

Le réseau NSFNET est (ou plutôt était) le plus grand réseau de base d'Internet. Il détient de nombreuses informations administratives des plus ennuyeuses, ainsi que quelques statistiques intéressantes sur la taille et la croissance d'Internet. Consultez *statistics/nsfnet*. Par exemple, en juillet 1993, le réseau NSFNET a véhiculé 38 490 966 200 paquets de données, pour un total de 7 367 382 469 700 octets, desquels 42 pour 100 étaient des données FTP.

Des publications NSF ne concernant pas le réseau lui-même sont disponibles sur *stis.nsf.gov*, serveur de courrier *stisserv@nsf.gov*.

La liste des listes

ftp.nisc.sri.com
SRI International, Californie
Serveur de courrier : mail-server@nisc.sri.com

Cherchez dans le répertoire *netinfo* le fichier *interest-groups*, ou la version compressée *interest-groups.Z*. Ce fichier contient une liste assez complète des listes de messagerie publiques sur des thèmes très diversifiés.

Les systèmes universitaires

De nombreux sites regorgent d'informations qui ne manqueront pas de fasciner la communauté universitaire.

Sciences sociales

Coombs.anu.edu.au
Université Nationale Australienne

Cette banque de données contient de nombreux documents sur les sciences sociales, des bibliographies, répertoires, thèses et autres matériels.

Culture virtuelle

byrd.mu.wvnet.edu dans le répertoire /pub/ejvc
Arachnet Electronic Journal of Virtual Culture, Virginie

Pour plus d'informations sur le journal EJVC, connectez-vous via e-mail à m034050@marshall.wvnet.

Kermit

watsun.cc.columbia.edu dans le répertoire kermit
Archive Kermit, Université de Colombie, New York

Kermit est un programme de communication commutée populaire tournant sur pratiquement tous les types d'ordinateurs connus. Parmi les nombreuses versions proposées, vous ne manquerez pas de trouver la version correspondant à votre ordinateur. Si vous avez des ordinateurs connectés à Internet, et d'autres qui ne le sont pas, mais qui sont équipés de modems, vous pouvez les relier entre eux à l'aide de Kermit.

Logiciel numérique

netlib@research.att.com
Bell Labs, New Jersey
Serveur de courrier : netlib@research.att.com (New Jersey),
netlib@nac.no (Norvège) et netlib@draci.cs.uow.edu.au (Australie)

Depuis plus de trente ans, les scientifiques écrivent des programmes à des fins spécifiques, telles que *résoudre les équations linéaires des systèmes épars*. Si vous savez ce que cela signifie, et si vous êtes intéressé, ne vous lancez pas dans la conception d'un programme sans avoir préalablement consulté *netlib*.

Compilateurs

iecc.com
I.E.C.C. Massachusetts
Serveur de courrier : compilers-server@iecc.com

Ce service propose des archives du groupe USENET *comp.compilers*, ainsi que de nombreux documents variés, bibliographies et programmes destinés aux concepteurs de compilateurs. Il contient également des documents pour le Journal de la traduction en langage C (*Journal of C Language Translation*).

Contrairement à la plupart des services sponsorisés par de grandes entreprises, celui-ci est géré et financé par un seul individu qui pense qu'abriter un noeud Internet dans sa propre maison est amusant.

Demandez à Archie

Ce chapitre ne vous présente qu'une petite poignée de sites disponibles sur Internet. Il en existe beaucoup trop pour pouvoir tous les mentionner, sans compter que des sites apparaissent tous les jours. Par chance, vous disposez d'un allié pour vous aider à trouver le matériel FTP dont vous avez besoin : *Archie*. Reportez-vous au Chapitre 19 pour tout savoir sur Archie, le localisateur en ligne des systèmes FTP.

Quatrième partie
Les outils de navigation (pour une pêche miraculeuse)

«JE PENSE QUE CELA RÉPOND À NOTRE QUESTION : NON, CE N'EST PAS UNE BONNE IDÉE D'ESSAYER DE TÉLÉCHARGER LA TOTALITÉ D'INTERNET EN UNE SEULE FOIS».

Dans cette partie...

Comme je l'ai déjà trop souvent mentionné, Internet est vraiment gigantesque ; si gigantesque que trouver les informations recherchées est désormais une véritable gageure, à moins évidemment de posséder certains remèdes miracles. (Imaginez une immense bibliothèque, ne disposant d'aucun fichier alphabétique, thématique ou autre, dans laquelle chaque rayon serait organisé, indépendamment, au fur et à mesure des arrivées. Peu attrayant, n'est-ce pas ?) Alors, quels sont donc ces remèdes miracles ? Il s'agit tout simplement des quatre nouveaux outils de navigation et de recherche d'informations : Archie, Gopher, WAIS et WWW présentés dans les chapitres suivants.

Chapitre 19
Archie

Dans ce chapitre...

J'ai lu quelque chose à ce sujet...
Archie via telnet
Cherchez !
Archie en direct
Xarchie
Archie via e-mail

J'ai lu quelque chose à ce sujet...

Toutes les informations que vous recherchez (et toutes celles que vous voudriez si vous saviez qu'elles existaient) sont certainement sur Internet. Mais comment les trouver ? Voilà une bonne question.

Si vous recherchez un logiciel, demandez à Archie.

Si vous connaissez le nom du programme que vous recherchez (ou si vous possédez suffisamment d'informations pour le décrire), Archie fera le tour du monde, de bases de données en bases de données, à la recherche de fichiers correspondant à votre description.

Bien qu'il existe de nombreux serveurs Archie à travers le monde, il est conseillé de contacter un serveur situé à proximité de votre ordinateur, afin de réduire au minimum le routage des données sur Internet. Certains serveurs Archie sont plus souvent sollicités que d'autres. C'est pourquoi vous devez en essayer plusieurs avant de trouver celui qui vous fournira un temps de réponse raisonnable. Si tous les serveurs que vous contactez vous semblent terriblement lents, connectez-vous plus tôt le matin ou plus tard dans la soirée ou envoyez votre requête par l'intermédiaire du courrier électronique (voir "Archie via E-mail", plus loin dans ce chapitre).

Le Tableau 19.1 dresse la liste de quelques serveurs Archie. Si vous tentez de contacter un serveur qui n'est pas disponible, il vous fournit la liste des autres serveurs auxquels vous pouvez vous connecter, de sorte que vous parvenez toujours à contacter l'un d'entre eux.

Tableau 19.1 : Serveurs Archie.

Nom du serveur	Site
archie.rutgers.edu	New Jersey
archie.sura.net	Maryland
archie.unl.edu	Nebraska
archie.ans.net	New York
ds.internic.net	Etats-Unis (géré par AT&T)
archie.mcgill.ca	Canada
archie.au	Australie
archie.th-darmstadt.de	Europe (Allemagne)
archie.funet.fi	Europe (Finlande)
archie.luth	Europe (Suède)
archie.univie.ac.at	Europe (Autriche)
archie.doc.ic.ac.uk	Royaume-Uni et Europe
archie.cs.huji.ac.il	Israël
archie.ad.jp	Japon
archie.kuis.kyoto-u.ac.jp	Japon
archie.sogang.ac.kr	Corée
archie.nz	Nouvelle-Zélande
archie.ncu.edu.tw	Taiwan

Vous pouvez accéder aux serveurs Archie de différentes façons :

- Si vous possédez le *logiciel client Archie* (*archie* ou *xarchie*), vous pouvez directement contacter le serveur à partir de votre machine (reportez-vous aux sections "Archie en direct" et "Xarchie", plus loin dans ce chapitre).

- Vous pouvez utiliser telnet (reportez-vous à la section suivante "Archie via telnet").

- Vous pouvez également envoyer votre demande par l'intermédiaire du courrier électronique (reportez-vous à la section "Archie via e-mail").

Archie via telnet

Essayez la commande *archie* (ou *xarchie* si vous travaillez sous X Windows) pour savoir si vous disposez du logiciel client Archie. Si ce n'est pas le cas, il vous faudra contacter le serveur Archie par l'intermédiaire de telnet. Cependant, avant de vous connecter, il est recommandé de créer un *fichier de consignation* (un fichier dans lequel tout le texte affiché à l'écran est représenté). En effet, Archie envoie très rapidement ses sorties à l'écran : les noms de fichiers, les noms d'hôtes et les adresses Internet défilent à toute vitesse. Aussi, pourquoi tout copier vous-même si vous pouvez le faire automatiquement. Si vous travaillez sous X Windows ou une de ses variantes, telle que Motif, maintenez enfoncée la touche Ctrl, en appuyant sur le bouton de gauche de la souris, et sélectionnez l'option Log to File dans la fenêtre des options principales. Si vous n'utilisez pas X Windows, essayez de savoir s'il existe un programme permettant de consigner les informations affichées à l'écran dans un fichier.

Maintenant, choisissez un serveur, utilisez telnet et connectez-vous en tapant *archie*, comme dans l'exemple suivant :

```
% telnet archie.ans.net
Trying...
Connected to forum.ans.net.
Escape character is '^]'.Archie
AIX telnet (forum.ans.net) IBM AIX Version 3 for RISC System/ 6000
(C) Copyrights by IBM and by others 1982, 1991.
login: archie
```

Archie répond par l'invite suivante :

```
archie>
```

La commande show

Toutes les fonctions des serveurs Archie peuvent être personnalisées pour répondre à vos besoins spécifiques. Vous pouvez donc les modifier. Cependant, tous les serveurs Archie ne sont pas identiques. Alors, avant toute chose, sachez comment est conçu votre serveur d'accueil.

Pour cela, utilisez la commande *show* :

```
archie> show
# 'autologout' (type numeric) has the value '15'.
# 'mailto (type string) is not set.
# 'maxhits' (type numeric) has the value '100'.
# 'pager' (type boolean) is not set.
# 'search' (type string) has the value 'sub'.
# 'sortby' (type string) has the value 'none'.
# 'status' (type boolean) is set.
# 'term' (type string) has the value 'dumb 24 80'.
```

Vous pouvez également utiliser la commande show pour connaître des valeurs spécifiques (pour cela, utilisez par exemple les commandes **show term** ou **show search**). Toutes les variables sont mentionnées plus loin dans ce chapitre, toutefois accordez une attention particulière aux variables *search* et *maxhits*. Il est également conseillé de configurer le paramètre *pager*, qui indique à Archie d'immobiliser chaque page écran remplie pour vous permettre un meilleur contrôle de ses sorties. Il vous suffit alors d'appuyer sur la barre d'espacement pour passer à l'écran suivant.

La recherche : quel casse-tête !

Normalement, Archie cherche un nom qui contient la suite de caractères que vous avez tapée, sans faire de distinction entre les majuscules et les minuscules. Ainsi, si vous cherchez le terme *pin*, vous pouvez obtenir des correspondances telles que *PIN*, *Pinard* ou *sapin*. Si vous utilisez fréquemment Archie, il existe d'autres méthodes de recherche qui permettent un contrôle plus approprié du processus. Le choix de la méthode dépend de ce que vous savez sur le nom de fichier que vous cherchez.

Pour définir le processus de recherche, utilisez la commande *set* :

```
archie> set search sub
```

Archie offre quatre méthodes de recherche différentes, *sub, subcase, exact* et *regex* :

Sub

Cette méthode permet d'obtenir tous les noms de fichiers qui contiennent la sous-chaîne de caractères que vous avez tapée. Elle ne fait pas la distinction entre les casses.

Subcase

Cette méthode renvoie tous les noms de fichiers qui contiennent la sous-chaîne de caractères que vous avez tapée. Elle est sensible à la différence de casse. C'est pourquoi elle ne convient que si vous connaissez la casse utilisée dans le nom du fichier.

Exact

Cette méthode recherche les fichiers correspondant exactement à la suite de caractères que vous avez tapée. C'est la méthode la plus rapide, que vous ne devez utiliser que si vous connaissez le nom exact du fichier que vous cherchez.

Regex

Cette méthode utilise les *expressions régulières (REGular EXpressions)* d'UNIX pour déterminer le modèle de recherche. Elle compare ces expressions à une sous-chaîne de caractères, placée n'importe où dans le nom du fichier. Ces expressions régulières contiennent des caractères spéciaux qui possèdent une signification particulière. En voici quelques exemples :

- Si vous savez que la chaîne de caractères est placée au début du nom, vous pouvez l'indiquer en insérant le symbole ^ (caret) devant la chaîne.

- Si vous savez que le nom du fichier se termine par la chaîne de caractères, placez le signe $ (dollar) en dernière position.

- Le . (point) remplace n'importe quel caractère.

- L'utilisation des crochets [et] permet d'indiquer une suite ou une catégorie de caractères à comparer. Le symbole ^ (caret) placé en première position indique que les caractères situés à l'intérieur des crochets sont à exclure.

- Il est possible d'indiquer plusieurs catégories de caractères dans une recherche. Enfin, si votre chaîne contient un caractère spécial, faites-le précéder par le signe \ (rétrobarre ou barre oblique inverse).

Par exemple, pour trouver les noms de fichiers contenant des chiffres, tapez :

```
prog [0-9]
```

Pour exclure les noms de fichiers contenant des lettres minuscules, tapez :

```
prog [^a-z]
```

Combien de temps êtes-vous disposé à chercher ?

La variable *maxhits* représente le nombre de concordances que le programme Archie va rechercher. Sur de nombreux serveurs, la valeur par défaut pour cette variable est 1 000. Toutefois, pour la plupart des recherches, cette valeur est bien trop élevée. Si vous connaissez déjà le nom du fichier, une valeur comprise entre 10 et 20 devrait vous offrir suffisamment de choix. Si vous ne modifiez pas cette valeur, le programme de recherche Archie continuera à parcourir le monde jusqu'à concurrence de 1 000 correspondances.

Enfin, souvenez-vous qu'Archie affiche ses sorties sur votre écran, et qu'il les enregistre probablement aussi dans un fichier de consignation. Alors, assurez-vous qu'il peut gérer toutes les données que vous avez demandées. Dans l'exemple suivant, la valeur 100 a été assignée à la variable maxhits :

```
archie> set maxhits 100
```

Le Tableau 19.2 dresse la liste de quelques autres variables que vous pouvez définir.

Cherchez !

La commande de base d'Archie est la commande *prog* :

```
prog searchstring
```

Cette simple commande lance tout le processus de recherche. La nature et la portée de la recherche dépendent des variables que vous avez définies.

Tableau 19.2 : Autres variables.

Variable	Fonction
autologout	Détermine la durée d'inactivité autorisée avant qu'Archie ne vous mette à la porte.
mailto	Définit l'adresse électronique utilisée par la commande mail.
pager	Dirige les sorties d'Archie vers un programme qui immobilise chaque écran complet. L'utilisateur peut afficher l'écran suivant en appuyant sur la barre d'espacement. La commande *set pager* permet à la fois d'activer ou de désactiver le programme. Aussi, pour savoir si le programme est actif, utilisez d'abord la commande *show*.
sortby	Trie les sorties en fonction des paramètres suivants : *hostname* par nom d'hôte et par ordre alphabétique, et inversement pour *rhostname* ; *time* du plus récent au plus ancien, et inversement pour *rtime* ; *size* par taille dans l'ordre décroissant, et inversement pour *rsize* ; *filename* par nom de fichier, dans l'ordre alphabétique, et inversement pour *rfilename*. L'option par défaut est *unsorted*, les données affichées ne sont pas triées.
status	Permet d'afficher la progression du processus de recherche, ce qui peut être rassurant lorsque le programme Archie est très lent.
term	Définit le type de terminal que vous utilisez afin que le programme adapte vos sorties. Dans le doute, tapez *vt100*.

Dans l'exemple suivant, la commande prog permet de trouver quels types de logiciels de polices sont disponibles :

```
archie> prog font

Host csuvax1.murdoch.edu.au (134.115.4.1)
Last updated 00:23 31 Jul 1993

Location: /pub/MUPS
    FILE    rw-r-r-    4107 Nov 16 1992 font.f
    FILE    rw-r-r-    9464 Nov 16 1992 fontmups.lib

Host sifon.cc.mcgill.ca (132.206.27.10)
```

```
Last updated 04:22 11 Aug 1993


Location: /pub/packages/gnu
   FILE    rw-r-r-    628949 Mar 9 19:16 fontutils-0.6.tar.z


Host ftp.germany.eu.net (192.76.144.75)
Last updated 05:24 7 May 1993


Location: /pub/packages/gnu
   FILE    rw-r-r-    633005 Oct 28 1992 fontutils-2.5.1.tar.z

Location: /pub/gnu
   FILE    rw-r-r-    1527018 Nov 13 16:11 ghostscript-fonts-
2.5.1.tar.z


Host ftp.uu.net (192.48.96.9)
Last updated 08:17 31 Jul 1993


Location: /systems/att7300/csvax
   FILE    rw-r-r-    1763981 Mar 5 23:30 groff-font.tar.z


Host reseq.regent.e-technik.tu-muenchen.de (129.187.230.225)
Last updated 06:26 10 Aug 1993


Location:/informatik.public/comp/typesetting/tex/tex3.14/
DVIware/laser-sett ers/umd-dvi/dev
   FILE    rw-r-r-    51 Sep 24 1991 fontdesc
```

```
Host nic.switch.ch (130.59.1.40)
Last updated 04:48  7 Aug 1993


Host nic.switch.ch (130.59.1.40)
Last updated 04:48  7 Aug 1993


Location:/software/unix/TeX/dviware/umddvi/misc
    FILE    rw-r-r-    607 OCT 2 1990 fontdesc
```

La commande whatis pour tout comprendre

Vous avez obtenu beaucoup d'informations, mais savez-vous les interpréter ? En fonction de la version que vous possédez, Archie peut vous aider à comprendre. Certains programmes sont fournis avec une description. Dans ce cas, la commande *whatis* peut se révéler très utile. Elle permet de lancer une recherche de nature différente. La chaîne que vous avez entrée est comparée aux éléments d'une base de données contenant des descriptions logicielles, et non plus à des noms de fichiers. Si vous cherchez des logiciels particuliers, indépendamment de leur dénomination, vous pouvez utiliser la commande whatis pour affiner votre recherche.

Dans l'exemple suivant, la commande whatis a été utilisée à la place de prog pour effectuer la recherche sur les programmes de polices :

```
archie> whatis font

afm2tfm         Translate from Adobe to TeXfage support)
gftodvi         Converts from metafont to DVI format
gftopk          Converts from metafont to PK format
gftopxl         Converts from metafont to PXL format
her2vfont       Hershey fonts to 'vfont' rasterizer
hershey         Hershey Fonts
hershey.f77     Hershey Fonts in Fortran 77
hershtools      Hershey font manipulation tools and data
```

hp2pk	HP font conversion tool
jetroff/bfont	Jetroff Basic Fonts
jis.pk	The JTeX .300pk fonts (Japanese language support)
k2ps	Print text files with Kanji (uses JTeX fonts) (Japanese language support)
mkfont	Convert ASCII font descriptions <-> device-independent troff (ditroff) format
ocra-metafont	METAFONT sources for the OCR-A "Alphanumeric Character Sets for Optical Recognition"

Note : Vous remarquerez que le terme *font* (terme clé de la recherche) apparaît dans le nom de certains fichiers, mais pour d'autres il est uniquement contenu dans leur description.

Comment transférer les informations

Archie est très performant lorsqu'il s'agit de chercher des informations mais il ne vous est d'aucune aide si vous désirez récupérer le fruit de cette recherche sur votre ordinateur. En revanche, si vous possédez xarchie, vous pouvez extraire les données sans problème. Dans le cas contraire, vous devrez faire ce qu'Archie a dû faire pour trouver les informations : utiliser *FTP (File Transfer Protocol)*. Dans la mesure où vous ne possédez pas forcément de compte sur les systèmes trouvés par Archie, vous pouvez utiliser FTP anonyme (connectez-vous sous le nom utilisateur générique *anonymous*. Utilisez ensuite la commande *cd* pour accéder au répertoire voulu, puis les commandes get et mget pour récupérer les fichiers. Reportez-vous au Chapitre 16 pour les détails.

Après vous être connecté à un ordinateur hôte via FTP, vous pouvez lister le contenu du répertoire contenant les fichiers qui vous intéressent (utilisez la commande *ftp dir* pour obtenir le contenu d'un répertoire éloigné) ainsi que ceux des sous-répertoires avoisinants.

Archie en direct

Si vous tapez directement la commande **archie** et que le programme vous renvoie un commentaire en vous expliquant comment l'utiliser, vous avez de la chance. Cela signifie que vous pouvez utiliser directement le programme client Archie, sans utiliser telnet pour vous connecter à un serveur Archie. Utiliser Archie depuis une ligne de commande présente l'avantage de pouvoir diriger ses sorties vers un fichier particulier, comme dans l'exemple suivant :

```
$ archie -ld font > fontfich
```

Cette ligne de commande permet de consigner le fruit de votre recherche dans un fichier nommé fontfich, que vous pouvez ensuite consulter en utilisant n'importe quel éditeur de texte ou lecteur de fichier. Sachez cependant que le programme client est limité et que vous devrez consulter un serveur Archie via telnet pour profiter de toutes les ressources du programme Archie. Par exemple, vous ne pouvez pas définir toutes les variables décrites dans la section "Archie via telnet", ni utiliser la commande *whatis*.

L'utilisation directe d'Archie requiert parfois des lignes de commande très complexes. Vous pouvez spécifier la nature de la recherche, le serveur Archie que vous désirez utiliser, ainsi que le format des sorties. Si vous indiquez uniquement la chaîne de caractères à rechercher (sans y ajouter de modificateur), le programme Archie recherche 95 concordances maximum. Reportez-vous à la section précédente "Archie via telnet" pour connaître les différentes méthodes de recherche ainsi que les options disponibles.

Le Tableau 19.3 dresse la liste des modificateurs que vous pouvez indiquer.

Tableau 19.3 : Modificateurs de recherche.

Modificateur Archie	Equivalent telnet	Signification Archie
-c	subcase	Définit un mode de recherche sensible à la différence de casse.
-e	exact	Permet de rechercher la concordance exacte de la chaîne (option par défaut).
-r	regex	Permet de lancer la recherche en fonction des expressions régulières.
-s	sub	Définit la recherche de tous les noms comprenant une chaîne de caractères donnée.
-l		Liste une concordance par ligne.
-t	sortby	Trie les sorties du programme Archie par date, en commençant par le fichier le plus récent.
-m#	maxhits	Détermine le nombre maximal de concordances à renvoyer (la valeur par défaut est 95).

Tableau 19.3 : Modificateurs de recherche (suite).

Modificateur Archie	Equivalent telnet	Signification Archie
-h		Indique quel serveur Archie utiliser.
-L		Indique la liste des serveurs Archie et spécifie le serveur courant par défaut.

Dans l'exemple suivant, le serveur *archie.ans.net* est utilisé pour réaliser une recherche de type regex sur 50 fichiers maximum dont les noms contiennent des chiffres :

```
$ archie -r -m50 -h archie.ans.net "[0-9]"
```

La combinaison [0-9] est encadrée de guillemets afin qu'elle ne puisse pas être confondue avec le nom d'un fichier. Les combinaisons contenant des caractères autres que des lettres ou des chiffres sont placées entre guillemets.

Xarchie

Si vous avez la chance de travailler sous X Windows (ou un de ses proches parents), et que vous avez accès à xarchie, utilisez-le. Il vous permet de définir tous les paramètres par l'intermédiaire du menu principal et du menu Settings. De plus, après avoir réalisé votre recherche, archie vous permet de faire défiler la liste des hôtes et des fichiers, et de sélectionner ceux qui vous intéressent en cliquant avec la souris (voir la Figure 19.1).

Après avoir sélectionné un fichier, si vous choisissez l'option Ftp du menu principal, xarchie se métamorphose en version junior du programme FTP pour transférer ce fichier dans votre système local. Il le place alors dans votre répertoire courant ou dans un répertoire que vous aurez préalablement indiqué dans le menu des paramètres (voir la Figure 19.2).

Archie via e-mail

Si vous ne pouvez pas contacter de serveur Archie par l'intermédiaire de telnet (soit à cause des limitations de votre connexion de réseau, soit parce que vous n'avez pas réussi à ouvrir de session avec un serveur Archie), ne vous découragez pas, tout n'est pas encore perdu. Vous pouvez en effet

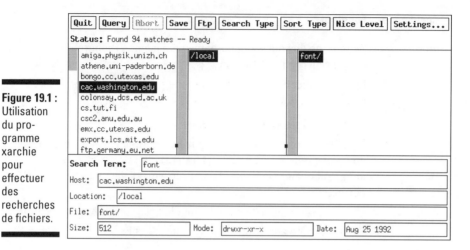

Figure 19.1 : Utilisation du programme xarchie pour effectuer des recherches de fichiers.

Figure 19.2 : Paramètres de configuration du programme xarchie.

transmettre votre requête par l'intermédiaire du courrier électronique. Si vous avez l'intention de lancer une recherche importante, mais que vous ne souhaitiez pas attendre la réponse, c'est une excellente solution.

La connexion à Archie via e-mail n'offre pas autant de possibilités que celle via telnet. Elle permet néanmoins de réaliser des recherches importantes. Pour envoyer une requête à Archie, utilisez l'adresse électronique suivante : *archie@nom.du.serveur* en remplaçant *nom.du.serveur* par le nom d'un serveur Archie.

Le corps du message que vous envoyez doit contenir les commandes que le programme Archie devra exécuter. Vous pouvez entrer un nombre illimité de commandes, chacune d'entre elles débutant au début d'une ligne. Voici les principales commandes :

Commande	Fonction
prog	Recherche des noms concordants ; réalise une recherche par expression régulière (regex).
whatis	Indique le mot clé pour une recherche par description logicielle.
compress	Envoie la réponse dans un format codé et compressé.
servers	Envoie une liste de serveurs Archie.
path	Indique l'adresse électronique que le programme Archie doit utiliser pour vous répondre, au cas où l'adresse de retour générée automatiquement et figurant dans votre message ne serait pas correcte.
help	Envoie le texte du fichier d'aide pour le programme Archie via e-mail.
quit	Clôt la requête adressée au programme Archie.

Les commandes les plus communes sont *prog* et *whatis*. Elles s'utilisent de la même façon que dans Archie via telnet.

Archie jouit maintenant d'une popularité considérable, à tel point que chaque serveur Archie doit souvent gérer des dizaines de demandes en même temps, tout le temps, et tous les jours. Aussi, ne vous étonnez pas si parfois Archie (via telnet ou en direct) se révèle *très très* lent. Le cas échéant, il peut être préférable d'envoyer votre demande via e-mail. Ainsi, Archie dirigera sa réponse vers votre boîte aux lettres que vous pourrez consulter quand bon vous semblera. L'utilisation du courrier électronique présente un autre avantage pour les textes longs, dans la mesure où il est plus facile de manipuler un message de 400 lignes que 400 lignes d'informations défilant à toute vitesse sur votre écran.

Chapitre 20
Gopher

Dans ce chapitre...

Bienvenue dans le monde de Gopher
Le bon, le mauvais et l'abominable
Mais où donc puis-je trouver Gopher ?
Faites un tour au pays de Gopher
Mémento Gopher du système UNIX
Comment passer facilement d'un système à l'autre
Veronica, à l'aide !
Les signets
Le Gopher haut de gamme

Bienvenue dans le monde de Gopher

Au fur et à mesure qu'Internet s'est étendu, les utilisateurs ont dû affronter deux problèmes majeurs. Tout d'abord, la masse d'informations disponible est tellement importante qu'il est désormais difficile d'en trouver une en particulier. (Archie tente de répondre à ce même type de problème.) La seconde difficulté réside dans le fait qu'il existe de nombreux moyens différents pour accéder à différentes ressources (telnet, FTP, finger, archie, etc.), et qu'il est devenu très difficile de mémoriser les différentes commandes sans risque de confusion.

Gopher résout parfaitement ce problème en réduisant presque tout à l'état de menu. Lorsque vous lancez Gopher, celui-ci affiche un menu. Vous sélectionnez ensuite une option, et un nouveau menu apparaît. Après avoir parcouru un certain nombre de ces menus, vous accédez enfin à un menu contenant de véritables options. Certaines sont des fichiers que Gopher peut afficher, envoyer via e-mail ou copier sur votre ordinateur. D'autres permettent d'ouvrir des sessions telnet et d'accéder à certains services proposés par des hôtes. Enfin, Gopher contient des options de recherche qui vous demandent d'entrer une chaîne de recherche, le nom ou une partie du nom du fichier que vous recherchez.

La structure de Gopher peut également s'apparenter à l'organisation des répertoires sur votre disque, dont certaines entrées sont composées de fichiers et d'autres de répertoires. Que vous le considériez comme un ensemble de menus ou de répertoires, Gopher tient sa force dans le fait que n'importe quelle option de n'importe quel menu peut résider sur n'importe quel hôte. Il n'est pas rare qu'un menu contienne des options issues d'hôtes différents. Gopher se charge automatiquement de trouver l'information que vous cherchez, quelle que soit sa localisation. Il arrive parfois que vous utilisiez sans le savoir une douzaine de serveurs Gopher différents dans une seule session.

Ce modèle d'une grande simplicité se révèle être également d'une grande efficacité. Gopher est généralement le moyen le plus rapide, le plus simple et le plus amusant d'explorer Internet et de trouver les informations dont vous avez besoin.

En quelques années, Gopher a remporté un tel succès qu'une version améliorée a été écrite et baptisée Gopher+. Heureusement, les deux versions présentent peu de différences. Gopher+ permet simplement de gérer plus d'informations que son prédécesseur. Les deux versions sont si proches qu'elles sont interchangeables, et leurs options peuvent cohabiter dans un même menu.

Pour quelle raison l'a-t-on baptisé Gopher ?

Ce programme a été baptisé Gopher pour deux raisons. La première vient du sens même de *gopher*, qui en anglais signifie spermophile, un petit rongeur besogneux (voisin de l'écureuil), qui travaille sans relâche pour le bien-être de sa famille. La seconde est en fait issue d'un jeu de mots établissant un rapprochement phonétique entre Gopher et go fer (va chercher), car Gopher va chercher vos fichiers.

Le fait que la mascotte de l'université du Minnesota, où le programme Gopher a été écrit, soit un spermophile, est bien entendu un pur *hasard*.

Le bon, le mauvais et l'abominable

Tous les services mentionnés jusqu'ici disposaient d'une série de programmes clients fonctionnant sur différents systèmes (le client est le programme que vous lancez sur votre ordinateur et le serveur est le programme situé à l'autre extrémité). Toutefois, et bien qu'ils semblent parfois différents, tous ces programmes clients offrent les mêmes fonctionnalités.

Gopher est différent. Un bon client offre beaucoup plus de possibilités qu'un mauvais client. En particulier, Gopher entre dans l'époque du multimédia avec ardeur, alors que le programme client classique d'UNIX (le programme Gopher d'origine disponible sur tous les sites telnet) ne peut traiter que du texte. Il vous indique, par exemple, que le programme possède une merveilleuse illustration, mais que vous ne pouvez malheureusement pas la consulter. Par contre, un bon programme client trouve immédiatement l'illustration, la copie sur votre ordinateur, et l'affiche sur votre écran à l'intérieur d'une fenêtre.

Ainsi, par souci d'équité, les deux programmes clients Gopher sont traités ici : l'abominable programme Gopher d'origine du système UNIX et HGOPHER, un programme client sophistiqué de Microsoft Windows, écrit en Angleterre par Martyn Hampson. (Les deux programmes sont disponibles gratuitement, et je sais *quant à moi* lequel choisir.)

Mais où donc puis-je trouver Gopher ?

Le nombre de systèmes proposant des serveurs Gopher croît de jour en jour. La plupart de ces serveurs ne s'adressent qu'à des clients Gopher, et non aux simples mortels qui utilisent telnet. Si vous pouvez disposer d'un client Gopher, utilisez-le. Il est plus rapide et plus souple que la version telnet. Le nom exact du programme diffère d'un système à l'autre. La version Mac la plus courante est connue sous le nom de *Turbogopher*. Il existe également une version expérimentale de Microsoft Windows appelée *Gopherbook*, qui présente les menus de Gopher comme les pages d'un livre.

Si vous ne possédez pas votre propre programme client, vous pouvez utiliser Gopher via telnet, ce qui est toujours mieux que rien. Le Tableau 20.1 dresse la liste des hôtes offrant un accès à Gopher via telnet. Dans la mesure où presque tous les serveurs Gopher partagent les mêmes ressources (ou peuvent consulter la liste de tous les systèmes Gopher du monde, située dans le Minnesota), vous pouvez trouver votre information sur n'importe quel Gopher. Aussi, sélectionnez un serveur situé à proximité de votre ordinateur. *Note :* Sauf indication contraire, s'il vous invite à vous présenter (login), ouvrez votre session sous *gopher*.

Faites un tour au pays de Gopher

Laissez tomber la théorie et lancez Gopher dès à présent. Si vous disposez d'un client Gopher sur votre système, tapez **gopher** (dans le doute, essayez

Tableau 20.1 : Serveurs Gopher.

Pays	Adresse du serveur	Login
Allemagne	gopher.th-darmstadt.de	
Australie	info.anu.edu.au	*info*
Autriche	finfo.tu-graz.ac.at	*info*
Canada	nstn.ns.ca.	*fred*
	camsrv.camosun.bc.ca	
Chili	tolten.puc.cl	
Danemark	gopher.denet.dk	
Equateur	ecnet.ec	
Espagne	gopher.uv.es	
Etats-Unis	consultant.micro.umn.edu	
	seymour.md.gov	
	gopher.msu.edu	
	twosocks.ces.ncsu.edu	
	cat.ohiolink.edu	
	wsuaix.csc.wsu.edu	*wsuinfo*
	arx.adp.wisc.edu	*wiscinfo*
	scilibx.ucsc.edu	*infoslug*
	infopath.ucsd.edu	*infopath*
	sunsite.unc.edu	
	ux1.cso.uiuc.edu	
	panda.uiowa.edu	
	grits.valdosta.peachnet.edu	
	gopher.virginia.edu	*gwis*
	ecosys.drdr.virginia.edu	
	gopher.ora.com	
	gopher.netsys.com	*enews*
Islande	gopher.isnet.is	
Italie	siam.mi.cnr.it	
Pologne	gopher.torun.edu.pl	
Royaume-Uni	info.brad.ac.uk	*info*
Royaume-Uni	uts.mcc.ac.uk	
Suède	sunic.sunet.se	
Suède	gopher.chalmers.se	

toujours). Avec un peu de chance, vous obtiendrez la page des droits d'auteur. Appuyez sur la touche Entrée et les informations suivantes s'afficheront à l'écran :

```
            Internet Gopher Information Client v1.1

            Root gopher server: gopher.micro.umn.edu -

     >   1 Information About Gopher/
         2. Computer Information/
         3. Discussion Groups/
         4. Fun & Games/
         5. Internet file server (ftp) sites/
         6. Libraries/
         7. News/
         8. Other Gopher and Information Servers/
         9. Phone Books/
         10. Search Gopher Titles at the University of Minnesota <?>
         11. Search lots of places at the University of Minnesota <?>
         12. University of Minnesota Campus Information/
     Press ? for help, q to Quit, u to go up a menu
     Page: 1/1
```

Si vous ne possédez pas de programme client Gopher local, connectez-vous via telnet à un système indiqué dans la section "Mais où donc puis-je trouver Gopher ?" A l'exception de quelques options du menu, la présentation à l'écran est identique pour les programmes clients locaux et les versions telnet. (Si vous utilisez HGOPHER sous Windows, les mêmes options s'affichent à l'écran, mais la présentation est plus conviviale, comme le montre la Figure 20.1.)

Le menu précédent contient deux types d'options. Celles qui sont suivies par le signe / (barre oblique) sont d'autres menus et celles qui sont suivies par <?> sont des options de recherche traitées plus loin dans ce chapitre. Dans HGOPHER, l'icône située à gauche de la ligne vous informe sur la nature de l'option. L'icône représentant une grosse flèche indique que l'option affiche un autre menu, alors que l'icône représentant une petite flèche pointée vers un livre ouvert symbolise une option de recherche. Les icônes représentant

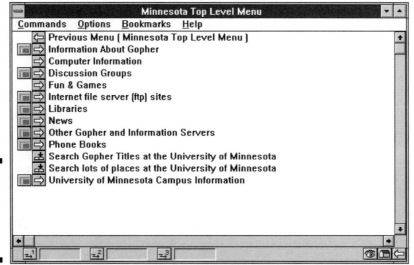

Figure 20.1 :
Un menu de haut niveau typique affiché par HGOPHER.

un carré et situées à l'extrême gauche de la ligne indiquent que l'option contient des informations supplémentaires de Gopher+ (vous pouvez ignorer ces dernières pour l'instant).

Choisissez l'option n° 8 : déplacez le curseur jusque-là (ou tapez le chiffre 8), puis pressez la touche Entrée. Un nouveau menu s'affiche (les haut de page et bas de page ne sont pas reproduits) :

```
 1. All the Gopher Servers in the World/
 2. Search titles in Gopherspace using veronica/
 3. Africa/
 4. Asia/
 5. Europe/
 6. International Organizations/
 7. Middle East/
 8. North America/
 9. Pacific/
10. South America/
11. Terminal Based Information/
12. WAIS Based Information/
```

Si vous sélectionnez North America puis USA, vous obtenez un menu qui dresse la liste de tous les états. Le menu est trop long pour s'afficher intégralement. Une inscription (1/3) en bas de page vous indique que le menu comprend trois pages et que vous consultez la première. Pour afficher la page suivante ou la page précédente, appuyez respectivement sur la touche + ou -. Pour sélectionner une option, il vous suffit de taper son numéro. Si vous connaissez le nom de cette option, vous pouvez également la rechercher en tapant une barre oblique suivie de la première partie de son nom. Appuyez ensuite sur la touche Entrée.

L'indexation laisse à désirer

Après quelques utilisations de Gopher, vous remarquerez sans doute un manque de cohérence dans les différents menus du programme. En effet, Gopher est un système totalement décentralisé, si bien que n'importe qui a la possibilité de mettre au point un nouveau serveur Gopher. C'est très simple. Il suffit, en fait, que l'administrateur système installe quelques programmes et crée quelques fichiers d'index contenant le texte des menus locaux. De même, il est très simple d'insérer dans le menu Gopher, des liens avec une autre option d'un autre programme sans nécessiter la coopération du programme en question.

Ainsi, les serveurs Gopher présentent l'avantage d'être très nombreux sur Internet grâce aux efforts d'utilisateurs bénévoles souhaitant un meilleur accès à leurs données. Malheureusement, ces utilisateurs n'ont souvent aucune connaissance dans les domaines de l'indexation et de la recherche documentaire. C'est pourquoi aucun menu Gopher ne ressemble à un autre, et il n'est pas rare qu'une option apparaisse dans cinq menus différents, sous cinq noms différents.

Autrement dit, il est quelquefois difficile de s'y retrouver, mais cela en vaut toujours la peine.

Quand Gopher cherche, il trouve

Si vous sélectionnez une option de recherche, indiquée par les caractères <?>, Gopher affiche une boîte de dialogue dans laquelle vous devez taper les mots à rechercher. Les options de recherche des serveurs Gopher peuvent être très différentes. L'interprétation de chaque séquence de recherche particulière dépend entièrement du serveur Gopher effectuant cette recherche. Il existe différents serveurs extrêmement intelligents qui permettent d'effectuer toutes sortes de recherches sophistiquées (voir la section "Veronica" plus loin dans ce chapitre).

Enfin, voilà les fichiers

Lorsque Gopher a terminé sa recherche, il affiche un menu contenant des fichiers sous forme d'options. En sélectionnant une de ces options, le contenu des fichiers s'affiche à l'écran, page par page. Lorsque le fichier complet s'est affiché ou si vous avez appuyé sur la touche Q pour le fermer, Gopher affiche le message suivant :

```
Press <RETURN> to continue, <m> to mail, <s> to save, or
<p> to print:
```

Si vous êtes intéressé par un fichier, vous pouvez en obtenir une copie. Pour cela, appuyez sur la touche m. Gopher vous demande alors de préciser votre adresse électronique (E-mail) puis vous fait parvenir une copie dans votre boîte aux lettres. Si vous appuyez sur la touche s, Gopher vous demande d'indiquer un nom de fichier et copie celui-ci sur votre ordinateur (en utilisant FTP de façon transparente). Pour imprimer le fichier, tapez la lettre p. Si vous êtes connecté par l'intermédiaire de telnet, la seule option possible est m, car le disque et l'imprimante sont probablement situés à des milliers de kilomètres de votre terminal.

Si vous êtes relié à partir d'un PC possédant un programme de terminaux comme Crosstalk ou Procomm, vous pouvez généralement télécharger des fichiers à l'aide de systèmes tels que *Kermit* ou *Zmodem*. A la fin d'un document, appuyez sur la touche Entrée pour afficher le menu, puis D (download) pour télécharger le fichier. Gopher affiche une boîte de dialogue vous permettant de choisir la méthode. Si vous êtes connecté à Internet à partir d'un PC, c'est de loin la meilleure façon de copier des fichiers car elle combine le transfert FTP et le téléchargement en une seule étape. Gopher peut transférer tous les types de fichiers.

Mémento Gopher du système UNIX

Le Tableau 20.2 dresse la liste des commandes du programme Gopher de base. Sauf exception, chaque commande prend effet immédiatement.

Le déplacement du curseur grâce aux flèches de direction verticales permet de naviguer dans le menu en cours. La flèche de direction vers la gauche renvoie au menu précédent alors que la flèche de direction vers la droite sélectionne l'option en cours.

Tableau 20.2 : Les commandes du programme Gopher de base d'UNIX.

Commande	Fonction
Entrée	Sélectionne l'option en cours, comme la flèche de direction vers la droite.
u	Renvoie au menu précédent, comme la flèche de direction vers la gauche.
+	Affiche la page suivante du menu.
-	Renvoie à la page précédente du menu.
m	Affiche le menu principal.
chiffre	Affiche une option de menu particulière.
n	Recherche la concordance suivante.
q	Permet de quitter Gopher.
=	Décrit l'option en cours.
Commandes de signets	
a	Ajoute l'option en cours à la liste.
A	Ajoute le menu en cours à la liste.
v	Affiche les signets sous forme de menu.
d	Supprime les signets en cours.
Commandes de fichiers	
m	Envoie le fichier en cours à l'utilisateur via e-mail.
s	Sauvegarde le fichier en cours (pas pour telnet).
p	Imprime le fichier en cours (pas pour telnet).
D	Télécharge le fichier en cours.

Comment passer facilement d'un système à l'autre

Certaines options de menu sont signalées par les caractères <TEL>. Ce sont des options telnet. Lorsque vous sélectionnez une de ces options, Gopher lance automatiquement telnet pour vous connecter à un système fournissant un service. Le plus souvent, vous devez ouvrir une session avec le système éloigné. Dans ce cas, juste avant d'établir la connexion, il vous indique sous quel nom (login) vous devrez vous présenter pour ouvrir votre session.

Il est préférable de noter ce nom, car vous pouvez attendre un certain temps avant que le système contacté par telnet ne vous invite à vous présenter.

Pour retourner au programme Gopher, vous devez fermer votre session avec le système éloigné. Si vous ne savez pas comment procéder, appuyez sur les touches Ctrl+], puis tapez **quit** à l'invite de telnet. (*Note :* Si vous vous êtes connecté à Gopher via telnet et non directement, lisez d'abord l'encadré "Quel programme ai-je interrompu ?)

Certaines options telnet font appel à la version *tn3270* de telnet, qui fonctionne sur les gros ordinateurs IBM. Le principe en est le même mais il est parfois difficile de trouver les touches qui permettent de sortir du programme (reportez-vous aux Chapitres 14 et 15).

Quel programme ai-je interrompu ?

Voici un problème typique, créé par l'avènement des ordinateurs.

Supposons que vous travaillez sous UNIX. Vous ouvrez une autre session avec un système Gopher par l'intermédiaire de telnet. Vous utilisez ensuite ce système pour communiquer via telnet avec un troisième système, et votre session sur ce dernier vous cause subitement des problèmes que vous ne pouvez résoudre. Tout naturellement vous décidez d'interrompre votre session avec cet ordinateur. Pour cela, vous devez taper la formule magique Ctrl+].

Toutefois, cette formule présente ici un problème : cette commande interrompt également la session telnet entre votre ordinateur et le système Gopher. Alors, si vous appuyez sur les touches Ctrl+], à laquelle des deux sessions allez-vous mettre fin ? La première session entre vous et Gopher, la seconde session entre Gopher et le troisième système, ou les deux ?

En fait, c'est la première qui sera interrompue. Alors, comment peut-on arrêter la seconde ? Il existe une astuce : modifiez les caractères d'interruption en tapant les lignes suivantes :

```
Ctrl/]
telnet> set escape ^X
```

Note : Les caractères ^ (caret) et X indiquent au premier programme telnet que vous utiliserez désormais Ctrl+X pour interrompre la session. Vous pouvez maintenant taper la séquence Ctrl+] pour interrompre la seconde session de telnet. Si Gopher lui-même ne répond plus, vous pouvez utiliser Ctrl+X pour attirer l'attention du programme telnet local.

(Au fait, une fois que vous avez obtenu son attention, la commande à saisir est **quit**.)

La connexion de Gopher à un système via telnet n'a rien de magique. Si Gopher le fait, vous pouvez le faire également. Si vous trouvez un des systèmes en ligne Gopher intéressant, notez son nom d'hôte, qui s'affiche toujours avant la connexion. Vous pourrez ainsi le contacter vous-même via telnet, sans l'aide de Gopher.

Veronica, à l'aide !

Gopher a très vite été victime de son propre succès. Les serveurs Gopher sont maintenant tellement nombreux que trouver ne serait-ce que le menu dont vous avez besoin est devenu très difficile. *Veronica* tente de résoudre ce problème. Comme Archie, le programme Veronica possède une grande base de données contenant tous les services proposés, et il recense tous les menus Gopher accessibles directement ou (souvent très) indirectement via le Gopher principal du Minnesota.

Veronica est facile à utiliser et se présente en fait comme une option de recherche. Vous pouvez trouver Veronica caché derrière l'option "Other Gophers" (ou une option approchante) dans la plupart des serveurs publics.

Par exemple, pour consulter le dictionnaire en ligne *Jargon Dictionary*, j'ai sélectionné une option Veronica (il y en a généralement plusieurs, une pour chaque serveur Veronica disponible), puis j'ai tapé la chaîne de recherche *jargon dictionary*. Veronica a alors affiché un menu personnalisé, contenant uniquement les entrées correspondant à la chaîne de recherche :

```
1. The Jargon Dictionary File/
2. The Jargon Dictionary File/
3. The Jargon Dictionary File/
4. The Jargon Dictionary File/
5. The New Hacker's Dictionary (computer    jargon) <?>
6. jargon: The New Hacker's Dictionary <?>
7. jargon: The New Hacker's Dictionary <?>
8. Fuzzy search in "The New Hackers Dictionary"
   (jargon.txt) <?>
9. The Jargon Dictionary <?>
10. Computer Jargon Dictionary <?>
```

Les options redondantes indiquent qu'une même ressource est disponible à plusieurs endroits différents. Vous pouvez choisir indifféremment l'une d'entre elles.

Les signets

Gopher offre la possibilité de créer des signets. En parcourant le monde de Gopher, il peut vous arriver de rencontrer un menu que vous voudrez retrouver plus tard. La solution idéale pour cela est de noter soigneusement tous les menus successifs qui ont permis d'y accéder, et c'est tout à fait ce qu'un ordinateur est capable d'accomplir, beaucoup mieux qu'une personne.

Ainsi, pour ajouter un signet à l'option en cours, appuyez sur la touche *a* minuscule. Pour marquer le menu en cours, tapez la lettre *A* majuscule.

Pour visualiser et utiliser vos signets, tapez *v*. Gopher affiche alors un menu contenant tous vos signets. Ce menu s'utilise comme n'importe quel autre menu. Vous pouvez également le réduire en tapant *D* (*delete*) pour supprimer l'option en cours.

Vous pouvez utiliser Gopher de façon optimale en accédant très rapidement aux options que vous utilisez le plus.

Si vous utilisez le client Gopher directement, vos signets sont enregistrés dans un fichier, de sorte qu'ils sont accessibles à chaque nouvelle session. Par contre, si vous contactez Gopher via telnet, les signets sont (malheureusement) détruits après chaque session.

Le Gopher haut de gamme

Laissons de côté cette interface archaïque, et passons à l'admirable HGOPHER.

La Figure 20.2 montre un écran type du programme HGOPHER. Les icônes, disposées en colonne, indiquent le type des fichiers. L'icône représentant une paire de lunettes indique un fichier texte, alors que celles marquées d'une flèche signalent un menu. La petite flèche pointant vers un livre ouvert indique une option de recherche. Les unités 1101 signalent un fichier binaire. Enfin, les options telnet (aucune n'apparaît sur cette figure) sont signalées par des icônes représentant un petit terminal.

Microsoft Windows permet d'afficher plusieurs fenêtres actives sur le même écran. C'est pourquoi les options qui ne sont pas des menus sont affichées dans leur propre fenêtre. Les options texte s'affichent dans l'éditeur Bloc-notes standard, et les options telnet ouvrent une fenêtre telnet. Pour sauve-

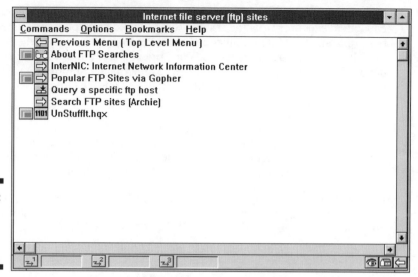

Figure 20.2 :
Un menu type du programme HGOPHER.

garder un fichier, inhibez le mode de visualisation (cliquez sur le petit oeil situé dans le coin inférieur droit de l'écran) pour passer en mode de copie de fichier. Pour chaque nouveau fichier, HGOPHER vous demande de préciser le nom sous lequel vous désirez l'enregistrer.

Si vous avez récupéré un fichier en mode de visualisation, vous pouvez en réaliser une copie en l'enregistrant sous un nom *différent* de celui assigné par le programme HGOPHER. Lorsque vous fermez la fenêtre de visualisation, le programme détruit alors le fichier qu'il a créé, mais si vous avez effectué une autre copie, celle-ci reste sur le disque.

HGOPHER comprend Gopher+ et peut ainsi donner beaucoup plus de précisions sur le format des fichiers que les simples clients Gopher. Par exemple, Gopher+ peut identifier une image bitmap enregistrée dans un format GIF (voir le Chapitre 17). Il peut également vous informer qu'un fichier est disponible dans plusieurs formats, par exemple en format PostScript et en format texte. L'icône optionnelle située à l'extrême gauche du nom de fichier est l'icône de type de fichier de Gopher+, que vous pouvez sélectionner pour voir les types du fichier correspondant.

HGOPHER propose une liste de programmes de visualisation. Si vous disposez d'un programme shareware pouvant afficher les fichiers de format GIF, essayez d'y insérer la liste des programmes lecteurs, puis cliquez sur une option de fichier GIF de Gopher+. Le fichier sera alors automatiquement copié sur votre ordinateur et affiché par un programme de lecture GIF.

Incontestablement, la fonction la plus intéressante de HGOPHER est sa capacité d'exécuter trois tâches en même temps. Vous pouvez cliquer sur trois options de fichiers, et il copie instantanément ces trois fichiers à l'intérieur de trois fenêtres différentes. Vous pouvez continuer à parcourir les menus Gopher pendant que le transfert s'effectue. Le nombre de transferts pouvant s'effectuer simultanément est limité à trois (le fait de passer d'un menu à l'autre nécessite également un transfert).

Ainsi, vous pouvez lancer le transfert d'un gros fichier, comme une image à haute résolution, et continuer à parcourir les menus Gopher pendant que la copie s'effectue. Cette possibilité justifie à elle seule l'utilisation du programme HGOPHER, même s'il *n'était pas* disponible gratuitement.

Il y aurait encore beaucoup à dire sur HGOPHER, mais comme c'est le cas pour toutes les applications Windows, rien ne vaut la pratique. Alors aiguisez votre souris, et démarrez.

Archie ou Gopher ?

Vous vous demandez peut-être pourquoi Archie et Gopher existent puisqu'ils proposent tous deux les mêmes fonctions : la recherche et la récupération de fichiers. Ne sont-ils donc pas redondants ?

Oui et non. Leur principe fondamental est légèrement différent : Archie constitue un index pour les transferts de fichiers FTP, et Gopher est un système à base de menus.

En fait, dans la pratique, ils se sont révélés tout à fait complémentaires. Dans le Chapitre 19, vous avez vu qu'il existait au moins cinq manières différentes d'envoyer une requête à Archie (telnet, FTP, etc.). Les spécialistes de Gopher ont établi que les options de recherche du programme Gopher constituaient un moyen aussi bon qu'un autre pour envoyer une demande à Archie. Aussi ont-ils fait en sorte que les noms de répertoires retournés par Archie s'affichent dans Gopher sous forme de menus, et les fichiers sous forme d'options. C'est cette petite astuce technologique qui vous permet d'utiliser Gopher pour récupérer des fichiers trouvés par Archie. Un mariage rêvé !

Chapitre 20 : Gopher

AÏE ! LE PROBLÈME EST LÀ. CETTE ARMOIRE EST UN PEU «SHORT» POUR LE SERVEUR.

Chapitre 21
WAIS

Dans ce chapitre...

Présentation générale
Un problème d'interface
WAIS : version classique
WAIS : le haut de gamme
Le logiciel de demain

Présentation générale

Si vous aimez rassembler le plus d'informations possibles sur un sujet donné, *WAIS (Wide Area Information Servers)* est incontestablement ce qu'il vous faut. Ce logiciel, capable de se déplacer parmi les bases de données du monde entier, a été conçu pour la récupération d'informations sur réseaux.

Les créateurs de cette petite merveille sont des experts dans le domaine de la recherche d'informations et des bases de données, travaillant pour Thinking Machines, Apple Computer et Dow Jones. Bien que WAIS ait été conçu à l'origine pour fournir un accès à des bases de données privées (telles que celles vendues par Dow Jones), la plupart des informations accessibles via WAIS sont aujourd'hui gratuites. Par exemple, Thinking Machines met à la disposition de tous les utilisateurs d'Internet un supercalculateur CM-5 accessible gratuitement via WAIS.

Tapez quelques simples mots décrivant ce que vous recherchez, et WAIS plonge immédiatement dans toutes les bibliothèques spécifiées, à la recherche de documents correspondant à votre description. Contrairement à Archie et Veronica, WAIS effectue ses recherches à l'intérieur des documents, il ne se contente pas d'en repérer les titres. Ce type de recherche exige beaucoup plus de travail de la part du serveur (d'où la présence de supercalculateurs). Vous obtenez vos informations plus facilement et plus sûrement dans la mesure où vous ne dépendez plus d'un simple titre pouvant être plus ou moins descriptif.

WAIS effectue également des *remontées d'informations pertinentes*. Autrement dit, après avoir accompli une recherche, il renvoie une liste de documents qui semblent correspondre à votre requête. Vous pouvez alors visualiser quelques-uns de ces documents. Si WAIS n'a pu trouver exactement ce que vous recherchiez, vous pouvez sélectionner d'autres éléments parmi cette liste (les plus *pertinents*), et demander à WAIS d'orienter sa recherche en ce sens.

La norme Z39.50 pour vous servir

Dans un bâtiment anonyme de Times Square à New York se trouve un petit organisme appelé *American National Standards Institute (ANSI)* oeuvrant pour le bien-être de tous, et principalement celui des américains. C'est un organisme de normalisation national membre de l'*ISO*, organisme de normalisation *inter*national.

Le procédé utilisé par WAIS pour communiquer entre ses clients et ses serveurs est fondé sur une norme ANSI officielle du nom de Z39.50. (Cette appellation signifie qu'il s'agit de la cinquantième norme approuvée par le trente-neuvième sous-groupe de la division scientifique de bibliothèque.)

La norme Z39.50 définit les règles à utiliser par un ordinateur pour transmettre une demande de recherche d'informations à un autre ordinateur, ainsi que les règles pour renvoyer les résultats. Des systèmes du monde entier utilisent WAIS, car la plupart des bibliothèques insistent pour qu'il en soit ainsi.

Un problème d'interface

L'interface standard UNIX à base de lignes de commandes n'offre pas un visage très accueillant de WAIS. Les utilisateurs qui *apprécient* ce programme disent de son interface standard qu'elle est absolument inesthétique, peu maniable, voire inexploitable. Je me garderai de vous dire ce qu'en pensent les utilisateurs qui ne l'*apprécient pas*.

Heureusement, des programmes à base de fenêtres sont également disponibles pour la plupart des systèmes multifenêtres (dont X Windows et ses semblables, Microsoft Windows et Mac). Ces programmes, beaucoup plus conviviaux, exploitent bien mieux les possibilités de WAIS.

Si vous avez accès à une interface à base de fenêtres, n'hésitez pas à l'utiliser. Non seulement votre environnement sera plus agréable, mais vous pourrez

Chapitre 21 : WAIS 251

disposer d'un nombre plus important d'options qu'avec une interface standard UNIX.

Sachez que toutes les informations accessibles par WAIS sont également disponibles sur Gopher et WWW (World Wide Web). Aussi, si vous perdez patience avec l'interface du programme WAIS (ou si c'est elle qui vous perd), vous savez que vous avez d'autres possibilités.

WAIS aux commandes de Gopher

Utiliser WAIS par l'intermédiaire de Gopher est très simple. Trouvez un menu WAIS sur la planète Gopher (dans le menu principal, sélectionnez *Other Gopher and Information Sites*, puis *WAIS Based Information*). Sélectionnez ensuite une source WAIS (qui apparaît sous la forme d'une option de recherche), et saisissez les mots à rechercher. Gopher opère alors une recherche WAIS, puis affiche un menu contenant la liste des documents trouvés. Malheureusement, vous ne pouvez pas sélectionner différentes sources, ni effectuer des recherches d'informations pertinentes (options décrites plus loin dans ce chapitre). Toutefois, c'est toujours mieux que de se battre avec l'horrible interface standard.

Vous pouvez aussi accéder à WAIS via WWW. Reportez-vous au chapitre suivant pour les détails.

WAIS : version classique

Si votre système ne dispose pas d'un programme client WAIS local (saisissez les commandes *wais*, *swais* et *xwais* pour le vérifier), vous devrez utiliser telnet pour vous connecter à une machine qui en est dotée. Connectez-vous à *quake.think.com*, le quartier général de WAIS, et ouvrez votre session sous *wais*. Soyez patient, car le lancement du programme peut prendre quelques minutes.

Par où commencer ?

WAIS commence toujours par afficher une longue liste de bases de données qu'il est prêt à consulter :

```
     SWAIS                    Source Selection   Sources: 460
      #      Server                Source                    Cost
     001:    archie.au             aarnet-resource-guide     Free
     002:    munin.ub2.lu.se       academic_email_conf       Free
     003:    wraith.cs.uow.edu.au  acronyms                  Free
     004:    archive.orst.edu      aeronautics               Free
     005:    tp.cs.colorado.edu]   aftp-cs-colorado-edu      Free
     006:    nostromo.oes.orst.edu agricultural-market-news
     007:    archive.orst.edu      alt.drugs     Free
     008:    wais.oit.unc.edu      alt.gopher    Free
     009:    sun-wais.oit.unc.edu  alt.sys.sun   Free
     010:    wais.oit.unc.edu      alt.wais      Free
     011:    munin.ub2.lu.se       amiga_fich_contents       Free
     012:    coombs.anu.edu.au     ANU-Arboriginal-studies   Free
     013:    coombs.anu.edu.au     ANU-Asian-Computing       Free
     014:    150.203.16.2          ANU-CAUT-Academics        Free
     etc...
```

À peu près 500 serveurs sont disponibles. Visualisez cette liste et déterminez, en fonction des titres des bases de données, quels sites ont, selon vous, le plus de chances d'abriter l'information que vous recherchez.

Sélectionner la source

Pour pouvoir vous déplacer dans la liste des bases de données, vous devez d'abord connaître quelques commandes de navigation. La flèche pointant vers le bas ou la lettre *j* (minuscule) vous permettent de vous déplacer vers le bas de la page, et la flèche pointant vers le haut ou la lettre *k* (minuscule) de vous déplacer vers le haut de la page. Une fois en bas de page, si vous continuez à presser la flèche pointant vers le bas, le curseur se replace automatiquement au début de la liste (et réciproquement).

Les sources sont énumérées par ordre alphabétique. Vous passez directement à la page suivante en pressant la touche *J* (majuscule) ou la combinaison Ctrl+V ou Ctrl+D. Pour revenir à la page précédente, utilisez la touche *K* (majuscule) ou la combinaison Ctrl+U.

Si vous connaissez le nom d'une source, vous pouvez la rechercher en indiquant son nom, en entier ou en partie, précédé du signe / (barre oblique). WAIS effectue sa recherche en fonction de la chaîne de caractères que vous aurez saisie, et en commençant par le premier caractère. Par conséquent, pour obtenir "USENET", vous pouvez taper "USE", par exemple, mais pas "NET". WAIS commence toujours par le début de la liste, aussi efforcez-vous de fournir une chaîne de caractères ayant des chances d'être unique.

Après avoir repéré la source qui vous intéresse, vous pouvez y positionner le curseur en tapant le numéro qui lui correspond. ***Note :*** *Positionner* le curseur sur une source et *sélectionner* une source sont deux opérations différentes.

Pour sélectionner une base de données, vous devez donc, en un premier temps, placer le curseur sur la ligne contenant la base de données qui vous intéresse et presser la barre d'espacement ou le point. Vous pouvez sélectionner plusieurs bases de données si vous souhaitez élargir votre recherche. Si, après avoir visualisé les noms de toutes les bases de données, vous ne trouvez rien qui soit susceptible de répondre à votre recherche, sélectionnez la base de données intitulée *Directory of Servers* qui vous fournira davantage de sources.

Les mots clés

Pour que WAIS puisse démarrer sa recherche dans une base de données (y compris une base de données contenant d'autres bases de données), vous devez lui indiquer ce qu'il doit chercher sous forme de mots clés. Ces mots clés doivent décrire du mieux possible l'information que vous recherchez.

Une fois la recherche effectuée, l'écran des résultats s'affiche, indiquant le nombre d'éléments trouvés, le nom des serveurs, des sources, ainsi que leur titre. Ces résultats sont notés sur une échelle de 0 à 1000, 1000 étant attribué à l'élément répondant le mieux à votre demande. (Ces numéros ne sont pertinents que pour une recherche donnée ; la meilleure concordance est toujours 1000, quel que soit le taux de satisfaction qu'elle vous procure.) Les résultats s'affichent par ordre décroissant.

Pour concentrer vos recherches sur un élément en particulier, sélectionnez-le de la même façon que vous avez sélectionné les sources (voir la section précédente).

Une fois l'information trouvée, si vous souhaitez la rapatrier, cette interface ne vous propose rien de mieux qu'une connexion FTP anonyme. Vous devez vous connecter via FTP sous le nom utilisateur *anonymous* (voir le Chapitre 16) au site détenant cette information pour copier les fichiers dans votre système. Evidemment, vous pouvez toujours utiliser Gopher ou World Wide Web (voir le Chapitre 22 pour les détails sur WWW). Heureusement, comme vous allez pouvoir le constater plus loin dans ce chapitre, toutes les interfaces ne sont pas aussi mesquines. L'application xwais, par exemple, vous permet d'ajouter un nouvel élément à votre liste de sources et de relancer vos recherches à partir de là.

Quelques commandes supplémentaires

Les quelques commandes suivantes peuvent également se révéler utiles :

- **m** : Indique à WAIS que vous souhaitez recevoir l'information par courrier électronique ; le programme vous invite alors à entrer votre adresse électronique.
- **s** : Affiche l'écran de sélection des sources (pour commencer une nouvelle recherche).
- **q** : Ferme le programme.

Paramètres strictement optionnels

Le format d'affichage du serveur WAIS est défini par options, certaines pouvant d'ailleurs être indispensables. Pour visualiser et définir les paramètres des options, pressez la touche *o* (minuscule).

```
SWAIS       Option Settings     Options: 6
 #             Optionr          Value
001:          widetitles        on
002:          sortsources       on
003:          sourcedir         tmp/sources-user.13337/
004:          commondir         /sources/
005:          pagerpause        on
006:          maxitems          40
```

L'option widetitles affiche le nom ou l'adresse Internet du serveur. Si ces informations ne vous intéressent pas, il suffit de sélectionner la valeur off pour qu'elles n'apparaissent plus.

Si l'option sortsources est inhibée (off), les sources s'affichent dans l'ordre où WAIS les a trouvées, et non en fonction d'un classement par concordance.

L'option maxitems détermine le nombre maximal de concordances que WAIS devra trouver avant de rendre ses résultats.

Pour modifier une option, sélectionnez-la (placez d'abord le curseur sur la ligne contenant l'option, puis pressez la barre d'espacement, ou tapez le numéro correspondant). Pour faire basculer la valeur d'une option, pressez la barre d'espacement. Pour entrer une valeur particulière, pressez toujours la barre d'espacement, puis tapez la nouvelle valeur à l'invite (le curseur clignotant).

WAIS : le haut de gamme

Si vous avez d'importantes recherches à faire, ou si vous entreprenez d'effectuer des recherches à long terme, pensez sérieusement à vous procurer un client WAIS décent, tel que xwais sur UNIX ou WinWais sur Microsoft Windows. Ces programmes sont dotés d'options supplémentaires vous permettant, par exemple, d'ajouter des sources ou même de définir certains paramètres de sorte que vous puissiez être averti dès qu'une nouvelle information est disponible.

WinWais

WinWais est un client WAIS écrit au Centre de recherches géologiques des Etats-Unis (United States Geological Survey). Il comporte quelques fonctions spéciales vous permettant de choisir des coordonnées géographiques en effectuant des rotations et des zooms avant et arrière sur une image de la planète Terre. Toutefois, dans la mesure où la plupart des bases de données n'incluent pas de concordances de longitude ou de latitude, nous nous limiterons aux éléments de base.

Lorsque vous lancez WinWais, vous obtenez un écran brandissant de nombreux boutons, champs et icônes, comme il sied à une application complexe telle que WAIS. WinWais ne connaît pas les sources de données possibles. Aussi, avant de débuter toute recherche, commencez par rechercher le répertoire des serveurs (Directory of Servers) pour trouver les sources d'intérêt, puis ajoutez les sources trouvées à la liste connue de WinWais.

Vous devez d'abord sélectionner la source à utiliser en cliquant sur le bouton Sources, le gros bouton situé en haut à gauche de l'écran sous le menu File de la Figure 21.1. A ce stade, vous ne disposez que de la source Directory of Servers. Cliquez sur cette source pour l'inclure à la liste des recherches. Validez cette opération en cliquant sur le bouton Done situé en bas de l'écran.

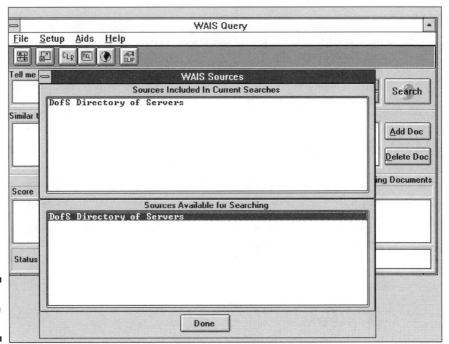

Figure 21.1 :
Sélection de la source.

Si vous entreprenez une recherche très sérieuse de type recette de cuisine, tapez les mots clés **food cooking recipes,** par exemple, dans la fenêtre supérieure, et cliquez sur le bouton Search pour lancer la recherche. Après quelques secondes, WAIS affiche une liste apparaissant dans la fenêtre inférieure, comme le montre la Figure 21.2.

Plutôt que de classer ces sources sur une échelle de 0 à 1000, WinWais leur attribue des notes sous forme d'étoiles (de 0 à 4 étoiles). Les deux premières sources semblent prometteuses.

Pour rapatrier un quelconque fichier, cliquez deux fois sur son nom. Après avoir cliqué sur le premier élément intitulé recipes.src, WinWais affiche son contenu dans une fenêtre, comme le montre la Figure 21.3.

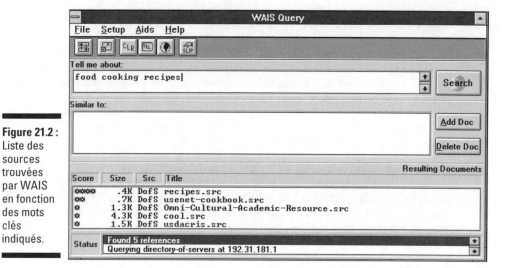

Figure 21.2 :
Liste des sources trouvées par WAIS en fonction des mots clés indiqués.

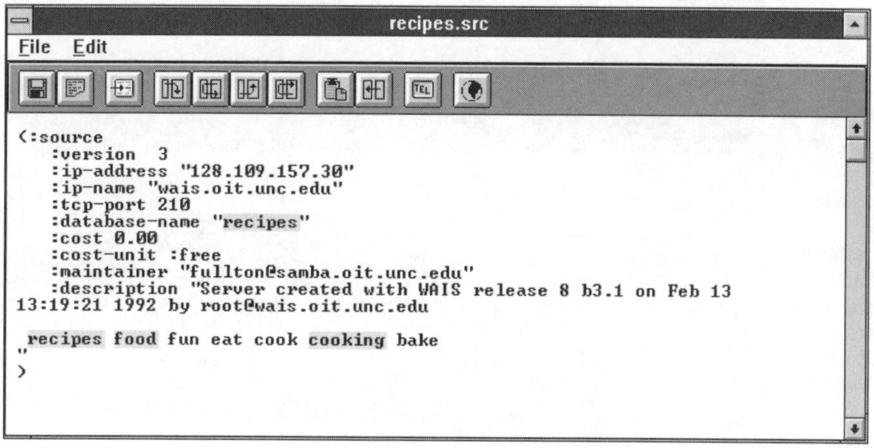

Figure 21.3 :
Une source de recettes.

Pour ajouter une source à la liste permanente des sources, cliquez sur le bouton de sauvegarde (ce bouton, figurant une disquette, est situé à gauche de la Figure 21.3). Si cet élément était un document ordinaire, cette opération l'aurait sauvegardé dans un fichier. Dans la mesure où il s'agit d'une source WAIS, ce bouton fait apparaître une fenêtre vous permettant de modifier les paramètres de la source (possibilité qu'il vaut mieux éviter). Cliquez ensuite sur le bouton Add puis Done pour ajouter la source à la liste de WinWais. Ajoutez la seconde source de la même façon.

La recherche au doigt et à la souris

Pour commencer votre recherche, vous devez inclure les deux sources que vous venez de trouver dans la liste des sources à rechercher. (L'opération précédente les avait ajoutées à la liste des sources connue de WinWais, mais *pas* à la liste de recherche courante.) Vous effectuez donc un nouvel ajout en cliquant sur le bouton Sources, puis sur les deux sources apparaissant maintenant dans la fenêtre inférieure de l'écran Sources. Cliquez sur Done pour obtenir de nouveau l'affichage principal.

L'exécution de la recherche même n'est pas très palpitante. Il suffit de taper les mots clés (**florida pie** dans le cas présent) à l'intérieur de la fenêtre supérieure, puis de cliquer sur le bouton Search. WinWais questionne tour à tour chacune des sources et affiche les réponses obtenues par ordre décroissant (la concordance la plus plausible en premier), comme le montre la Figure 21.4.

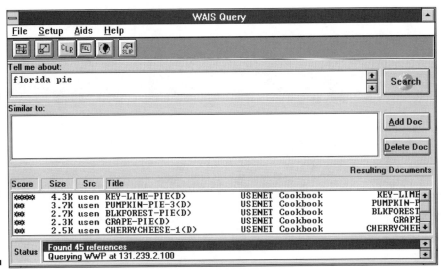

Figure 21.4 : WAIS propose quelques recettes de gâteaux en réponse aux mots clés saisis dans la fenêtre supérieure.

Le premier gâteau affiché dans cette liste est bien un dessert traditionnel de Floride. Il suffit alors de cliquer deux fois sur la première ligne pour récupérer le fichier. Le contenu de ce fichier (dans ce cas, une recette) s'affiche alors dans une fenêtre, comme dans la Figure 21.5.

WinWais met en surbrillance les mots correspondant à la demande. Pour enregistrer cette recette dans un fichier, il suffit alors de cliquer sur le bouton de sauvegarde (celui figurant une disquette) ; pour l'imprimer, cliquez sur le

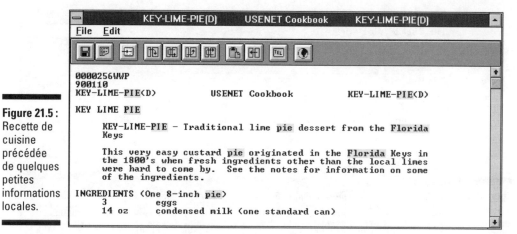

Figure 21.5 : Recette de cuisine précédée de quelques petites informations locales.

bouton d'impression (le deuxième bouton, à côté du bouton de sauvegarde). Les autres boutons vous permettent d'effectuer d'autres manipulations de documents assez simples (consultez le fichier d'aide pour connaître leurs fonctions exactes). Pour retourner à l'affichage principal, il vous suffit alors de valider l'option Done du menu File.

La recherche pertinente

Une fois votre fichier récupéré, vous pouvez retourner à la liste des documents, et la faire défiler pour voir s'il n'y aurait pas d'autres documents intéressants. Si une autre recette vous intéresse, vous pouvez vous demander s'il n'existe pas d'autres recettes de ce type. C'est ici qu'entre en jeu la *recherche pertinente* mentionnée en début de chapitre. Cliquez une fois sur la recette en question (le fait de cliquer une seule fois sélectionne le fichier sans lancer la procédure de transfert), et faites-la glisser dans la fenêtre du milieu. Cette opération l'ajoute à la liste des documents pertinents. Cliquez de nouveau sur le bouton Search, et WAIS se met alors à rechercher des recettes similaires à celle que vous avez sélectionnée. Dans notre exemple, la recette sélectionnée est un Pumpkin Cake, comme le montre la Figure 21.6.

Le logiciel de demain

Avec un programme client décent, WAIS ne manque pas d'apparaître comme un outil de recherche extrêmement puissant. Plusieurs centaines de sources WAIS sont disponibles gratuitement sur Internet, et davantage de versions

260 Quatrième partie : Les outils de navigation

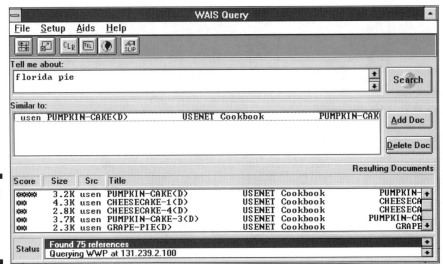

Figure 21.6 : WAIS à la recherche de pumpkin cakes.

commercialisées sont en route sur vos lignes directes. WAIS constitue sans aucun doute l'avenir de la recherche d'informations et de la recherche en bibliothèque. Alors, pourquoi ne pas commencer tout de suite.

Chapitre 22
WWW
(World Wide Web)

Dans ce chapitre...

Pour une recherche exhaustive
Le monde de Web
Enfin célèbre !
Web : une entité à multiples facettes

Les efforts mis en oeuvre pour améliorer l'*interaction* homme-machine ont considérablement contribué à rendre les ordinateurs utiles aux simples mortels.

World Wide Web (ou *WWW*, ou encore *Web* pour les intimes) est une réussite absolue dans la tentative de rendre la recherche d'informations rapide, puissante et intuitive. WWW est issu d'une technologie connue sous le nom de *hypertext* (ou plus justement *hypermédia*, car elle peut traiter, outre le texte, des images graphiques et du son). Cette technologie a été décrite il y a près de vingt ans, mais ce n'est que très récemment qu'elle a pu être mise en application sur des logiciels grand public.

Bien que les concepts d'hypertext soient déjà assez anciens, l'élaboration de la technologie les mettant en oeuvre a été un véritable défi. Par conséquent, même si cette technique semble être la plus *géniale* pour récupérer des données, elle ne constitue pas nécessairement la méthode la plus rapide. Constituer les données pour permettre la recherche d'informations hypertext est encore une tâche très lourde ; c'est une des raisons pour lesquelles l'information n'est pas encore disponible sous cette forme.

Hypertext : une réminiscence

Le terme et le concept d'*hypertext* ont été inventés vers 1969 par Ted Nelson, un éminent informaticien, qui plus est, visionnaire. Depuis plus de 25 ans, Ted s'intéresse à la relation entre l'information et l'informatique (dès le début des ordinateurs, à une époque où une majorité de gens auraient trouvé stupide d'imaginer qu'une telle relation puisse *exister*). Il y a 20 ans, il annonçait que les hommes utiliseraient des ordinateurs de poche dans des sacoches en similicuir.

En 1970, Ted Nelson m'a dit que nous aurions tous un jour sur nos bureaux des petits ordinateurs équipés d'écrans peu onéreux, dotés de systèmes hypertext graphiques. "Impossible", m'empressai-je de répondre. "Pour hypertext, il faut un gros ordinateur doté de capacités de stockage énormes, et un écran haute résolution." Nous avions tous les deux raisons, bien sûr. Les micros que nous avons aujourd'hui sur nos bureaux sont bien des petits ordinateurs plus rapides que les gros systèmes des années soixante-dix, dotés de capacités de stockage supérieures et d'écrans de meilleures résolutions.

De nombreux projets hypertext sont apparus ces vingt dernières années, dont celui de l'Université Brown auquel Ted a participé, et celui de l'Institut de recherche de Stanford (qui a eu des conséquences majeures dans l'histoire de l'informatique puisqu'il a permis aux fenêtres d'écran et aux souris de voir le jour). Le propre système hypertext de Ted, le Projet Xanadu, est en travaux depuis bientôt quinze ans. Cela fait dix ans qu'on annonce sa sortie pour l'année suivante. Qui sait, on le découvrira peut-être l'année prochaine.

Pour une recherche exhaustive

Lorsque vous effectuez des recherches dans une bibliothèque conventionnelle sur un sujet que vous connaissez peu, vous commencez généralement par une petite information, telle qu'un thème ou un nom. Vous cherchez des informations sur ce thème dans la base de données de la bibliothèque constituée de petites fiches rangées dans des tiroirs. Toutes sortes de nouvelles idées peuvent apparaître dans votre esprit sur la façon dont vous pourriez orienter votre recherche vers d'autres thèmes ou d'autres noms. Même si vous notez toutes ces idées, vous devez inévitablement en sélectionner une et abandonner les autres. Vous refermez donc le tiroir en cours pour en ouvrir un autre, et ainsi de suite, si bien que votre recherche peut finalement vous amener dans des sphères très éloignées de votre point de départ.

Au cours de votre recherche, il peut arriver que vous ayez besoin de revenir en arrière pour choisir une des options que vous aviez mises de côté. Si vous avez pris des notes en cours de route, cela pourra s'effectuer sans trop de difficultés, bien que revenir sur vos pas constitue une autre expédition à part entière.

Hypertext organise les données de sorte que ce type de recherche d'informations soit possible. Il place un marqueur dans un tiroir, puis un autre marqueur dans un autre tiroir, et ainsi de suite, de sorte qu'il est possible de suivre une direction voulue et de revenir en arrière pour en sélectionner une autre à tout moment et sans difficulté. Des centaines de marqueurs peuvent être placés dans différents tiroirs sur toute la planète.

Les informations des bibliothèques traditionnelles (à la fois conventionnelles et informatiques) sont organisées de façon hiérarchique, mais quelque peu arbitrairement, en fonction des entrées ou par ordre alphabétique. Ces classements ne laissent absolument rien transparaître des relations pouvant exister entre deux informations. Dans le monde d'hypertext, les informations ne sont pas organisées individuellement, mais en relation les unes avec les autres. En fait, ces relations se révèlent souvent plus précieuses que les informations elles-mêmes.

En outre, un même groupe d'informations peut être classé de plusieurs façons différentes en même temps. Dans une bibliothèque conventionnelle, un livre ne peut être placé sur plusieurs étagères à la fois. Un ouvrage sur la santé mentale, par exemple, sera rangé au rayon Médecine ou Psychologie, mais pas les deux à la fois. Hypertext n'est pas aussi limité. Il n'a aucun problème à établir des liens entre les différents thèmes d'un même document.

Imaginons, par exemple, que vous fassiez des recherches sur la vie d'une personnalité historique particulière afin de découvrir ce qui l'a influencée tout au long de son existence. Vous pouvez commencer par chercher des informations biographiques de base : lieu et date de sa naissance, noms de ses parents, religion et autres précisions de ce type. Vous pouvez ensuite élargir chacun de ces domaines en découvrant ce qui se passait à son époque dans son pays et dans le reste du monde, et quelle influence sa religion pouvait avoir sur elle. Vous établissez un portrait de cette personne en rassemblant toutes ces différentes informations, et en analysant leurs connexions (une tâche qu'il est difficile, voire impossible de réaliser uniquement à partir d'une série de noms et de dates).

Un système hypertext crée ce type de connexion vous permettant de trouver aisément toutes les informations relatives à un élément. Si vous tracez toutes les connexions entre les différents éléments, vous pouvez alors voir se dessiner une toile d'informations (ou *web* en anglais). Le plus remarquable avec Web, c'est qu'il crée des liens entre différentes informations du monde entier, situées dans différentes machines et bases de données, d'une façon quasiment transparente (un exploit hors de la portée d'une recherche au moyen de fiches, à moins d'être excessivement tenace).

Le monde de Web

Différents programmes de balayage hypertext tournent sur les différents types de serveurs WWW (Web). (On parle de *balayage* plutôt que de *lecture*, car vous passez généralement plus de temps à bricoler les liens qu'à lire les informations elles-mêmes ; ces programmes vous donnent également la possibilité d'ajouter des liens et des commentaires de votre cru.) Si vous comprenez en quoi consiste la technologie hypertext, vous comprendrez facilement comment fonctionnent ces programmes. En outre, si vous trouvez que le programme que vous utilisez est compliqué, vous pouvez en essayer un autre. Chaque application traite ses données et votre ordinateur de façon tout à fait subjective, aussi une autre application pourra peut-être se révéler plus adaptée à votre personnalité. C'est essentiellement une affaire de goûts et d'affinités.

Très peu d'hôtes Internet possèdent leur propre programme WWW. Aussi, devez-vous commencer par vous connecter via telnet à un serveur WWW (voir le Chapitre 14 pour plus de détails sur telnet). Les serveurs publics incluent les trois serveurs suivants :

- *info.cern.ch* (Suisse)
- *www.njit.edu* (New Jersey)
- *hnsource.cc.ukans.edu* (Kansas)

Chacun de ces serveurs possède son propre programme, aussi peut-il être intéressant de les essayer tous les trois pour voir celui que vous préférez.

Si vous vous connectez à la machine de l'Université du Kansas, vous devez ouvrir votre session sous **www**. La page d'accueil est la suivante :

```
         Welcome to WWW at the University of Kansas


    You are using a new WWW product called Lynx.  For more infor-
    mation about obtaining and installing Lynx please choose
    About Lynx


       The current version of Lynx is 2.0.10.  If you
       are running an earlier version PLEASE UPGRADE!
```

```
                      WWW sources
        For a description of WWW choose Web Overview
        About the WWW Information Sharing project
        WWW Information By Subject
        WWW Information By type


                      Lynx sources
        University of Kansas CWIS
        History Net Archives


                     Gopher sources
        University of Minnesota Gopher Server (Home of the
        Gopher)
        All the Gopher servers in the world
```

Dans ce système WWW, les liens hypertext sont en surbrillance. Utilisez les touches directionnelles pour vous déplacer, et pressez Entrée pour sélectionner un domaine d'intérêt. Dans d'autres systèmes, tels que *www.njit.edu*, les liens avec d'autres informations sont indiqués par des chiffres entre crochets. Vous devez donc saisir un chiffre pour sélectionner un lien qui vous intéresse :

```
        NJIT WWW entry point [1]
        gopher://chronicle.merit.edu/ [2]
        Overview of the Web [3]
        NJIT Information Technology and World Wide Web Help [4]
```

Les informations disponibles dans les systèmes WWW sont pour la majeure partie les mêmes partout, car les données WWW ne sont pas encore très nombreuses, et elles sont toutes reliées entre elles.

Pour consulter les thèmes proposés par la machine de l'Université du Kansas, par exemple, il suffit de positionner le curseur sur **By Subject**, et de presser Entrée. Une fois cette opération effectuée, voici ce que vous obtenez :

Quatrième partie : Les outils de navigation

> Mathematics   **CIRM Library** a (french) The **International Journal** of
> Analytical and Experimental Modal Analysis. Complex Systems
>
> Meteorology   **US weather.** state by state.   **Satelite Images. Weather index. ANU weather services**
>
> Movies   Movie database browser.
>
> Music   **MIDI interfacing. Song lyrics** (apparently disabled for copyright reasons).   **UK Independant Music.**

Vous pouvez ensuite vous positionner sur la ligne concernant le cinéma par exemple, et presser Entrée. Vous obtenez alors ceci :

> [IMAGE] A hypertext move the Movie
>
> [IMAGE]
>
> Aug 25th.. **Images Soon ?**
>
> [IMAGE]
>
> Select the type of search you'd like to perform: -
>
> **Movie people.....(multi Oscar winners)** or
>
> **Movie titles..... (multi Oscar Winners)**

Chapitre 22 : WWW (World Wide Web)

> Searches the "rec.arts.movies" movie database system, maintained by Col Needham et-al, using a mixture of **Col Needham'movie database package v2.6,** and specially written scripts and programs to search the databases.
>
> **Here** is some information on list maintainers.
>
> Local users can access the database from the command line. See the **Movie** Database directory in /well/lot.
>
> If you have a comment or suggestion, it can be recorded **here**
>
> [IMAGE]
>
> **HERE** is a pre-1986 movie information gopher server. (at Manchester UK)
>
> rec.arts.**movies.reviews** can be found here

Non seulement WWW peut vous connecter à toutes les bases de données qu'il met en surbrillance, mais il peut aussi mandater Gopher pour vous. Les séquences [IMAGE] indiquent les emplacements des liens sous forme de photographies ; telnet ne peut traiter que du texte, par conséquent il ne peut afficher ces images. (Si vous avez la chance de posséder un programme WWW local, vous pouvez sélectionner une de ces images, le programme affiche alors une fenêtre contenant la photo correspondant à cette image.)

Dans l'exemple précédent, j'ai ensuite sélectionné le serveur Gopher (situé à Manchester, Angleterre), mentionné en fin de page, pour obtenir des informations sur les films datant d'avant 1986. A l'invite, j'ai alors saisi la chaîne de caractères **Nicholson** pour lancer une recherche :

> **HERE:** Nicholson
>
> (FILE) **THE BRIDGE ON THE RIVER KWAI**
> (FILE) **CHINATOWN**

```
            (FILE)    THE LAST DETAIL
            (FILE)    ONE FLEW OVER THE CUCKOO'S NEST
            (FILE)    EASY RIDER
            (FILE)    THE POSTMAN ALWAYS RINGS TWICE
            (FILE)    FIVE EASY PIECES
            (FILE)    TERMS OF ENDEARMENT
            (FILE)    REDS
            (FILE)    CARNAL KNOWLEDGE
            (FILE)    THE LAST TYCOON
```

La réponse contenait de nombreuses autres pages encore, chaque titre étant lié à d'autres informations sur le film. Il peut arriver également que WWW lance joyeusement WAIS pour vous, si le lien que vous avez sélectionné mène dans cette direction (voir le Chapitre 21 pour plus d'infos sur WAIS).

Enfin célèbre !

Une autre des merveilleuses fonctionnalités de WWW est sa perpétuelle croissance, et *vous* pouvez y contribuer. Pendant que je visualisais les informations du serveur Gopher, WWW m'a invité à inclure mes propres commentaires. WWW vous sollicite à différents niveaux, si bien que vous pouvez être réellement impliqué dans son évolution. Vous pouvez faire des commentaires sur un thème déjà traité, un tout nouveau sujet que vous voulez aborder, WWW en général, cette version en particulier, et sur bien d'autres choses encore. Vous pouvez déposer vos commentaires avec votre nom, ou garder l'anonymat. WWW vous permet même de demander une réponse des lecteurs éventuels.

Web : une entité à multiples facettes

Les informations affichées par WWW résident dans différents serveurs situés dans le monde entier. WWW contacte automatiquement ces serveurs dès que vous sélectionnez une option les concernant. Outre la liste des thèmes proposée comme point de départ, WWW vous permet également d'accéder à divers autres services de réseau, tels que WAIS (Chapitre 21), telnet (Chapitre 15), FTP anonyme (Chapitre 16), USENET (Chapitre 11), Gopher (Chapitre 20), WHOIS et X.500 (ces deux derniers sont des annuaires électroniques décrits dans le Chapitre 9). WWW fournit des listes complètes de tous ces différents types de serveurs (ainsi que des index), de sorte que vous pouvez littéralement passer d'une machine à l'autre pour vous faire une idée des informations disponibles. Voici, par exemple, une partie de l'index de WAIS fourni par WWW :

```
WAIS INDEXES BY NET DOMAIN


Generated automatically at CERN from the TMC directory of
servers. See also: by index name, by Subject.


ariel.its.unimelb.EDU.AU        unimelb-research,
orion.lib.Virginia.EDU          bry-mawr-clasical-review,
wais.wu-wien.ac.at              cerro-l, earlym-l,
rec.music.early;
archie.au                       aarnet-resource-guide,
                                archi.au-amiga-readmes,
                                archi.au-ls-lRt,
                                archi.au-mac-readmes,
                                archi.au-pc-readmes,
                                au-directory-of-servers,
services.canberra.edu.adir      sun-fixes,
wraith.cs.uow.edu.au            acronyms, netlib-index,
uniwa.uwa.oz.au                 netinfo-biblio, netinfo-docs,
                                s-archive, sas-archive,
                                spss-archive, stats-archive,
alfred.ccs.carleton.ca          amiga-slip, ocunix-faq,
qusuna.qucis.queensu.ca         software-eng,
```

Après avoir sélectionné un serveur, WWW vous connecte directement et vous permet d'effectuer des recherches. Bien entendu, vous pouvez effectuer des recherches WAIS vous-même, mais WWW vous permet d'intégrer tout cela en tissant une toile gigantesque. WWW est une technique de recherche et de récupération d'informations exceptionnellement puissante, qui a un long

Quatrième partie : Les outils de navigation

avenir devant elle. Si vous pouvez convaincre votre administrateur système d'installer un des nouveaux services (comme Gopher, Archie ou WAIS), WWW est incontestablement l'atout qu'il vous faut.

Gopher, WAIS, WWW : la bataille des titans

D'accord, en résumé, je vous ai dit d'utiliser Gopher pour effectuer des recherches de type Archie et WAIS, d'utiliser WWW pour des recherches Gopher, et WWW pour des recherches WAIS. Si vous pouvez tous les utiliser pour procéder à n'importe quel type de recherche, comment savoir lequel convient le mieux et quand ? C'est la confusion totale ! Un petit guide pratique semble indispensable :

- Utilisez Archie si vous essayez de localiser des logiciels ou des fichiers disponibles via FTP.

- Utilisez Gopher si vous cherchez des informations pour lesquelles vous pensez qu'un menu Gopher a été créé. (Après quelques balades sur la planète Gopher, vous saurez à quoi vous attendre.)

- Utilisez WAIS pour rechercher des documents par contenu.

- Utilisez WWW si vous n'avez pas vraiment délimité votre domaine de recherche, car il inclut tous les précédents.

- Les serveurs Archie sont tous surchargés, quel que soit le service que vous sollicitez. Utilisez un client Archie local, telnet ou la messagerie électronique, selon votre humeur.

- Si vous disposez d'un client (programme installé sur votre propre machine) Gopher, WAIS ou WWW local, utilisez-le au lieu de vous connecter via telnet à un autre système, car votre client est plus rapide et plus simple à utiliser que telnet. Les clients Gopher peuvent récupérer des fichiers directement sur votre disque, votre écran, et (si vous en avez) votre haut-parleur, alors que les versions de telnet sont obligées de vous les envoyer par courrier électronique ou de les télécharger au moyen de *Kermit* ou *zmoden* (logiciels de télécommunication de PC).

- Dans la mesure du possible, évitez d'utiliser le programme WAIS à interface texte standard (celui que vous obtenez si vous ouvrez une session telnet sous *quake.think.com*). Il n'est pas très pratique, et il est plus restreint que ses homologues graphiques. Utilisez de préférence un programme local, tel que WinWais ou xwais. Vous pouvez également utiliser Gopher ou WWW pour obtenir WAIS. **Note :** Les remontées d'informations pertinentes (voir le Chapitre 21) ne sont disponibles qu'avec les clients WAIS locaux, et non via telnet, Gopher ou WWW.

- Si vous n'arrivez pas à faire un choix entre ces différentes possibilités, commencez par WWW. Si vous vous apercevez par la suite que ce que vous cherchez est en fait fourni par Gopher ou WAIS, basculez vers ce service.

Cinquième partie
Les petits trucs d'Internet

«JE N'AI PAS L'IMPRESSION QUE NOTRE DERNIÈRE CONFIGURATION DE RÉSEAU FONCTIONNE CORRECTEMENT. TOUTES LES TRANSMISSIONS EN PROVENANCE DE L'OHIO SEMBLE PROVENIR DE MON TAILLE-CRAYON ÉLECTRIQUE».

Dans cette partie...

Nous évoquerons les différents problèmes que vous risquez de rencontrer au cours de votre périple Internet : les difficultés mineures, majeures et celles que vous pouvez éviter.

Vous découvrirez également quelques petits raccourcis, et encore et toujours des petits trucs et des astuces pour vous faciliter la vie sur Internet.

Chapitre 23
Les problèmes courants et comment les éviter

Dans ce chapitre...

La panne de réseau

Quelle est mon adresse ?

Les vrais problèmes de réseau

Comment vous faire des ennemis grâce aux articles et messages électroniques

Les listes de messagerie et les groupes d'utilisateurs USENET

Soyez raisonnable

A l'aide, je ne peux plus sortir de ma connexion !

Une idée capitale

Pourquoi le protocole de transfert de fichiers FTP a-t-il mutilé votre fichier ?

La panne de réseau

Si vous ne parvenez pas à utiliser un service ou à atteindre un ordinateur situé dans un lieu éloigné, vous pouvez penser que le réseau ne fonctionne pas. En fait, ce n'est pas si simple.

En effet, votre ordinateur est relié à l'ordinateur situé à l'autre bout du pays (ou du monde) par une série d'éléments distincts. Ainsi, Internet étant un ensemble de réseaux interconnectés, vos données sont véhiculées par une douzaine de réseaux différents. C'est pourquoi, en théorie, la panne peut provenir de n'importe lequel de ces réseaux. En pratique, les réseaux intermédiaires sont des réseaux partagés très rapides possédant de multiples chemins redondants et permettant un réacheminement automatique. De plus, ils sont soumis à une surveillance permanente. Pour toutes ces raisons, il est peu probable qu'ils subissent une panne. Si, malgré cela, un incident se produit, il est détecté en moins d'une seconde. Les données sont alors immédiatement réacheminées et la panne réparée.

Sachez qu'Internet n'a subi en 20 ans qu'une seule panne grave, provoquée par un problème logiciel et non un incident de câbles. De même, il peut vous arriver de débrancher accidentellement d'un coup de pied le câble qui relie votre ordinateur au réseau. Qui peut s'en apercevoir à part vous ? Voici une liste de détails à ne pas négliger.

Votre ordinateur fonctionne-t-il ?

Votre ordinateur réagit-il correctement aux commandes de base ? Bien que cela paraisse évident, il ne coûte rien de le vérifier. (Voici une histoire vraie : "Allô, l'assistance technique ? Mon ordinateur ne s'allume pas." "Est-il branché correctement ?" "Je ne saurais vous le dire car il y a eu une coupure de courant et toutes les lumières sont éteintes.")

Votre ordinateur est-il relié au réseau local ?

L'étape suivante consiste à vous assurer que vous êtes relié au monde extérieur. La meilleure façon de le savoir est d'utiliser la commande *ping*, qui envoie des paquets à un ordinateur hôte, lequel est censé vous les renvoyer. Cette commande dépend du niveau le plus bas du logiciel de gestion de réseau. Ainsi, si vous n'obtenez pas de réponse, vous pouvez vraisemblablement conclure à une défaillance du réseau ou de l'ordinateur hôte. La plupart du temps, la commande ping n'est pas directement accessible et vous devez parfois taper **/etc/ping** ou **/usr/ucb/ping** pour l'exécuter. (Trouvez l'incantation qui convient et prenez-en bonne note.) L'exécution de la commande ping vous renvoie un message de ce type :

```
% ping nearbyhost
PING nearbyhost : 56 data bytes
64 bytes from 127.186.80.3: icmp_seq=0. time=9. ms
64 bytes from 127.186.80.3: icmp_seq=1. time=9. ms
64 bytes from 127.186.80.3: icmp_seq=2. time=9. ms
64 bytes from 127.186.80.3: icmp_seq=3. time=9. ms
^C
--nearbyhost PING Statistics--
4 packets transmitted, 4 packets received, 0% packet loss
round-trip (ms) min/avg/max = 9/9/9
```

La commande ping s'exécute tant qu'elle n'est pas interrompue par les codes Ctrl+C ou des codes équivalents. Les temps affichés correspondent aux durées approximatives d'acheminement des données (aller-retour) de chaque message. Elles sont mesurées en millisecondes (ms) soit 1/1000 de seconde. Pour des messages envoyés à l'autre bout du monde, le temps d'acheminement peut atteindre 2 000 à 3 000 millisecondes, soit 2 à 3 secondes. Il arrive parfois qu'un message se perde dans le réseau. Cet incident est sans importance car il se produit rarement. Par contre, s'il se produit fréquemment (une fois sur dix), il révèle un encombrement dans le réseau ou une mauvaise connexion à l'un des ordinateurs hôtes.

Si vous ne possédez pas la commande ping, toute autre commande de réseau telle que *finger* ou *telnet* fera l'affaire. Essayez d'abord de contacter un ordinateur proche, de préférence situé sur le même réseau local. (Plus l'ordinateur est proche, plus il y a de chances qu'il soit relié au même câble de réseau. L'idéal est d'essayer avec un ordinateur situé dans le bureau voisin.) Trois cas de figure peuvent se produire :

- Votre ordinateur ne peut pas atteindre l'autre ordinateur.

- Votre ordinateur peut atteindre l'autre ordinateur mais ce dernier ne répond pas.

- Tout fonctionne bien.

Si tout se passe bien, vous pouvez en déduire que votre ordinateur et le réseau local fonctionnent correctement, et passer à l'étape suivante.

Si votre ordinateur prétend que l'ordinateur que vous tentez d'atteindre n'existe pas, vous avez vraisemblablement perdu le contact avec le *serveur de nom*, c'est-à-dire l'ordinateur qui traduit le nom des hôtes en adresses numériques en quatre parties. Si vous connaissez l'adresse numérique de l'ordinateur hôte, sous forme de quatre nombres séparés par des points, utilisez-la. (Si vous ne la connaissez pas, essayez d'aller à cette machine et d'y lancer la commande ping, ce qui devrait faire apparaître - entre autres - son adresse. Si vous n'obtenez toujours pas de résultat, demandez à un expert où vous pouvez vous procurer la liste des adresses.)

Si votre ordinateur peut atteindre l'ordinateur hôte grâce à l'adresse numérique et non par l'intermédiaire du nom, vous avez un problème avec le serveur de nom. Contactez un expert et demandez-lui de l'aide. Si l'adresse numérique marche, mais pas le nom correspondant, cela limite considérablement les possibilités. Si vous êtes un fin limier et que vous connaissez le serveur de nom de votre réseau local (c'est en général celui qui possède le gros disque lorsque vous utilisez des fichiers à distance), essayez d'exécuter la commande ping en spécifiant à la fois le nom et l'adresse numérique. Vous pourrez ainsi savoir si l'accès à cette machine est défaillant.

Si vous essayez en vain de contacter un autre ordinateur, votre ordinateur est probablement déconnecté du réseau. Vous ne pouvez rien faire, à part vérifier si les câbles d'accès au réseau n'ont pas été accidentellement débranchés. Demandez de l'aide à un spécialiste.

Note destinée aux utilisateurs de Token Ring : Si votre réseau local utilise Token Ring (les câbles ressemblent à ceux des lignes téléphoniques et utilisent de gros connecteurs de forme carrée - voir le Chapitre 3), et que vous débranchez accidentellement votre ordinateur, replacer le connecteur dans la prise n'est pas suffisant pour vous connecter de nouveau au réseau. Votre ordinateur doit subir une opération spécifique appelée *insertion de réseau*, qui permet de le présenter à nouveau à ses voisins. Cette insertion nécessite obligatoirement le redémarrage du logiciel de gestion de réseau et parfois même le redémarrage complet de l'ordinateur. Un conseil : placez les câbles de manière qu'ils ne puissent pas faire trébucher les utilisateurs distraits.

Y a-t-il quelqu'un au bout du fil ?

Si vous pouvez contacter un ordinateur hôte, cela prouve que votre ordinateur fonctionne à merveille. Mais qu'en est-il de l'ordinateur hôte ? Vous devez notamment vous renseigner des heures d'accès à certains services qui ne sont disponibles qu'à certaines heures de la journée. Il se peut également que l'on effectue des travaux de maintenance sur cet ordinateur hôte. Egalement, n'omettez pas de vous renseigner sur l'heure locale. En effet, si vous êtes en France et qu'il est 11 heures, il est 2 heures du matin à Los Angeles, c'est-à-dire une heure très prisée pour la maintenance matérielle et logicielle des parcs informatiques.

Egalement, pour des raisons financières, certaines sociétés limitent leur accès à Internet. Ainsi, elles ne connectent leur réseau local à Internet que lorsqu'un de leurs collaborateurs utilise des ressources extérieures. Le reste du temps, elles sont déconnectées.

Si vous savez avec certitude que l'ordinateur hôte est accessible, il est peut-être tout simplement en panne. Essayez de contacter des ordinateurs situés à quelques tronçons de réseau plus loin. (Les différents centres d'information, tels que *is.internic.net*, sont de bons exemples.) Si vous pouvez les atteindre, c'est que le réseau fonctionne bien. Enfin, si vous connaissez quelqu'un qui travaille sur le site de l'ordinateur que vous essayez de contacter, téléphonez-lui pour connaître la nature du problème.

Chapitre 23 : Les problèmes courants et comment les éviter

> ### Ce qu'il faut savoir avant que votre ordinateur ne tombe en panne
>
> Il est plus facile de diagnostiquer les défaillances de réseau si vous avez pris soin de relever un certain nombre d'informations. Les plus importantes sont les suivantes :
>
> Le nom de l'ordinateur hôte _____
>
> Son adresse numérique _____
>
> Votre serveur de nom _____
>
> L'adresse numérique du serveur de nom _____
>
> Un ordinateur proche _____
>
> Son adresse numérique _____
>
> Un ordinateur éloigné _____
>
> Son adresse numérique _____
>
> Votre commande ping _____

Cela vient peut-être du réseau, après tout

Si vous pouvez contacter un ordinateur voisin, cela prouve que votre ordinateur fonctionne bien. Si, par contre, vous ne pouvez pas atteindre les ordinateurs éloignés, il s'agit très certainement d'un problème de réseau. A ce stade, il peut être judicieux d'explorer les locaux et de vous diriger vers l'armoire abritant l'équipement de routage du réseau, afin de vous assurer que personne ne travaille dessus. Souvenez-vous qu'en général une défaillance de réseau local constitue la panne la plus probable. Essayez de contacter des ordinateurs situés dans un même service, puis à un étage différent, et enfin dans un bâtiment différent, afin de connaître l'ampleur de la panne et de déterminer l'endroit où le réseau est déconnecté.

Quelle est mon adresse ?

Avant d'envoyer un grand nombre d'articles et de messages électroniques, assurez-vous que vous connaissez bien votre adresse. Gardez en mémoire que l'adresse Internet de votre société peut être différente de votre adresse au sein de la société. Par exemple, votre adresse interne peut être :

```
tom@calmari
```

et votre adresse pour communiquer avec l'extérieur peut être une des suivantes :

```
tom@calmari.mktg.nebraska.plexxcal.com
Thomas.A.Hendricks@plexxcal.com
```

ou encore :

```
tom%calmari@mktg-gateway.plexxcal.com
```

La meilleure façon de vérifier votre adresse est d'envoyer un message à un serveur de courrier automatique (voir le Chapitre 9). Lorsque vous recevez le message de réponse, vous pouvez lire votre adresse sur la ligne d'en-tête du message. Si vous ne savez pas utiliser un serveur de courrier électronique, envoyez-nous directement un message au siège *The Internet For Dummies*, à l'adresse suivante :

```
dummies@iecc.com
```

Pendant que vous y êtes, ajoutez quelques commentaires sur ce livre, car les messages sont transmis à un répondeur de courrier automatique ainsi qu'à une boîte aux lettres grâce à laquelle les auteurs peuvent lire vos remarques.

Pensez également à noter l'adresse numérique Internet de votre ordinateur (c'est un nombre en quatre parties telles que 127.99.88.77). Cette adresse se révélera très utile lorsque vous aurez à déceler une défaillance de connexion entre votre ordinateur et le reste de la communauté Internet.

Les vrais problèmes de réseau

Si vous tentez de contacter un ordinateur hôte et que vous obtenez une réponse telle que no route to host ou connection refused, vous êtes vraisemblablement en présence d'un problème de réseau. Reportez-vous au chapitre suivant pour de plus amples détails.

Comment vous faire des ennemis grâce aux articles et messages électroniques

Le plus sûr moyen de vous faire des ennemis est d'envoyer des messages ou des articles désagréables et de mauvais goût. Celà a déjà été mentionné dans les Chapitres 8 et 11, mais voici une liste d'erreurs à ne pas commettre :

- N'envoyez pas de messages inutiles. Ce n'est pas parce qu'il est simple d'envoyer un message à 10 000 personnes que cela signifie que c'est une bonne idée.

- N'envoyez pas de message publicitaire. La messagerie électronique d'Internet ne doit pas être utilisée à des fins commerciales. Elle est tout à fait adaptée pour la communication professionnelle, mais ne doit pas véhiculer de publicité tapageuse. Si vous utilisez de telles méthodes, préparez-vous à recevoir des témoignages de haine ainsi que la désapprobation de votre administrateur de système qui risque de vous interdire l'accès au réseau.

- N'ENVOYEZ PAS DE MESSAGE ENTIER EN LETTRES MAJUSCULES SI VOUS NE VOULEZ PAS QUE L'ON PENSE QUE VOUS N'AVEZ PAS SU TROUVER LA TOUCHE DE VERROUILLAGE MAJUSCULES SUR VOTRE CLAVIER. Utilisez les lettres majuscules et minuscules comme vous le feriez sur une machine à écrire. Certains utilisateurs du courrier électronique pensent que la présentation des messages n'a pas d'importance. Ils ont tort.

- Prenez garde ! Votre prose peut paraître plus directe et moins polie à travers le courrier électronique. Un peu partout, de nombreux utilisateurs en ont fait les frais. La messagerie électronique est un moyen de communication amusant, différent du téléphone ou du courrier traditionnel. Il est très facile de se laisser aller à des réponses trop hâtives. Alors, usez d'un peu de retenue.

Les listes de messagerie et les groupes d'utilisateurs USENET

Ce sujet est plus amplement développé dans le Chapitre 10, mais voici un bref rappel :

- Faites bien la différence entre l'adresse que vous utilisez pour vous abonner ou résilier votre abonnement à une liste de messagerie et l'adresse que vous utilisez pour envoyer des messages à cette même liste.

- Prenez connaissance d'une liste de messagerie ou d'un groupe de news au moins une semaine avant d'envoyer un message afin de connaître le sujet traité et de bien comprendre le niveau de discussion. (Par exemple, il existe un groupe d'utilisateurs USENET appelé *comp.arch* qui traite d'architecture informatique. Ils reçoivent chaque mois au moins un message d'un nouvel utilisateur qui n'a pas pris connaissance du sujet et qui pose une question sur les programmes d'archivage. Vous ne commettrez sans doute pas ce type d'erreur.)

- La plupart des listes proposent un message d'introduction et la plupart des groupes envoient périodiquement un message qui introduit le sujet et répond aux questions les plus courantes. Avant de poser votre première question, assurez-vous que la réponse n'est pas contenue dans ce message.

- Si vous répondez à un message en incluant une copie du message original, condensez-le au maximum.

Soyez raisonnable

Les services d'Internet sont gratuits (après s'être acquitté des frais de raccordement au réseau). C'est pourquoi les services les plus populaires sont surchargés et ralentis. Alors, soyez courtois, n'utilisez que ce qui vous est strictement nécessaire et ne gaspillez pas des mégaoctets inutilement, juste parce que vous pensez que cela vous servira peut-être un jour.

A l'aide, je ne peux plus sortir de ma connexion !

Vous pouvez utiliser les commandes telnet et rlogin pour accéder à des services offerts par des ordinateurs situés dans le monde entier. Aussi surprenant que cela paraisse, certains programmes ou systèmes que vous pouvez contacter contiennent des bugs (ou bogues, mot du jargon informatique désignant des erreurs de programmation). Certains même peuvent s'interrompre ou se bloquer.

Voici un problème type que vous pouvez rencontrer : votre ordinateur fonctionne bien mais les commandes ne répondent plus car vous avez tenté de vous connecter via telnet à un service qui est bloqué. Il y a toujours un moyen de s'en sortir, mais il est préférable de le connaître avant de se trouver dans une telle situation. *Note :* Sur les systèmes UNIX, il suffit d'appuyer sur les touches Ctrl+] et de taper **quit** lorsque le message telnet> s'affiche à l'écran. Si vous êtes relié par un serveur de terminal, il est probable que vous ayez quelques lettres supplémentaires à saisir telles que Ctrl+^ suivies d'un X. Si vous utilisez un programme multifenêtre (c'est-à-dire un Mac, Microsoft Windows ou un système UNIX avec le système X Windows) vous trouverez dans la partie supérieure de la fenêtre telnet une commande du menu qui vous permettra de vous déconnecter du réseau.

Vous pourrez rencontrer le même type de problème en utilisant la commande rlogin. Avec la plupart des versions de rlogin, vous pouvez vous déconnecter en appuyant sur Entrée puis sur la touche ~ suivie d'un point, et à nouveau sur Entrée. Il se peut que votre version de telnet ou de rlogin soit différente. Dans tous les cas, la commande telnet vous indique au démarrage quels sont les caractères à taper pour vous déconnecter. La commande rlogin est moins explicite et vous aurez peut-être besoin de recourir aux conseils d'un expert ou de consulter le manuel.

Une idée capitale

Dans les temps reculés de l'informatique, personne ne se souciait des majuscules et des minuscules. Les perforatrices à clavier et les terminaux ne possédaient que des lettres capitales. AINSI, TOUS LES MESSAGES, NOMS DE FICHIERS ET ADRESSES ÉLECTRONIQUES S'AFFICHAIENT EN MAJUSCULES, CE QUI NUISAIT À LA CLARTÉ DU MESSAGE. Depuis que les ordinateurs peuvent afficher les lettres minuscules, ces dernières ont remplacé les lettres majuscules qui ne sont plus utilisées qu'au début d'un nom propre ou pour une raison valable.

L'inconvénient réside dans le fait que certains ordinateurs (notamment ceux utilisant le système d'exploitation UNIX) différencient les lettres majuscules et les lettres minuscules alors que d'autres ne font pas cette distinction. Par exemple, sur le système UNIX, *README*, *ReadMe* et *readme* sont trois fichiers différents, alors que sur les autres systèmes, ils représentent seulement trois manières de taper le nom d'un même fichier. Aussi, lorsque vous récupérez des fichiers via FTP ou RCP, assurez-vous de taper correctement les lettres majuscules et minuscules telles qu'elles figurent dans la liste du répertoire. C'est une précaution qui ne coûte rien et qui est très utile.

Le choix des lettres majuscules ou des lettres minuscules peut également poser un problème pour les adresses électroniques. Selon la norme officielle, la casse n'a pas d'importance dans la partie *domaine* de l'adresse (partie située après le signe @). Par contre, la partie située avant ce signe peut être gérée différemment selon le système destinataire. En théorie, certains systèmes pervers peuvent intercepter Fred@pervers.org et FRED@pervers.org comme étant deux adresses distinctes, bien qu'un tel cas ne se soit encore jamais produit. Dans certains cas, il est nécessaire de taper la première partie de l'adresse dans la casse acceptée par le système le plus élémentaire. (De tels systèmes sont rares, mais il en existe encore.)

Heureusement, il existe une règle qui permet de lever l'ambiguïté. En effet, les systèmes qui font la distinction entre les casses acceptent toujours les lettres minuscules. De cette façon, vous pouvez taper *fred* pour plus de sûreté.

Si vous devez utiliser des adresses combinant domaines et normes UUCP, telles que *flipper!fred@ntw.org*, sachez que le nom de site UUCP (*flipper* dans ce cas) est sensible aux différences de casse. Il existe encore quelques noms d'hôte UUCP qui comportent un mélange de lettres majuscules et de lettres minuscules mais ils sont très rares. Par sécurité, utilisez les lettres minuscules.

Pourquoi le protocole de transfert de fichiers FTP a-t-il mutilé votre fichier ?

Enfin, voici une erreur que tout le monde commet tôt ou tard : en utilisant le protocole FTP pour récupérer un programme ou un fichier comprimé (ZIP, .Z, etc.), vous endommagez le fichier. Le programme se bloque, et le fichier comprimé est détruit. Le disque est-il défectueux ? Ou bien est-ce le réseau qui est altéré ? Ni l'un ni l'autre.

Vous avez simplement oublié d'indiquer au protocole FTP de transférer le fichier en mode *binaire*. Ainsi, il a tenté de copier le fichier en mode *ASCII*. Transférez-le à nouveau, mais en mode binaire. (Tapez la commande *binary* ou *image* avant de transférer le fichier.)

Il est facile d'éviter ce problème en notant la taille du fichier avant et après le transfert. En mode binaire, les deux copies possèdent une taille strictement identique. Si la taille du fichier diffère d'un faible pourcentage après le transfert (par exemple, si une copie occupe 87 837 octets et l'autre 88 202), c'est que vous avez été piqué par le virus du mode ASCII.

Chapitre 24
Comment résoudre les incidents indépendants de votre volonté

Dans ce chapitre...

Le réseau est défectueux

Le protocole FTP serait-il défaillant ?

Les redoutables changements de version

Le réseau est défectueux

Comme mentionné dans le chapitre précédent, il est très rare que le réseau soit affecté. Cependant, certains messages indiquent qu'il n'obéit pas à vos commandes.

La connexion est refusée

Un message du style Connection refused indique que votre ordinateur a tenté de contacter un ordinateur hôte et que l'accès lui en a été refusé. Les raisons possibles sont diverses :

- Vous avez essayé d'utiliser un service que l'hôte ne propose pas. Certains hôtes n'offrent pas tous les services Internet. C'est au responsable de l'hôte de déterminer les services proposés.

- Certains hôtes n'offrent aucun service. Par exemple, si vous tentez de contacter xuxa.iecc.com par l'intermédiaire de finger, FTP ou telnet, vous obtiendrez la réponse suivante : Connection Refused. Cela n'a rien de personnel. En fait, xuxa réside dans mon grenier. C'est un vieux PC 286 qui se contente de transmettre des données d'un réseau à un autre. (Il répond cependant à la commande ping, si vous désirez vérifier son existence.)

- L'hôte ne répond parfois qu'à des messages provenant de certaines adresses. En général, et cela pour des raisons de sécurité, un hôte FTP n'accepte que des messages transmis via telnet ou FTP sur le même réseau.

- D'autres services ne sont accessibles qu'à certaines heures. De nombreux serveurs FTP anonymes ne fonctionnent qu'en dehors des heures de bureau, afin que leur utilisation ne soit pas ralentie pour les utilisateurs professionnels.

L'hôte est introuvable ou le réseau inaccessible

Vous pouvez également obtenir des messages du style No route to host ou Network unreachable. Ces messages indiquent qu'il n'existe aucune connexion de réseau entre votre ordinateur et l'ordinateur hôte. Cette situation se produit lorsqu'un des routeurs de réseau est tombé en panne, à proximité de votre ordinateur ou de l'hôte. L'explication la plus vraisemblable est l'une des suivantes :

- L'adresse numérique de l'hôte n'existe pas : soit vous avez tapé une mauvaise adresse, soit l'adresse d'un programme spécifique a changé. Il se peut également qu'une partie de la base de données qui convertit le nom des hôtes en suite numérique ne soit pas à jour. (Cette base de données, tout comme la majorité du réseau Internet, est maintenue à jour par des bénévoles, qui ne sont pas à l'abri d'une erreur.)

- Un système de sécurité firewall placé entre vous et l'hôte vous interdit de communiquer avec les hôtes situés au-delà de cette barrière. Si le système est placé à l'intérieur de votre entreprise et que vous tentez de contacter un hôte à l'extérieur, une procédure particulière sera nécessaire pour convaincre le système de sécurité de vous laisser l'accès. A défaut, et à moins d'avoir des affinités avec les auteurs du firewall, vous ne pouvez rien faire.

Le silence est total

Il se peut que vous tentiez de contacter un hôte et que vous n'obteniez aucune réponse. Ce silence indique que l'hôte possède une adresse numérique sur un réseau quelconque, mais que lui-même n'existe pas, tout au moins pour l'instant. (Imaginez une rue pour laquelle toutes les adresses sont attribuées mais dont certains immeubles ne sont pas habités.) En général, cela indique que l'hôte est hors service. Essayez à nouveau un peu plus tard.

Parfois, ce silence peut également signifier que l'hôte existe et fonctionne correctement mais qu'il n'offre pas le service que vous désirez. Il peut aussi s'agir d'un firewall qui vous en refuse l'accès. L'idéal serait que l'hôte envoie un message de refus explicite pour indiquer qu'il n'est pas en mesure d'offrir ce service, mais la plupart du temps il ignore le message. Vous pouvez essayer d'utiliser la commande *ping* à la même adresse (voir le Chapitre 23). Si elle fonctionne, c'est que l'on vous ignore. Si vous pensez que l'hôte est censé offrir ce service, vous pouvez envoyer un message courtois, adressé au *postmaster* (responsable) de cet hôte, pour savoir s'il est en panne ou si le service a été transféré.

Le protocole FTP serait-il défaillant ?

Comme mentionné dans le Chapitre 23, la copie d'un fichier avec le protocole FTP fonctionne de manière satisfaisante 9 fois sur 10. Lorsqu'elle échoue, c'est parce que vous avez copié le fichier en mode *ASCII* et non en mode binaire. Cependant, cet échec peut parfois avoir une autre raison.

La première raison possible est la suivante : sur certains ordinateurs, notamment les Macintosh, les noms de fichiers peuvent contenir des espaces. Cela pose un réel problème pour les programmes FTP, car la plupart des autres systèmes considèrent qu'un espace représente la séparation entre deux noms sur une ligne de commande. (En fait, la lecture attentive des spécifications des programmes FTP révèle qu'en théorie ils sont capables de gérer ce problème. En réalité, ce n'est pas le cas, car la plupart des programmes FTP ont été écrits avant l'arrivée massive des Mac sur Internet.) En effet, si vous tentez de récupérer un fichier intitulé *read me*, le programme FTP répond qu'il n'existe pas de fichier du nom de *read*. La seule façon de contourner ce problème est de modifier le nom du fichier à copier.

Il existe une série d'options très peu utilisées dans les programmes FTP (si peu utilisées que beaucoup de programmes ne les contiennent pas). La plupart de ces options furent créées pour accepter les particularités des systèmes DEC-20, les machines les plus utilisées sur le réseau ARPANET (le prédécesseur d'Internet) dans les années 1970. Elles n'ont pratiquement plus cours aujourd'hui. Ainsi, si vous désirez utiliser une de ces antiquités, votre version du programme FTP risque fort de ne pas être adaptée. Cela peut se produire si vous tentez d'extraire un programme MS-DOS des archives FTP sur SIMTEL-20 (*wsmr-simtel120.army.mil*), qui est certainement le dernier survivant de la série des DEC-20 sur Internet. Vous devez lancer la commande tenex pour indiquer au programme FTP qu'il doit utiliser un format de transfert de données particulier, utilisé par TOPS-20. Certaines versions multifenêtres sophistiquées du programme FTP ne possèdent pas d'options tenex. Si vous êtes un utilisateur d'une de ces versions, vous n'avez pas de chance. Heureusement, le parc SIMTEL-20 est doublé à différents endroits par des ordinateurs qui ne sont pas des DEC-20 et, par conséquent, qui n'utilisent pas le mode tenex (voir Chapitre 18). En fait, lorsque vous lirez ce passage, il est probable que SIMTEL aura été définitivement envoyé aux oubliettes ; il a déjà 20 ans d'existence.

Les commandes FTP permettant de transférer des fichiers d'un ordinateur à un autre (aucun n'étant celui que vous utilisez) sont censées être disponibles. (C'est-à-dire que vous êtes sur A et que vous tentez de transférer un fichier de B vers C.) Je n'ai encore jamais rencontré de programme FTP qui vous permette de réaliser cette opération. Si vous en rencontrez un, il y a fort à parier que les options des machines B et C censées proposer ces tâches ne fonctionneront pas non plus.

Le programme FTP peut également avoir des problèmes avec les fichiers structurés que l'on trouve sur les systèmes VM d'IBM, MVS ou VMS de DEC. Généralement, des conventions locales peuvent être utilisées pour renseigner le programme FTP sur la nature du fichier, ou pour compacter le fichier, le transférer grâce aux commandes FTP classiques, puis le décompacter. Consultez votre expert pour avoir de plus amples précisions.

Les redoutables changements de version

Enfin, il faut affronter les changements de version. Les possibilités offertes par Internet ont évolué au cours des années. Les options les plus anciennes telles que telnet, FTP et finger n'ont pratiquement pas changé alors que les plus récentes comme Gopher, WAIS et WWW sont encore en pleine évolution. Les fonctions qui obtiennent du succès sont implémentées des dizaines de fois sur des dizaines d'ordinateurs différents. C'est pourquoi vous pouvez, par exemple, utiliser telnet pour vous connecter à presque tous les types d'ordinateurs du réseau. Bien que leurs structures internes soient différentes, ils offrent tous des serveurs compatibles telnet.

Malheureusement, les services les plus récents subissent régulièrement des modifications. C'est pourquoi, si vous utilisez par exemple Gopher, vous pouvez recevoir un curieux message, comme le montre la Figure 24.1. Ce dernier indique que Gopher propose à votre système une option qu'il ne connaît pas. La seule façon de résoudre cette énigme est de vous procurer une version plus récente du programme. Les services ont tendance à être de mieux en mieux compris et à se stabiliser, ils changent donc moins souvent. Toutefois, pour l'instant, plus ils sont récents, plus il est difficile de les maintenir à jour. (Cela vous surprend-il ?)

Figure 24.1 : Gopher ne peut pas traiter une information.

«CE N'EST PAS PARCE QUE NOTRE INSTALLATION EST TOMBÉE À L'EAU QU'IL FAUT NOUS FAIRE PLONGER».

Chapitre 25
Les raccourcis sympas pour une meilleure utilisation d'Internet

Dans ce chapitre...

Les commandes à distance

L'abréviation des noms d'hôte

Résumé des astuces FTP

Quelques astuces destinées aux adeptes des systèmes multifenêtres

Les commandes à distance

Si vous utilisez fréquemment la commande rsh d'UNIX pour exécuter des commandes sur d'autres ordinateurs, vous serez vite las de taper des lignes comme :

```
rsh lester cat unfichier
```

pour lancer une commande sur l'ordinateur *lester*. Dans ce cas précis, il existe un raccourci judicieux (du moins il semblait judicieux au départ). Si le nom sous lequel rsh est lancé est autre chose que rsh, le programme considère que ce nom est celui de l'ordinateur à utiliser. Par conséquent, si vous faites une copie de rsh et que vous l'appelez *lester*, il vous suffira alors de taper :

```
lester cat unfichier
```

Si tous les utilisateurs réalisent des copies de rsh, cela représente une place considérable. Heureusement, vous pouvez utiliser les fonctions de *liaison* UNIX pour attribuer un nouveau nom à la commande rsh, *sans* effectuer une nouvelle copie.

Tout d'abord, assurez-vous que vous disposez d'un répertoire *bin*. Puis, tapez :

```
ln -s /usr/ucb/rsh bin/lester
```

Note : L'hôte que vous utilisez ne porte sans doute pas le nom de lester. Vous devrez donc remplacer ce nom par celui de votre ordinateur. Il peut s'agir d'un nom complet d'Internet, si vous utilisez un ordinateur éloigné. Par exemple, si le nom est *mobydick.ntw.org*, vous devez taper la ligne de liaison suivante :

```
ln -s /usr/ucb/rsh bin/mobydick.ntw.org
```

(Sur certains systèmes, le nom véritable de rsh n'est pas */usr/ucb/rsh*. Dans ce cas, vous pouvez utiliser la commande *whereis rsh* pour connaître la formule magique.) Rien ne vous interdit de créer autant de liaisons que vous désirez, c'est-à-dire une pour chaque système que vous utilisez.

Après avoir créé ces liaisons, tapez **rehash** pour indiquer au *shell* que vous venez d'ajouter de nouvelles commandes ; vous pouvez ensuite les utiliser.

Si votre société possède de nombreux ordinateurs partageant les mêmes comptes, il existe certainement un répertoire intitulé */usr/hosts* qui possède des liens pour tous les ordinateurs couramment utilisés. Si c'est le cas, vous pouvez l'insérer dans votre chemin de recherche en tapant la ligne de commande suivante, si vous êtes un utilisateur du *shell C :*

```
set path=($path /usr/hosts)
```

Par contre, si vous utilisez le *shell Korn* ou *Bourne*, tapez :

```
PATH=$PATH:/usr/hosts
export PATH
```

L'utilisation de /usr/hosts ne vous dispense pas de créer vos propres liens dans le répertoire bin, pour le nom des systèmes que vous utilisez et qui ne figurent pas dans la liste locale.

L'abréviation des noms d'hôte

Vous avez peut-être remarqué que les noms d'hôte Internet sont souvent très longs, notamment dans les grandes entreprises. Un système peut porter un nom tel que *thirdbase.yankees.bronx.nyc.ny.us*. Il n'est pas indispensable de taper intégralement ce nom chaque fois que vous désirez contacter cet hôte.

Les auteurs du système d'affectation des noms d'Internet considèrent que plus un hôte est situé à proximité de votre ordinateur, plus vous êtes susceptible de le contacter et plus brèves doivent être ses coordonnées. Ainsi, vous pouvez en général abréger le nom d'hôte. Votre système saura les identifier.

Le système d'affectation des noms utilise un *chemin de recherche* (une liste de noms partiels relatifs à votre nom d'hôte) afin d'identifier ce qui se cache derrière l'abréviation que vous utilisez. Par exemple, si vous résidez à *thirdbase*, votre chemin de recherche comprend :

```
yankees.bronx.nyc.ny.us
bronx.nyc.ny.us
ny.us
```

Vous pouvez vous contenter d'entrer les premiers éléments du nom d'hôte. Lorsque le système d'affectation des noms constate que le nom n'est pas complet, il identifie l'hôte en comparant le nom que vous avez entré avec ceux contenus dans le chemin de recherche. Par exemple, pour contacter *leftfield.yankees.bronx.nyc.ny.us*, il vous suffit de taper *leftfield*. Le reste du nom sera complété par le chemin de recherche. Les abréviations suivantes sont également valides : *leftfield.yankees*, *leftfield.yankees.bronx* et *leftfield.yankees.bronx.nyc*.

En pratique, ce système vous permet de réduire les noms d'hôte des ordinateurs situés dans votre service à un seul élément, et de taper uniquement les deux ou trois premiers éléments du nom des ordinateurs de votre société.

En théorie, chaque chemin de recherche du système peut être modifié afin d'intégrer des éléments choisis par l'administrateur de système, en plus des différents éléments situés à la fin des noms des ordinateurs. En fait, personne n'utilise cette possibilité car cela provoquerait trop de confusion.

Résumé des astuces FTP

Parcourir le programme FTP et transférer un grand nombre de fichiers peuvent devenir des tâches ennuyeuses, surtout si vous connaissez déjà les fichiers que vous désirez consulter. Voici quelques astuces qui vous rendront la tâche plus facile.

Automatisez votre connexion

La plupart des versions du programme FTP vous permettent de stocker une liste de noms utilisateur et de mots de passe dans un fichier intitulé *.netrc* (oui, il commence bien par un point). Lorsque vous lancez le programme FTP, il consulte le fichier pour s'assurer que le système que vous tentez de transférer se trouve sur la liste. Si c'est le cas, le programme FTP utilise le nom contenu dans le fichier. Voici un exemple :

```
machine shamu.ntw.org login elvis password sinatra
default login anonymous password elvis@ntw.org
```

Si vous utilisez le programme FTP pour contacter *shamu.ntw.org*, le programme vous connecte sous le nom *elvis* avec le mot de passe *sinatra*. Dans tous les autres cas, il vous connecte sous la dénomination *anonymous* (anonyme), avec le mot de passe *elvis@ntw.org*. (Vous devez bien sûr utiliser votre propre adresse électronique.) Certaines versions du programme FTP ne comprennent pas la ligne par défaut. Ainsi, vous devez entrer une ligne individuelle pour chaque système auquel vous vous connectez pour des transferts anonymes :

```
machine ftp.uu.net login anonymous password elvis@ntw.org

machine ftp.internic.net login anonymous password elvis@ntw.org
```

Comment puis-je conserver cette maudite liste des répertoires à l'écran ?

Le programme FTP d'UNIX possède la fâcheuse habitude d'envoyer ses sorties à l'écran à la vitesse de l'éclair. (N'oublions pas que ce programme a été écrit à l'époque où les terminaux étaient lents et imprimaient leurs résultats sur papier. Pouvez-vous encore imaginer un tel procédé ?) Ainsi, lorsque vous consultez la liste des répertoires, elle disparaît de l'écran avant même que vous ayez pu la lire. Afin d'éviter ce problème, vous pouvez utiliser une possibilité offerte par la commande *dir* du programme FTP. Vous pouvez taper les éléments suivants après la commande dir :

Chapitre 25 : Les raccourcis sympas pour une meilleur utilisation... 293

- Le répertoire à lister.
- Le fichier local dans lequel vous désirez conserver la liste.

Par exemple, si vous désirez obtenir la liste d'un répertoire éloigné intitulé *virtval*, vous devez taper :

    ftp> dir virtval val-dir

Cette commande place le répertoire dans le fichier local *val-dir*. Il faut cependant interrompre le programme FTP pour consulter le fichier.

La commande dir présente une autre caractéristique dangereuse. En effet, si vous donnez au programme FTP un nom commençant par une barre verticale (|) à la place d'un nom de fichier local, il traite le reste du nom comme une commande. Voici un exemple :

    ftp> dir virtval |more

Cette commande fait défiler le répertoire et affiche les informations page par page.

Vous pouvez utiliser la même astuce avec les commandes *get*. Si vous désirez consulter le fichier à distance README sans l'enregistrer, tapez la ligne suivante :

    ftp> get README |more

Le compactage n'a pas de secret pour vous

Si vous transférez des fichiers de taille importante (ce qui implique une durée de conversion assez longue), il est préférable de les compacter avant le transfert. Pour le texte standard et les fichiers exécutables, les programmes de compactage comme *zip* (ou *PKZIP*), *compress* ou *gzip* réduisent de moitié la taille des fichiers, ce qui permet de réaliser le transfert deux fois plus rapidement. Si vous utilisez une liaison lente (moins d'un mégabit par seconde), il est nettement plus rapide d'utiliser la connexion telnet et d'effectuer un compactage que de réaliser un transfert normal. Si vous transférez de nombreux fichiers distincts, vous pouvez également gagner du temps en utilisant les commandes *tar, cpio* ou *zip* pour les réunir en un fichier d'archivage unique. En effet, un temps système considérable est utilisé lorsque le programme FTP se déplace d'un fichier à l'autre.

Cela s'applique tout autant au programme RCP. Avant d'utiliser le protocole RCP pour copier un fichier, vous pouvez utiliser la commande rsh pour compacter ou archiver le fichier sur l'autre machine. Par exemple :

```
rsh lester zip tmpzip fichier1 fichier2 fichier3
... zip s'exécute...
rcp lester:tmpzip.zip tmpzip.zip
unzip tmpzip.zip
```

Dans cet exemple, j'ai d'abord utilisé rsh pour exécuter la commande zip sur l'ordinateur hôte lester puis créé un fichier d'archivage intitulé *tmpzip.zip*. J'ai ensuite utilisé le programme RCP pour copier ce fichier sur ma machine et enfin la commande unzip pour le décompacter localement.

Voyage au pays FTP

La manière la plus courante de changer de répertoire avec le programme FTP est d'utiliser la commande *cd*, de consulter la liste des répertoires, puis d'utiliser à nouveau la commande cd, et ainsi de suite. Si vous connaissez le nom des répertoires, il est préférable de les indiquer en une seule fois, après la commande cd :

```
cd pub/micro/pc/windows/games/new/prnotopa
```

Sur la plupart des systèmes (dont UNIX et DOS), il faut séparer les différents noms de répertoires par une barre oblique (/). Le système DOS utilise également une barre oblique inverse (\). Sur les autres systèmes, il faut adopter les conventions locales.

Créer un répertoire d'un seul coup

Note : Pour réaliser cette manipulation, vous devez disposer d'un programme FTP semblable au programme FTP standard d'UNIX. Un programme FTP graphique et multifenêtre ne fera pas l'affaire. Je suis désolé pour vous.

Supposons que vous désiriez utiliser le programme FTP pour copier plusieurs répertoires d'une machine sur l'autre. Avec un peu d'organisation, vous pouvez réaliser cette opération au moyen d'une commande unique, que vous pouvez lancer à 11h59 afin qu'elle s'exécute pendant que vous déjeunez. Par exemple, vous voulez copier tous les fichiers des répertoires *pc/tools, pc/editors* et surtout *pc/games*.

Chapitre 25 : Les raccourcis sympas pour une meilleur utilisation...

Avant de lancer le programme FTP, créez les répertoires de plus bas niveau sur votre machine (c'est-à-dire *tools, editors, games*). Lancez ensuite le programme vers l'autre machine et tapez les commandes suivantes après vous être connecté :

```
binary
cd pc
prompt off
mget tools/* editors/* games/*
```

La première commande, *binary*, active le mode de transfert binaire, qui est indispensable pour transférer des fichiers autres que des fichiers texte. La deuxième commande, *cd pc*, permet de passer dans le répertoire *pc* de l'hôte. La troisième commande, *prompt off*, désactive le guidage fichier par fichier, généralement utilisé par la commande *mget*. (Si vous omettez cette ligne, mget vous demandera de confirmer la copie de chaque fichier, ce qui annule tout l'intérêt de l'opération.) La quatrième commande, *mget...*, permet de copier tous les fichiers dans les répertoires tools, editors et games.

La commande mget copie les fichiers sur l'ordinateur local en utilisant exactement les mêmes noms de l'ordinateur éloigné. C'est pourquoi il est nécessaire de créer les répertoires tools, editors et games sur l'ordinateur local, afin de pouvoir recevoir les fichiers provenant des répertoires éloignés correspondants.

La commande mget vous informe au fur et à mesure de chaque copie déjà réalisée. Vous pouvez ainsi vérifier qu'elle exécute bien ce que vous avez demandé. Si le nombre de fichiers à copier est important, cela pourra demander un certain temps, mais cette opération est entièrement automatique.

Les utilisateurs du programme RCP seront certainement heureux d'apprendre qu'ils peuvent effectuer la même manipulation, encore plus facilement, à l'aide des commandes suivantes :

```
rcp -r ntw.com:pc/tools ntw.com:pc/editors tw.com:pc/games
ntwtrucs
```

Cette ligne de commande unique indique au programme FTP qu'il doit effectuer des copies *récurrentes* (d'où la présence du code *-r*) des trois répertoires de l'ordinateur hôte dans un répertoire local intitulé *ntwtrucs*. La copie est dite récurrente lorsque tous les fichiers contenus dans un répertoire sont copiés. En outre, la commande RCP crée automatiquement les répertoires locaux s'ils n'existent pas encore. Les utilisateurs du shell C sur le système UNIX peuvent encore réduire la ligne de commande :

```
rcp -r ntw.com:pc/tools,editors,games ntwtrucs
```

> ### C'est à vous de décider
>
> Le lecteur astucieux (c'est-à-dire vous-même) aura remarqué qu'il existe deux façons différentes de transférer des fichiers. Vous pouvez compacter et archiver une série de fichiers puis utiliser le programme FTP ou les transférer en une seule opération grâce à la commande mget et les protocoles FTP ou RCP. Quelle est la meilleure méthode ?
>
> En fait, cela dépend. Si l'ordinateur sur lequel vous copiez les fichiers est relié au vôtre au moyen d'une liaison rapide comme Ethernet (voir le Chapitre 3), le transfert s'effectue très rapidement, ce qui rend le compactage inutile. Par contre, si vous êtes relié à l'ordinateur hôte par une ligne téléphonique lente, le compactage vous permettra d'économiser un temps précieux.
>
> Le compactage perd tout son intérêt lorsque vous récupérez des fichiers en utilisant le programme FTP anonyme car il ne vous permet pas d'utiliser la commande login et de compacter vous-même les fichiers. Cependant, quelques programmes FTP anonymes réalisent automatiquement le compactage. Par exemple, s'il existe un fichier du nom de *zorplotz* et que vous essayez d'extraire le fichier *zorplotz.Z*, ces programmes FTP vous renvoient automatiquement la version compactée de ce fichier. Cela fonctionne également dans l'autre sens, dans le cas où vous disposez de la version compactée et que vous désirez obtenir le fichier décompacté. Tous les systèmes n'offrent pas cette possibilité, mais cela ne coûte rien d'essayer. Dans le pire des cas, le programme vous répondra que le fichier zorplotz.Z n'existe pas.

Quelques astuces destinées aux adeptes des systèmes multifenêtres

Si vous disposez d'un système multifenêtre tel que Microsoft Windows, vous pouvez créer des icônes dans le Gestionnaire de programmes pour les commandes et les hôtes que vous utilisez le plus fréquemment. Supposons par exemple que vous travailliez sous Windows et que vous ne possédiez pas le programme Archie. Vous vous connectez alors via la commande telnet à un serveur qui propose le programme Archie. Vous avez la possibilité de créer une icône qui lance automatiquement telnet et qui indique le nom de l'hôte sur la ligne de commande, comme le montre la Figure 25.1.

Chapitre 25 : Les raccourcis sympas pour une meilleur utilisation... 297

Figure 25.1 :
Création d'une icône sous Windows.

Propriétés de programme	
Nom :	Telnet archie
Ligne de commande :	telnet archie.sura.net
Répertoire de travail :	c:\divers
Touche de raccourci :	Aucune
	☐ Réduire à l'utilisation

Boutons : OK, Annuler, Parcourir..., Changer d'icône..., Aide

La méthode de création des icônes varie quelque peu d'un système à l'autre, mais elle est toujours très simple. L'icône telnet standard est un bon choix, toutefois vous pouvez également opter pour une autre icône tout aussi explicite telle que celle de notre figure.

Si vous travaillez sous X Windows, un menu principal apparaît chaque fois que vous cliquez à l'extérieur d'une fenêtre. Les entrées de ce menu proviennent d'un fichier appelé *.twmrc* ou *.mwmrc*. Consultez votre gourou préféré pour savoir comment ajouter des éléments au menu. Ce n'est pas très compliqué une fois que l'on vous a montré comment procéder. Sur mon système, les lignes du menu sont les suivantes :

```
@dpL of C@dp    !@dpxterm -name Library -e telnet
locis.loc.gov &@dp
```

La séquence **-name** est le nom à afficher en haut de la fenêtre, et le texte situé après **-e** est la commande à exécuter.

Chapitre 26
Les petits plus d'Internet

Dans ce chapitre...

Partager une blague

Apprendre une (seconde) langue étrangère

Ecrire une lettre au Président des Etats-Unis

Parfaire ses connaissances juridiques

Etudier l'Histoire

Se faire de nouveaux amis

Se faire de nouveaux ennemis

Utiliser un supercalculateur

Lire un livre

Pour en savoir plus

Partager une blague

Tout le monde aime entendre une nouvelle blague de temps à autre. USENET a longtemps proposé un groupe de news appelé *rec.humor*, dans lequel les utilisateurs humoristes envoyaient leurs meilleures blagues. Il y en avait pour tous les goûts, et la plupart d'entre elles n'étaient pas très drôles. Les réclamations abondaient, ainsi que les plaintes concernant les réclamations qui n'avaient rien de drôle, et ainsi de suite.

Fort heureusement, un utilisateur empreint de civisme, Brad Templeton, s'attaqua au problème et améliora le groupe qu'il appela *rec.humor.funny*, en sélectionnant lui-même les meilleures blagues. La concurrence était féroce, et près de 95 % des blagues étaient rejetées. Brad est maintenant retraité mais son successeur est à la hauteur de son talent. Ayant moi-même consulté rec.humor.funny pendant de longues années (à des fins professionnelles bien sûr), je peux attester que les blagues sélectionnées sont très drôles. Ainsi, la prochaine fois que vous consultez les news, jetez-y un coup d'oeil. Vous serez en bonne compagnie : les statistiques révèlent presque toujours que rec.humor.funny est le groupe le plus utilisé sur Internet.

Si vous êtes friand de blagues, vous pouvez acheter les recueils des meilleures blagues des années précédentes. Consultez le bulletin mensuel de Brad pour savoir comment les commander.

Apprendre une (seconde) langue étrangère

Internet, étant un instrument de communication international, constitue une solution idéale pour parfaire vos connaissances linguistiques. Outre l'anglais (indispensable pour pouvoir exploiter au mieux les possibilités d'Internet), de nombreuses autres langues y sont utilisées, et de nombreux services vous permettent de les pratiquer.

Faites le tour du monde grâce à USENET

USENET propose des dizaines de groupes *soc.culture* dans différents pays (ils sont si nombreux qu'il était impossible de tous les mentionner dans le Chapitre 12). La plupart d'entre eux présentent des débats dans la langue du pays. Ainsi, si votre anglais n'est pas encore au point, consultez *soc.culture.english*, ou, si vous préférez l'allemand, essayez *soc.culture.german*.

De même, Gopher est disponible dans le monde entier. Tous les Gophers proposent dans leur menu une option qui permet de consulter le Gopher principal, situé dans le Minnesota, pour contacter le Gopher du continent de votre choix (à l'exception de l'Antarctique... pour l'instant).

Une seconde langue internationale

La communauté informatique a toujours manifesté un intérêt discret mais certain pour l'espéranto, une langue conventionnelle inventée vers la fin des années 1800. Bien que l'espéranto ne soit pas une langue maternelle, elle a été conçue pour être simple, régulière et facile à apprendre de sorte qu'elle puisse devenir une langue internationale. (Personne ne pouvait prévoir qu'à la fin du vingtième siècle, l'anglais serait définitivement la langue internationale en vigueur !)

Les utilisateurs de Mac peuvent se procurer une application Hypercard qui enseigne les rudiments de l'espéranto. Utilisez Archie ou Gopher pour consulter *esperanto* et trouver une copie à proximité de votre ordinateur. Il existe également des listes de messagerie, des éditeurs de texte et des groupes de discussion en espéranto. Sur USENET, le groupe s'appelle *soc.culture.esperanto*.

Ecrire une lettre au Président des Etats-Unis

La politique américaine vous intéresse-t-elle ? Ecrivez donc une lettre au Président des Etats-Unis. Pendant que vous y êtes, adressez un petit mot au Vice-président. Voici leurs adresses :

- president@whitehouse.gov
- vice.president@whitehouse.gov

En attendant que la Maison-Blanche ne modernise son réseau, les messages sont imprimés et traités avec le courrier traditionnel. Ainsi, si vous désirez obtenir une réponse, n'oubliez pas d'indiquer votre adresse conventionnelle. Vous trouverez de plus amples informations dans le Chapitre 8.

Parfaire ses connaissances juridiques

Connaissez-vous les lois qui régissent le monde du travail, votre vie privée ou vos loisirs ? Vous savez probablement que nul n'est censé ignorer la loi. Aussi, connectez-vous sans plus attendre. Internet vous offre des solutions pour parfaire vos connaissances.

Certains serveurs expérimentaux Gopher ou WWW regorgent de décisions de la Cour suprême des Etats-Unis. C'est une bonne façon de commencer votre apprentissage. Vous trouverez également sur ces serveurs des brevets, les lois concernant les droits de reproduction, le code de commerce et bien d'autres informations encore. Vous pouvez y accéder en utilisant Gopher et en contactant *fatty.law.cornell.edu* ou *gopher.law.csuohio.edu*. Si vous n'avez pas Gopher, vous pouvez utiliser telnet et vous connecter sous le nom de *gopher*.

Etudier l'Histoire

Saviez-vous que les articles de la Confédération stipulaient que le Canada pouvait devenir un état américain ? Et que durant la révolution américaine, ces mêmes articles faisaient foi de Constitution ? De telles informations historiques, et bien d'autres encore vous attendent sur Internet.

Des montagnes de documents

Il existe une kyrielle de documents historiques sur Internet. Ces documents sont assez récents et relèvent de périodes précises.

Vous pouvez trouver dans le fichier *pub/docs/history* de *ra.msstate.edu* toute une variété de documents historiques (et pas seulement sur l'histoire américaine). A *jade.tufts.edu*, vous trouverez dans le fichier *pub/diplomacy* des documents d'un registre légèrement différent : il s'agit de textes à caractère diplomatique, comprenant notamment de nombreux traités et événements historiques de ce siècle.

Voyagez à travers le temps

L'Université du Kansas propose un service interactif pour les historiens, traitant pour moitié de sujets historiques. L'autre partie est consacrée à des questions matérielles telles que la rémunération des historiens ou encore l'attribution de bourses ou de subventions. Pour accéder à ce service, connectez-vous via telnet à *hnsource.cc.ukans.edu*, en tapant *history*. Dans ce cas, vous vous connectez à une version de WWW (voir le Chapitre 22) qui possède de nombreuses connexions. Elle est notamment connectée au Gopher principal, vous permettant de profiter des ressources de tous les Gophers du monde, via les commandes WWW.

Se faire de nouveaux amis

Depuis toujours, une des activités favorites de l'être humain est le bavardage. Internet est un lieu privilégié pour ce genre d'activité. Pour les petits potins, utilisez la commande *talk*, qui vous permet de dialoguer avec un correspondant, mais, pour les potins plus *sérieux*, IRC (Internet Relay Chat) n'a pas son égal. Ce réseau mondial permet aux utilisateurs bavards de converser 24 heures sur 24 avec des correspondants situés à l'autre bout du monde. Reportez-vous au Chapitre 13 pour de plus amples détails.

Se faire de nouveaux ennemis

Le programme IRC est en général très convivial. On ne peut malheureusement pas en dire autant de MUD (Multi-User Dungeons), également connu sous le nom de MUSE (Multi-User Shared Environments). Vous avez peut-être déjà joué à un ancien jeu présenté en mode texte, et appelé Adventure ou Dungeon, ou encore Colossal Cave, dans lequel vous devez trouver un trésor dans une grotte en évitant d'être tué.

Chapitre 26 : Les petits plus d'Internet

Le programme MUD s'inspire du même principe, mais il réunit des joueurs du monde entier. La communication avec vos partenaires de jeu peut être très hostile ou très amicale. Vous pouvez même conquérir une partie de la grotte. Il existe de nombreux MUD de styles différents sur Internet.

Les MUD vont et viennent sur Internet. Il serait inutile d'en dresser la liste car elle ne serait pas à jour. Connectez-vous via USENET à *rec.games.mud.announce* pour consulter la liste hebdomadaire des MUD, éditée tous les vendredis, ou envoyez un message à l'adresse *mudlist@glia.biostr.washington.edu*, ou encore utilisez le programme FTP pour contacter *caisr2.caisr.cwru.edu* et consulter le fichier */pub/mud*.

Utiliser un supercalculateur

N'avez-vous jamais rêvé d'utiliser un supercalculateur dernier cri, valant une fortune ? Cela ne manquerait pas d'impressionner votre entourage. Vous pouvez éventuellement leur dire que vous avez utilisé un supercalculateur d'avant-garde massivement parallèle CM-5 via une interface de réseau client/serveur d'égal à égal. (J'en conviens, ce n'est pas facile à dire sans se tromper. Mais ne vous découragez pas, entraînez-vous sous la douche.)

Ce prodige de la technique est très facile à utiliser. En fait, chaque fois que vous vous servez de WAIS (voir le Chapitre 21) pour consulter une base de données à *quake.think.com*, vous utilisez un CM-5.

Lire un livre

Lire un livre ? Voilà qui est démodé ! Vous trouverez sur Internet un nombre considérable de textes, allant des oeuvres de Shakespeare à celles de Bill Gates. Certains fichiers ont une taille colossale, comme l'exemplaire complet de *Moby Dick*.

Les principaux gisements de données sont les suivants :

- Internet Wiretap à *wiretap.spies.com*.
- Online Book Initiative à *obi.std.com*.

Vous pouvez les consulter grâce au programme FTP anonyme ou à Gopher. Si vous utilisez le programme FTP, les livres sont disponibles dans le répertoire */Library* à wiretap et dans le répertoire */obi* à obi. Si vous utilisez Gopher, les menus sauront vous guider.

Si vous avez le choix, il est préférable d'utiliser Gopher car il fournit de meilleures descriptions des ouvrages. En guise d'exemple, vous conviendrez que *Mark Twain: A Connecticut Yankee in King Arthur's Court* est plus explicite que */Library/Classic/yankee.mt*.

Vous pouvez réaliser une économie importante en utilisant le programme FTP ou Gopher. Procurez-vous la copie d'un ouvrage et imprimez-la sur votre imprimante laser. Cela coûtera encore moins cher si vous lisez l'ouvrage directement à l'écran. De plus, de telles lectures passent plus facilement inaperçues au travail qu'un jeu vidéo. Simplement, retenez-vous d'éclater de rire lorsque vous rencontrez un passage amusant.

Pour en savoir plus

Scott Yanoff de l'Université du Wisconsin tient à jour une liste beaucoup plus complète de toutes les connexions particulières disponibles via Internet. Pour en savoir plus, adressez-vous à *yanoff@csd4.csd.uwm.edu*.

Sixième partie
Le cercle des références

«EH BIEN, QUI AURAIT CRU QU'UN JOUR JE ME CONNECTERAIS PAR L'INTERMÉDIAIRE DE TELNET À UN HÔTE BRÉSILIEN, PUIS QUE JE PROFITERAIS D'ARCHIE POUR OBTENIR GOPHER, POUR ME RETROUVER FINALEMENT À SOLLICITER LES SERVICES DE FTP ANONYME».

Dans cette partie...

Maintenant que vous savez tout sur Internet, un petit détail vous empêche encore de passer maître dans l'art de manipuler cette merveille : vous n'êtes pas encore connecté. Ces trois derniers chapitres dressent une liste des sociétés fournissant des accès, et des logiciels dont vous avez besoin pour utiliser ces accès. Vous y trouverez également quelques points de départ pour vous permettre de poursuivre dans les meilleures conditions votre expédition dans l'espace Internet.

Chapitre 27
Les fournisseurs de services Internet publics

Dans ce chapitre...

Que contient cette liste ?
Deux sortes d'accès
Inscription
Fournisseurs américains
Fournisseurs canadiens
Fournisseurs australiens
Fournisseurs anglais
C'est gratuit !

Que contient cette liste ?

Ce chapitre dresse la liste de quelques sociétés où un individu peut obtenir une liaison Internet commutée à des prix raisonnables. Des accès dédiés à haut débit pour entreprises peuvent également être fournis par d'autres distributeurs. Ces derniers ne sont pas mentionnés ici dans la mesure où l'installation sur Internet de toute l'entreprise n'est probablement pas votre responsabilité.

Dans le cas contraire, si *vous* devez connecter le réseau de votre entreprise à Internet et que vous ayez un compte commuté quelque part, connectez-vous via telnet au serveur INTERNIC Info, à *is.internic.net*. Ouvrez votre session sous *gopher* et, dans le premier menu, sélectionnez Getting Connected to the

Internet. Là, vous trouverez une liste mise à jour de tous les réseaux régionaux et nationaux à contacter. Connecter des réseaux entre eux est encore une tâche terriblement compliquée, aussi l'aide de quelques experts en réseau sera la bienvenue.

Tous les systèmes présentés ici fournissent au minimum des connexions telnet et FTP interactives, ainsi qu'un accès au courrier électronique et à USENET. Ils peuvent également fournir sur demande des connexions de réseau commutées de sorte que vous puissiez lancer sur votre propre ordinateur n'importe quel programme d'Internet. Les systèmes ne permettant d'accéder qu'aux messageries ne sont pas listés, car il en existe des milliers, dont la gamme va des fournisseurs internationaux tels que MCI Mail et AT&T Easylink jusqu'aux systèmes BBS amateurs régionaux. Pratiquement tous les BBS pouvant échanger du courrier avec d'autres BBS sont également capables d'échanger du courrier avec Internet via FIDO (un réseau commuté de BBS PC) et d'autres passerelles.

Deux sortes d'accès

Deux grands types d'accès commutés sont disponibles : la commutation en tant que *terminal* et la commutation en tant qu'*hôte de réseau*. Dans le premier cas, vous vous introduisez dans un système en utilisant soit un terminal ordinaire, soit un ordinateur exécutant un programme terminal tel que Procomm ou Crosstalk (ce qui est d'ailleurs plus probable). Vous pouvez utiliser tous les programmes de réseau proposés par le système que vous avez contacté. Si vous souhaitez transférer des fichiers vers ou depuis votre propre ordinateur, utilisez Kermit, zmodem ou un équivalent, de la même façon que vous téléchargez des fichiers depuis ou vers un BBS.

Si vous établissez une communication en tant qu'hôte de réseau, votre ordinateur devient un hôte d'Internet pendant toute la durée de votre appel et se comporte comme tous les autres systèmes hôtes d'Internet (excepté, peut-être, qu'il est plus petit et moins rapide). Une connexion en tant qu'hôte vous permet d'exécuter n'importe quelle application de réseau sur votre ordinateur. Si vous possédez un système multitâche tel que Macintosh System 7 ou Microsoft Windows, vous pouvez lancer plusieurs programmes à la fois. Vous pouvez, par exemple, vous connecter via telnet à un système tout en récupérant des fichiers via FTP en tâche de fond. De nombreux services apparaissent régulièrement sur Internet, vous pouvez les utiliser dès que vous disposez d'un logiciel client (le plus souvent en téléchargeant le client depuis Internet vers votre ordinateur). Il n'est pas nécessaire d'attendre que votre fournisseur installe le logiciel sur votre machine.

Une commutation en tant qu'hôte présente toutefois un inconvénient : Vous avez besoin de plus de logiciels sur votre système qu'un émulateur de terminal. En outre, vous devrez savoir définir des paramètres tels qu'un numéro d'hôte ou un masque de sous-réseau. ***Note :*** Pour effectuer des communications en tant qu'hôte, vous devez disposer d'un modem d'une vitesse d'*au moins* 9 600 bps (bits par seconde). Les modems plus lents peuvent fonctionner, mais ils rendent les transactions de réseau si lentes qu'il faut être extraordinairement patient pour les utiliser.

Essayez peut-être un service de terminal commuté d'abord, puis passez à la seconde solution lorsque vous commencez à être vraiment intégré. Vous pouvez également utiliser SLIP et PPP pour vous connecter en tant qu'hôte. Tous deux fonctionnent très bien, mais si vous avez le choix, PPP est un peu plus rapide et fiable. (Reportez-vous aux Chapitres 3 et 5 pour plus d'informations.)

Inscription

La plupart des services commutés vous proposent des inscriptions en ligne. Si un numéro de modem est disponible, vous pouvez passer par ce numéro. Présentez-vous en utilisant le mot de passe fourni ou suivez les instructions affichées après la connexion.

La procédure d'enregistrement implique généralement que vous indiquiez vos nom, adresse et numéro de téléphone, ainsi que des informations sur le mode de paiement (votre numéro de carte de crédit par exemple). L'accès est souvent accordé immédiatement, le service peut également vous appeler par téléphone pour vérifier vos informations.

Où trouver son fournisseur

Un problème à ne pas négliger lorsque vous choisissez votre fournisseur est le coût des appels téléphoniques, d'autant plus qu'une communication avec un système en ligne a généralement tendance à être longue. L'idéal évidemment consiste à trouver un fournisseur proposant un numéro d'appel régional ou au moins national.

Certains fournisseurs offrent des numéros d'accès 800, mais ces appels coûtent le plus souvent très cher. Il vaut mieux appeler directement et payer la communication soi-même qu'utiliser un tel service. (Ce type de service est intéressant pour les personnes voyageant fréquemment et celles n'ayant pas à payer de factures téléphoniques.)

Petit décodeur de liste

Ce chapitre présente des listes de fournisseurs américains, canadiens, australiens et anglais. Chacune d'elles comprend des codes sous forme de lettres dont vous devez connaître la signification.

Code	Signification.
C	Service interactif commuté fournissant au moins des connexions telnet, FTP, e-mail (courrier électronique) et USENET (news).
T	Accès telnet commuté à d'autres systèmes.
S	Accès hôte SLIP ou PPP.
G	Système disponible gratuitement (excepté peut-être pour le coût de la communication).
A	Tarif d'appel peu élevé disponible.
R	Accès à réseau commuté via Tymnet, Sprintnet, CompuServe ou tout autre réseau.
H	Numéro de modem à haut débit (plus rapide que 2 400 bps).
M	Numéro de modem à débit modéré (1 200 ou 2 400 bps).

Fournisseurs américains

Les fournisseurs de services suivants possèdent des numéros d'appel dans de nombreuses villes, et permettent des accès via des réseaux nationaux tels que Tymnet, Sprintnet ou CompuServe.

General Videotex DELPHI
CR

Téléphone : 800 544 4005

Modem : 800 365 4636 (pour inscriptions uniquement)

Se présenter (login) sous JOINDELPHI, mot de passe INTERNETSIG

E-mail : info@delphi.com

Note : Cinq heures d'utilisation gratuite sont disponibles avant toute inscription.

Speedway
CSGT

Modem : 10288 1 503 520 2222

E-mail : info@speedway.net

Note : Vous devez effectuer vos connexions via AT&T, mais vous ne payez que le coût de la communication. Accès telnet disponible.

HoloNet
CR

Téléphone : 510 704 0160

Modem : 510 704 1058

E-mail : info@holonet.net

Netcom Online Communication Services
CSA

Téléphone : 408 554 UNIX

Modem : 206 547 5992, 310 842 8835, 408 241 9760, 408459 9851, 415 328 9940, 415 985 5650, 503 626 6833, 510 426 6610, 510 865 9004, 619 234 0524, 916 965 1371, 404 303 9765, 617 237 8600, 703 255 5951, 214 753 0045, 714 708 3800

E-mail : info@netcom.com

Novalink
CR

Téléphone :   800 274 2814

Modem : 800 825 8852

E-mail : info@novalink.com

The Portal System
CRA

Téléphone : 408 973 9111

Modem : 408 973 8091H, 408 725 0561M

Se présenter sous *info*

E-mail : cs@cup.portal.com, info@portal.com

PSI's Global Dialup Service
CTRA

Téléphone : 703 620 6651

E-mail : all-info@psi.com, gds info@psi.com

UUNET Communications
SA

Téléphone : 800-4-UUNET-3, 703 204 8000

E-mail : info@uunet.uu.net

The WELL (Whole Earth 'Lectronic Link)
CR

Téléphone : 415 332 4335

Modem : 415 332 6106

Se présenter sous *newuser*

E-mail : info@well.sf.ca.us

The World
CSR

Téléphone : 617 739 0202

Modem : 617 739 9753

Se présenter sous *new*

E-mail : office@world.std.com

Fournisseurs canadiens

Communications Accessibles Montreal
CSA

Téléphone : 514 923 2102

Modem : 514 281 5601H, 514 466 0592H, 514 738 3664 (Telebit)

E-mail : info@cam.org

Internex Online Toronto
CAG

Téléphone : 416 363 8676

Modem : 416 363 3783

Se présenter sous *new*

E-mail : vid@io.org

Fournisseurs australiens

connect.com.au pty ltd
CS

Téléphone : 3 528 2239

E-mail : connect@connect.com.au

Fournisseurs anglais

Demon Internet Systems
CSA

Téléphone : 81 349 0063

Modem : 81 343 4848

E-mail : internet@demon.co.uk

UK PC User Group
CA

Téléphone : 81 863 6646

E-mail : info@ibmpcug.co.uk

C'est gratuit !

Il y a un peu plus d'un an, un groupe d'universitaires de Cleveland ont créé ce qu'ils ont appelé *freenet*. C'est un système gratuit utilisé par de nombreuses personnes pour partager des informations locales et bénéficier des avantages offerts par Internet. Ce système a eu beaucoup de succès (le freenet de Cleveland est aujourd'hui constitué de trois machines, chacune pouvant accepter de nombreux utilisateurs), et des freenets apparaissent un peu partout aux Etats-Unis et au Canada.

Les freenets fournissent des informations locales en quantité et offrent des connexions telnet et FTP limitées, permettant ainsi l'accès à des bibliothèques et à d'autres hôtes d'intérêt public. Cela n'a rien à voir avec un véritable accès Internet, mais le système est assez intéressant, qui plus est, *gratuit*. Vous pouvez vous connecter via telnet d'un freenet à l'autre, si bien que, si vous pouvez contacter l'un d'entre eux, vous pouvez tous les contacter.

Les freenets sont gérés par des volontaires bénéficiant généralement de facilités universitaires, permettant ainsi un accès gratuit. Toutefois, avant de vous connecter, ils vous soumettent une inscription à seule fin de mieux vous connaître. Ils permettent tous des inscriptions en ligne.

Youngstown Freenet
Youngstown, OH

Modem : 216 742 3072

Se présenter sous *visitor*

Telnet : yfn.ysu.edu

Heartland Freenet
Peoria, IL

Modem : 309 674 1100

Se présenter sous *bbguest*

Telnet : heartland.bradley.edu

Lorain County Freenet
Lorain County, OH

Modem : 216 277 2359 (Lorain)

216 366 9753 (Elyria)

Se présenter sous *guest*

Medina County Freenet
Medina County, OH

Modem : 216 723 6732

Tri-State Online
Cincinnati, OH

Modem : 513 579 1990

Se présenter sous *visitor*

Telnet : cbos.uc.edu

Denver Freenet
Denver, CO

Modem : 303 270 4865

Se présenter sous *guest*

Telnet : freenet.hsc.colorado.edu

Tallahassee Freenet
Tallahassee, FL

Modem : 904 576 6330

Se présenter sous *visitor*

Telnet : freenet.fsu.edu

Victoria Freenet
Colombie-Britannique, Canada

Modem : 604 595 2300

Telnet : freenet.victoria.bc.ca

National Capital Freenet
Ottawa, Ontario, Canada

Modem : 613 780 3733

Se présenter sous *guest*

Telnet : freenet.carleton.ca

Big Sky Telegraph
Dillon, MT

Modem : 406 683 7680

Se présenter sous *bbs*

Buffalo Free-Net
Buffalo, NY

Modem : 716 645 6128

Se présenter sous *freeport*

Telnet : freenet.buffalo.edu

Columbia Online Information Network (COIN)
Columbia, MS

Modem : 314 884 7000

Se présenter sous *guest*

Telnet : bigcat.missouri.edu

Wellington Citynet
Wellington, Nouvelle-Zélande

Modem : 4 801 3060

Telnet : kosmos.wcc.govt.nz

Chapitre 28
Sources de logiciels Internet

Dans ce chapitre...

Généralités
Logiciels TCP/IP Windows et MS-DOS
Applications de réseau Windows et DOS
Logiciels TCP/IP Macintosh
Applications de réseau Macintosh

Généralités

De deux choses l'une, soit vous n'aimez pas installer de logiciels, soit ce n'est tout simplement pas votre affaire. A moins d'être un utilisateur de PC ou Mac, vous vous situez probablement dans la seconde catégorie. Si vous utilisez un autre type d'ordinateur ou une station de travail, acquérir les logiciels, négocier les contrats, se charger de l'installation et de la maintenance, et faire que tout fonctionne en douceur sont des tâches qui ne vous incombent pas. Un spécialiste des réseaux est généralement chargé de tout cela. En revanche, si vous travaillez sur PC ou Mac, qui sait ? Avec un peu de chance, là aussi quelqu'un d'autre se charge de toutes ces fastidieuses besognes, mais pas toujours. C'est plus particulièrement le cas dans un bureau où tous travaillent sur stations de travail connectées à Internet, *sauf vous* qui disposez d'un PC et voudriez bien être connecté (ne serait-ce que pour éviter de vous promener sans arrêt, des disquettes à la main).

Ce chapitre contient des sources de logiciels Internet pour PC et Mac. Les listes proposées ne sont pas exhaustives (surtout en ce qui concerne les PC), des fournisseurs de TCP/IP apparaissent pratiquement tous les mois, et de nouvelles applications sont disponibles sur Internet toutes les semaines.

Logiciels TCP/IP Windows et MS-DOS

Tous les packs présentés ici comprennent le logiciel de gestion de réseau, ainsi qu'un ensemble d'applications traditionnelles, dont telnet et FTP. La plupart des informations de ce chapitre proviennent d'une liste compilée par et utilisée avec l'accord de C.J. Sacksteder de l'Université de l'état de Pennsylvanie. Cette liste est envoyée au groupe de news USENET *comp.protocols.tcp-ip.ibmpc* chaque fois qu'une modification majeure a lieu. Vous pouvez vous la procurer en vous connectant via FTP à *ftp.cac.psu.edu* dans le répertoire *pub/dos/info/tcpip.packages*.

Le Tableau 28.1 dresse la liste des noms et sources des packs TCP/IP présentés. La plupart de ces logiciels sont commercialisés, quelques-uns sont gratuits ou disponibles en shareware. *Note :* L'abréviation de la première colonne identifie le nom (cette abréviation est utilisée tout au long du chapitre). Le Tableau 28.2 contient les adresses à contacter pour ces sources.

Tableau 28.1 : Packs TCP/IP pour DOS et Windows.

ID	Pack	Version (1)	Editeur/Distributeur	Téléphone
PCTCP	PC/TCP	2.2	FTP Software, Inc.	800 282 4387
Chameleon	Chameleon	3.10	NetManage, Inc.	408 973 7171
Super-TCP	Super-TCP	3.00r	Frontier Technologies	414 241 4555
IBM/DOS	TCP/IP pour DOS	2.10	IBM	800-IBM-CALL
BW	BW-TCP DOS	3.0a	Beame & Whiteside Ltd.	416 765 0822
Distinct	DistinctTCP	3.02	Distinct Corp.	408 741 0781
Pathway	PathwayAccess	2.0	The Wollongong Group	800 962 8649
PC-NFS	PC-NFS	5.0	SunSelect	508 442 0000
LWPD	LAN Workplace	4.lr8	Novell, Inc.	800 772 UNIX
HP	NS & ARPA Services	2.5	Hewlett-Packard	408 725 8111
NCSATel	NCSATelnet	2.3.0	Nat'l Center for Super-computing App.	
CUTCP	CUTCP/CUTE	2.2d	Clarkson University	
QVT/Net	QVT/Net	3.4	QPC Software	716 377 8305
Ka9q	Ka9q	(2)		
WATTCP	WATTCP	3 Août 1993	Werick Engelke	
3Com	3Com TCP	2.0	3Com	800 638 3266

Tableau 28.1 : Packs TCP/IP pour DOS et Windows (suite).

ID	Pack	Version (1)	Editeur/Distributeur	Téléphone
Fusion	Fusion		Pacific Software	800 541 9508
MSLanMan	TCP/IP Util. pour LanManager	1.0	Microsoft	
TCP/2 pour DOS			Essex Systems	508 532 5511
ICE/TCP	ICE/TCP		James River Group	612 339 2521
AIR	AIR pour Windows		Spry, Inc.	206 286 1412
TTCP	TTCP	1.2r2	Turbosoft Pty Ltd.	2 552 1266
PC-LINKD	PC-LINK pour DOS	?	X LINK pour DOS	408 263 8201
PC-LINKW	PC-LINK pour Windows	?	X LINK Technology	408 263 8203
Lanera	TCPOppen/Standard	2.2	Lanera Corporation	408 956 8344
Piper	Piper/IP		Ipswitch, Inc.	617 942 0621
WinNT	Windows NT	3.1 (3)	Microsoft	206 882 8080

(1) La version à laquelle ces informations s'appliquent. Il peut exister une nouvelle version.

(2) Adhérez à la liste de messagerie *tcp-group@ucsd.edu* en envoyant un message à *tcp-group-request@ucsd.edu* pour obtenir une version.

(3) Bien que n'étant pas vendu séparément, Windows NT comprend TCP/IP et quelques autres utilitaires ; il est mentionné ici à titre de comparaison.

Tableau 28.2 : Adresses à contacter.

ID	Adresse	Adresse E-mail
PCTCP	2 High St. North Andover, MA 01 845	sales@ftp.com
Chameleon	20823 Stevens Creek Blvd., Cupertino, CA 95014	support@netmanage.com
Super-TCP	10201 N. Port Washington Rd., Mequon, WS 53092	tcp@frontiertech.com

Tableau 28.2 : Adresses à contacter (suite).

ID	Adresse	Adresse E-mail
IBM/DOS	Dept. E 15, P.O. Box 12195, Research Triangle Park, NC 27709	
BW	P.O. Box 8130 Dundas, Ontario CA L9H 5E7	sales@bws.com
Distinct	P.O. Box 3410 Saratoga, CA 95070-1410	mktg@distinct.com
Pathway	1129 San Antonia Rd., Palo Alto, CA 94303	sales@twg.com
PC-NFS	2 Elizabeth Drive, Chelmsford, MA 01824	
LWPD	122 East 1700 South, Provo, UT 84606	
HP	19420 Homestead Rd., Cuportino, CA 94014	
NCSATel		anon FTP simtel20 ou systèmes miroirs pub/msdos/ncsaelnet
CUTCP		anon FTP sun.soe.clarkson.edu cutcp@omnigate.clarkson.edu
QVT/Net		anon FTP ftp.cica.indiana.edu ou systèmes miroirs djp@troi.cc.rochester.edu
Ka9q		anon FTP ucsd.edu pub/ham-radio/packet/tcpoip/ka9q
WATTCP		anon FTP dorm.rutgers.edu pub/msdos/wattcp
MSLanMan	One Microsoft Way, Redmond, WA 95052-6399	
ICE/TCP	125 North First St., Minneapolis, MN 55401	jriver@jriver.com
AIR	1319 Dexter Ave. North Seattle, WA 98109	sales@spry.com
TTCP	248 Johnston St. Annandale, NSW Aus. 2038	info@abccomp.oz.au
PC-LINKx	741 Ames Avenue Milpitas, CA 95035	tom@xlink.com
Lanera	516 Valley Way Milpitas, CA 95035	lanera@netcom.com
Piper	580 Main St. Reading, MA 01867	ub@ipswitch.com
WinNT	One Microsoft Way Redmond, WA 95052-6399	

Chapitre 28 : Sources de logiciels Internet

Le Tableau 28.3 contient les codes suivants :

- **O** : Oui, fonction incluse.
- **N** : Non, fonction non incluse.
- **M** : Nécessite cette fonction.
- **S** : Fonction acceptée via *shim* qui simule une interface logicielle différente.

La colonne *Pile fournie* indique si les bibliothèques peuvent accepter des applications nouvelles ou réalisées par des indépendants. *Ethernet*, *Token Ring* et *FDDI* sont des types de connexion de réseaux physiques. Les *Gestionnaires de paquets* permettent de gérer de façon standard différentes marques de cartes Ethernet. *NDIS* permet le partage de cartes avec LAN Manager ; *ODI*, le partage avec Novell. *SLIP* et *PPP* gèrent les communications en série (modem).

Tableau 28.3 : Matériel accepté.

ID	Gestionnaires inclus					Interfaces acceptées			
	Pile fournie	Ethernet	Token Ring	FDDI	Gestionnaires de paquet	NDIS	SLIP	PPP	ODI
PCTCP	O	O	O		O	O	O	O	O
Chameleon	O	O	O	O	N	O	O	N	
Super-TCP	O	O	O	N	O	O	O	X	O
IBM/DOS	O	O	O		S	O	O	N	N
BW	O	O	O		O	O	O	N	O
Distinct	O	O	O	O	O	O	O	O	O
Pathway	O	O	O		O	O	O		O
PC-NFS	O	O	O		S	O	O	N	O
LWPD	O	O	O		S	S	O	O	O
HP	O	O	O		O	O	N	N	S
NCSATel	N	N	N		M				
CUTCP	N	N	N						
QVT/Net	N	N	N		M		O		
Ka9q (3)	N	N	N	N	O	N	O	O	N

Tableau 28.3 : Matériel accepté (suite).

	Gestionnaires inclus					Interfaces acceptées			
WATTCP	0	N	N	N	0	N	N	N	N
3Com		0	0		N	0			
Fusion		0		N	0				
MSLanMan (1)			0	0	0		0		
ICE/YCP					0				
AIR	N					0			0
TTCP		0		0	0	S	N	N	S
PC-LINKD		0			0	0	0		0
Lanera	0	0	N	N	0	0	0	N	0
Piper	0	0	0	?	?	0	0	?	0
WinNT	0	0	0	0	N	0 (2)	N	N	

Note : La plupart des packs de logiciels comprennent plus de gestionnaires que ceux indiqués ici. Tous les packs intégrant des gestionnaires de paquets acceptent également NDIS et ODI à l'aide de logiciels de compatibilité.

(1) Pile fournie avec LAN Manager.

(2) Accepte NDIS 3.0.

(3) 3Ka9q est fourni avec un code source en langage C de sorte qu'un ami expert peut l'adapter à votre système quel que soit le matériel utilisé.

Le Tableau 28.4 contient des abréviations nécessitant quelques éclaircissements. *TT apps :* toutes les applications tournent sur Windows. *QQ apps :* quelques-unes tournent sur Windows, d'autres sur DOS. *TT DLL :* pile mise en application sous un code "100 pour 100 Windows DLL". *WYNSOCK :* accepte la version 1.1 de Windows Socket API pour les applications additionnelles. *Dvir :* inclut une unité de disque virtuelle pour accepter les applications de DOS tournant sous Windows. *Gest de réseau :* gestionnaire Windows permettant des commandes de connexion et de déconnexion, ainsi que des impressions à distance.

Tableau 28.4 : Applications Microsoft Windows.

ID	TT apps	QQ apps	TT DLL	WINSOCK	Dvir	Gest réseau
PCTCP	N	O	N	O	O	O
Chameleon	O	N	O	O		
Super-TCP	O	(1)	O (1)	O	O	O
IBM/DOS	N	O	N (2)	O		
BW	N	O	N	N (3)		
Distinct	O	N	O	O		
Pathway	O					
PC-NFS	N	O	N	O	O	O
LWPD	N	O	N	N (3)		
HP	N	N	N	N		
NCSATel	N	N	N	N		
CUTCP	N	N	N	N		
QVT/Net	O	N	N	N	N	N
Ka9q	N	N	N	N	N	N
WATTCP	N	N	N	O	N	N
3Com Fusion						
MSLanMan AIR	N	N	N	(5)		
TTCP	N	O	N	N (3)		
PC-LINKW						
Lanera	N	O	N	O		
Piper	?	?	N	O	?	N
WinNT	N (4)	N (4)	N (4)	O		

(1) Super-TCP/NFS inclut des applications DOS et un programme TSR optionnel.

(2) Pile en code protégé résidant entièrement en mémoire étendue excepté pour une petite interface TSR.

Sixième partie : Le cercle des références

(3) WINSOCK est prévu pour bientôt, sous forme de mise à jour ou dans la prochaine version.

(4) Windows NT ne tourne pas sur DOS, et TCP/IP fait partie du système. Certaines applications sont des programmes graphiques, de nombreux utilitaires sont des programmes texte.

(5) Vous pouvez trouver une version d'essai de WINSOCK à transférer via FTP sur *rhino.microsoft.com*.

Le Tableau 28.5 contient deux codes que vous devez connaître :

- **D** : DOS ou application texte.
- **W** : Application Windows.

Notez également les informations suivantes : *SMTP* : courrier électronique en sortie. *POP* : courrier électronique en entrée. *NNTP* : news de USENET. *SNMP* : outil de contrôle de réseau. *NFS* : fichiers disques sur systèmes éloignés

Tableau 28.5 : Applications.

ID	Telnet	TN3270	FTP Client	FTP Serveur	SMTP	POP (2)	NNTP Client	SNMP Agent	NFS Client
PCTCP	DW	D	DW	D	D	D2 D3	D	y	DW
Chameleon	W	W	W	W	W	W2	N	W	X
Super-TCP	W	W	W	W	W	W2 W3	W	W	DX WX
IBM/DOS	DW	DW	DW	D	DW	D2	N	0	X
BW	DW	DW	DW	DW	W	W2 W3	N	0	X
Distinct	W	N	W	W					
Pathway	DW	DW	DW	D				D	DW
PC-NFS	DW	X	DW	D	DW	D23 W23	N	0	DW
LWPD	DW	DWX	DW	DW	N	N	N	0	X
HP	D		D						
NCSATel	D	(3)	D		N	N	N	N	N
CUTCP	D	D	D	D	N	N	N	N	N
QVT/Net	W	N	W	W	N	W	W	N	N
Ka9q	D	N	D	D	D CS	D23	D	N	N
WATTCP	N	N	N	N	N	?	N	N	N

Tableau 28.5 : Applications (suite).

ID	Telnet	TN3270	FTP Client	FTP Serveur	SMTP	POP (2)	NNTP Client	SNMP Agent	NFS Client
3Com									
Fusion									
MSLanMan	D		D						
AIR	W	W	O						X
TTCP v2.0	(1)		DW						
PC-LINKD	D		D						O
PC-LINKW									O
Lanera	DW	DW	D	D	N	N	N	N	X
Piper	O	O	O	O	CS	?	O	O	O
WinNT	W	N	D	(4)	N	N	N	y	

(1) Emulation de terminal vendue séparément.

(2) POP : 2 pour la version 2, 3 pour la version 3 qui nécessite un client SMTP pour envoyer du courrier.

(3) TN3270 (CUTCP) disponible à l'Université de Clarkson.

(4) Serveur pour NT en version de fabrication.

Applications de réseau Windows et DOS

Les informations suivantes sont des applications de réseau Internet. La plupart d'entre elles nécessitent un des packs TCP/IP mentionnés dans les tableaux précédents ou, pour les applications Windows, tout logiciel capable d'accepter la fonction WINSOCK. Cette liste ne comprend pas les passerelles qui pourraient être requises entre TCP/IP et d'autres réseaux tels que Novell ; reportez-vous à la liste (mentionnée précédemment) que vous pouvez récupérer via FTP à *ftp.cac.psu.edu* dans le répertoire *pub/dos/info/tcpip.packages*.

FTP Nuz

Client DOS USENET en shareware pour PC/TCP. Vous le trouverez en vous connectant via FTP à *calvin.sfasu.edu*, répertoire */pub/dos/network/ftp-pctcp*.

HGopher (beta 2.2)

Client WINSOCK Gopher (voir le Chapitre 20). Connectez-vous via FTP à *lister.cc.ic.ac.uk*, répertoire *pub/wingopher* ou à *sunsite.unc.edu*, répertoire */pub/micro/pc-stuff/ms-windows/apps*. Transférez sur votre système les fichiers *readme.txt* et *hgopher.exe* (version WINSOCK) ou *hngopher.exe* (version PC NFS uniquement).

Microsoft TCP/IP pour Windows pour Workgroups

Cette application ne propose qu'un seul utilitaire, mais offre en revanche WINSOCK.DLL et NetBIOS sur TCP/IP.

NUPop

Essentiellement un client POP3, mais la version 2.0, actuellement en version beta (5/93), inclut un client Gopher, telnet, FTP et d'autres utilitaires intégrés. Fonctionne avec des noyaux PC/TCP et gestionnaires de paquets. Vous pouvez la trouver en vous connectant via FTP anonyme à *ftp.acns.nwu.edu* dans */pub/nupop*.

OS Mail

L'application Open Systems Mail est un client POP3 Windows commercialisé pour différents groupes (PC-NFS, PC/TCP, Wollongong Pathway). Adressez-vous à *pinesoft@netcom.com* pour toute information.

PC Eudora

Client POP3 Windows fonctionant avec WINSOCK. Connectez-vous via FTP anonyme à *ftp.qualcomm.com*. Autrefois gratuite, cette application est maintenant commercialisée par Qualcomm.

PC Gopher

Clients DOS Gopher (II et III) pour gestionnaires de paquets. Connectez-vous via FTP anonyme à *boombox.micro.umn.edu*. L'Université du Michigan offre une version de PC Gopher II pour noyau PC/TCP. Connectez-vous via FTP anonyme à *ftp.msu.edu*. Consultez également UTGopher au même site. PC Gopher III fonctionne maintenant avec PC/TCP également.

Trumpet

Trumpet est un lecteur de news. Il fonctionne avec des gestionnaires de paquets et LWPD ; il contient un code d'interface pour noyaux PC/TCP. Une version Windows d'essai existe à plusieurs parfums pouvant fonctionner avec plusieurs logiciels TCP/IP différents, dont un pour WINSOCK. Connectez-vous via FTP à *ftp.utas.edu* ou *biochemistry.cwru.edu*.

Cello

Cello est un programme WWW complet pour Windows. Il requiert le pack TCP/IP Distinct (une version réduite est incluse) ou WINSOCK. Il est disponible par connexion FTP à *fatty.law.cornell.edu*, répertoire */pub/LII/Cello*.

Applications WINSOCK

De nombreuses applications utilisant l'interface API WINSOCK sont disponibles via FTP anonyme à *microdyne.com* ou *sunsite.unc.edu*, */pub/micro/pc-stuff/ms-windows/winsock*. La plupart sont encore en cours de réalisation. Vous pouvez également y trouver divers documents relatifs à l'interface API Windows Sockets.

Logiciel TCP/IP Macintosh

Pratiquement toutes les applications Internet Mac requièrent MacTCP, fourni par APDA. Il faut au moins la version 2.0.2. En général, vous pouvez demander à votre distributeur Macintosh de le commander à APDA. Les numéros de bons de commande et les prix (pour les Etats-Unis) sont les suivants :

- M8113Z/A : Connexion pour Macintosh TCP/IP ($59,00).
- M8114Z/A : Gestion pour Macintosh TCP/IP ($199,00).

MacSLIP

Il s'agit de connexions Internet commutées (SLIP) sous forme d'extension MacTCP par TriSoft. Envoyez un message électronique à *info@hydepark.com*.

InterSLIP

Extension SLIP de MacTCP par InterCon. Disponible dans le pack TCP/Connect II, et gratuitement via FTP sous *ftp.intercon.com* dans *InterCon/sales*.

Applications de réseau Macintosh

MacTCP ne fournit qu'un support de bas niveau et un panneau de configuration. Vous ne pouvez rien faire sans applications. De nombreuses applications sont gratuites ou en version shareware et peuvent être téléchargées par FTP. Les systèmes d'archives FTP Mac les plus importants sont les suivants :

- mac.archive.umich.edu. (Fournit également des fichiers par courrier électronique. Envoyez un message contenant le mot *help* à *mac@mac.archive.umich.edu*.)

- ftp.apple.com. (Il s'agit du système d'archives Apple officiel pour obtenir des logiciels Apple gratuits.)

- microlib.cc.utexas.edu

- sumex-aim.stanford.edu. (Système très sollicité, donc surchargé.)

- wuarchive.wustl.edu. (Des copies des fichiers *sumex* se trouvent dans *mirrors.infomac* et des copies des fichiers *umich* dans *mirrors/archive.umich.edu*.)

NCSA Telnet

NCSA est le programme telnet Mac le plus ancien et le plus couramment utilisé. Il fournit également des transferts FTP en entrée et en sortie. Disponible via FTP. Contrairement à toutes les autres applications présentées ici, il peut tourner avec ou sans MacTCP. Sans MacTCP, il contient son propre pack de connexion commutée SLIP.

Comet (Emulateur de terminal Macintosh Cornell)

Comprend telnet et TN3270. Disponible via FTP à *comet.cit.cornell.edu* dans le répertoire */pub/comet*.

Hytelnet

Hytelnet est une version Hypercard de telnet. Adressez un message électronique à l'attention de Charles Burchill à *burchil@ccu.umanitoba.ca*.

Eudora

Eudora est le logiciel de messagerie électronique le plus couramment utilisé : souple, complet et gratuit. Que demander de mieux ? Transférez-le via FTP sur votre système depuis *ftp.cso.uiuc.edu* dans *mac/eudora*, ou demandez-le par courrier électronique à *eudora-info@qualcomm.com*.

LeeMail

Programme de messagerie shareware. Disponible par FTP ou en adressant un message à son auteur Lee Fyock à *<laf@mitre.org>*.

NewsWatcher

Programme de news USENET gratuit. Disponible par FTP. Les experts peuvent obtenir le code source par FTP à *ftp.apple.com*.

Numtius

Lecteur USENET graphique. Contacter son auteur, Peter Speck, à *speck@dat.ruc.dk*.

TCP/Connect II

Pack commercialisé et complet (telnet, FTP, news et plus) d'applications Internet. Distribué par InterCon Systems. Adresse e-mail : *sales@intercon.com*.

SU-Mac/IP

Pack commercialisé par Synergy Software comprenant des versions souples de telnet et FTP. SLIP (connexion commutée) également disponible.

VersaTerm

Cet ensemble d'applications de réseau (telnet, FTP, impressions à distance, et plus) est proposé par l'Université de Stanford gratuitement ou à faible coût ; distribué uniquement à des établissements d'études supérieures. Adresse électronique : *macip@jessica.stanford.edu*.

Chapitre 29
Pour en savoir plus

Dans ce chapitre...

Publications
Organismes

Publications

Deux des magazines ci-après sont également disponibles sur Internet.

Internet World

Ce nouveau magazine bimensuel est destiné aux utilisateurs d'Internet. Ses articles comprennent des conseils et astuces, faits divers, interviews d'utilisateurs notables, présentations et critiques de produits et services, et autres informations intéressantes. Contactez :

Internet World
Meckler Corp.
11 Ferry Lane West
Westport, CT 06880

Téléphone : 203 226 6967

E-mail : meckler@jvnc.net ou 70373.616@compuserve.com

Matrix News

Bulletin mensuel sur les réseaux, qui inclut (mais n'est pas limité à) Internet. Disponible sur papier ou par courrier électronique (e-mail). Contactez :

Matrix Information and Directory Services
1106 Clayton Lane, Suite 500W
Austin, TX 78723

Téléphone : 512 451 7602

E-mail : mids@tic.com

Internet Business Journal

Le journal des affaires naissantes d'Internet. Faits divers, enquêtes et sondages, et autres thèmes de ce genre. Disponible en ligne et sur papier. Contactez :

Michael Strangelove, Editeur
The Internet/NREN Business Journal
1-60 Springfield Road
Ottawa, Ontario, CANADA, K1M 1C7

Téléphone : 613 747 0642

FAX : 613 564 6641

E-mail : 441495@acadvm1.uottawa.ca

Organismes

Chacune des sociétés ci-après publie également un magazine.

The Internet Society

La société Internet supervise la croissance et l'évolution d'Internet. Elle s'occupe du développement et de l'évolution des normes d'Internet afin que cet interréseau mondial puisse évoluer et s'épanouir sans problème.

Cette société publie un magazine, organise des conférences, et possède de nombreuses ressources en ligne. Toute personne individuelle ou entreprise peut devenir membre de la société. Contactez :

Internet Society
Suite 100
1895 Preston White Drive
Reston, VA 22091

FAX : 703 620 0913

E-mail : isoc@isoc.org

The Electronic Frontier Foundation (EFF)

La fondation EFF traite de thèmes à la frontière électronique, tels que la liberté d'expression, l'accès équitable et l'éducation dans le contexte des réseaux informatiques. Elle offre également des services légaux en cas de litiges, lorsque les libertés publiques en ligne des utilisateurs ont été violées.

Cette fondation publie un magazine, possède un groupe USENET, stocke des fichiers en ligne, et dispose de ressources humaines. Contactez :

Electronic Frontier Foundation
1001 G Street, NW
Suite 950 East
Washington, DC 20001

Téléphone : 202 347 5400

FAX : 202 393 5509

E-mail : eff@eff.org

USENET : comp.org.eff.news et com.org.eff.talk

The Society for Electronic Access (SEA)

La société SEA a pour objet de promouvoir les droits civiques et la civilisation du monde des réseaux, essentiellement par la recherche et l'éducation. Contactez :

The Society for Electronic Access
Post Office Box 3131
Church Street Station
New York, NY 10008-3131

E-mail : sea-member@sea.org

Annexe A
Les zones géographiques d'Internet

Cette liste est valable pour le mois d'avril 1993, et sera probablement périmée lorsque vous lirez cet ouvrage. (Les codes de pays, quant à eux, ne changent pas très souvent.)

Comment lire ce tableau

Les lettres inscrites dans le champ *Connexion* indiquent les types de connexion Internet disponibles pour chaque pays. La lettre *I* majuscule signifie que le pays est relié à Internet. La lettre *i* minuscule signifie que le pays dispose d'un réseau de type Internet, mais qu'il n'est pas connecté au reste du monde. Les autres lettres désignent d'autres types de réseaux pouvant échanger du courrier électronique avec Internet (dont ils ne font pas vraiment partie). Ces réseaux sont *B* pour *BITNET*, *F* pour *FIDONET*, *U* pour *UUCP*, et *O* pour *OSI*. Une lettre majuscule indique qu'il existe plus de cinq sites de ce type ; une minuscule indique qu'il en existe de un à cinq.

Tableau A.1 : Zones à deux lettres.

Zone	Connexion	Pays
AF		Afghanistan (République démocratique d')
ZA	IUFO	Afrique du Sud (République d')
AL		Albanie (République d')
DZ		Algérie (République démocratique populaire d')
DE	BIUFO	Allemagne (République fédérale d')

Tableau A.1 : Zones à deux lettres (suite).

Zone	Connexion	Pays
AD		Andorre (Principauté d')
AO		Angola (République populaire d')
AI		Anguilla
AQ	I	Antarctique
AG		Antigua et Barbuda
AN		Antilles néerlandaises
SA	B	Arabie Saoudite (Royaume d')
AR	BIUF	Argentine (République d')
AM	u	Arménie
AW		Aruba
AU	IUFo	Australie
AT	BIUFO	Autriche (République d')
AZ	U	Azerbaïdjan
BS		Bahamas (Etat indépendant dans le cadre du Commonwealth)
BH	b	Bahreïn (Ile)
BD		Bangladesh (République populaire du)
BB		Barbade (la)
BY	UF	Belarus
BE	BIUFO	Belgique (Royaume de)
BZ		Belize
BJ		Bénin (République populaire du)
BM	uf	Bermudes
BT		Bhoutan (Royaume du)
BO	U	Bolivie (République de)
BA		Bosnie-Herzégovine
BW	f	Botswana (République de)
BV		Bouvet (Ile)
BR	BIUFO	Brésil (République fédérale du)
BN		Brunei Darussalam
BG	biUF	Bulgarie (République populaire de)
BF	u	Burkina-Faso (anciennement Haute-Volta)

Tableau A.1 : Zones à deux lettres (suite).

Zone	Connexion	Pays
BI		Burundi (République de)
KY		Caïmans (Iles)
KH		Cambodge
CM	u	Cameroun (République du)
CA	BIUFO	Canada
CV		Cap-Vert (Iles du)
CF		Centrafricaine (République)
CL	BIUF	Chili (République du)
CN	ufO	Chine (République populaire de)
CX		Christmas (Ile de l'océan indien)
CY	bI	Chypre
CC		Cocos (Iles, ou Keeling)
CO	Bu	Colombie (République de)
KM		Comores (République fédérale et islamique des)
CG	u	Congo (République du)
CK		Cook (Iles)
KP		Corée du Nord (République démocratique populaire)
KR	BIUFO	Corée du Sud (République)
CR	bIu	Costa Rica (République de)
CI	u	Côte d'Ivoire (République de)
HR	Iufo	Croatie
CU	U	Cuba (République de)
DK	BIUFO	Danemark (Royaume du)
DJ		Djibouti (République de)
DO	Uf	Dominicaine (République)
DM		Dominique (Etat indépendant dans le cadre du Commonwealth)
EG	bU	Egypte (République arabe d')
AE		Emirats Arabes Unis
EC	bIu	Equateur (République de l')
ES	BIUFO	Espagne (Royaume d')
EE	IUF	Estonie (République d')

Tableau A.1 : Zones à deux lettres (suite).

Zone	Connexion	Pays
US	BIUFO	Etats-Unis (Etats-Unis d'Amérique)
ET	F	Ethiopie (République démocratique populaire d')
FK		Falkland (Iles, anciennement Malouines)
RU	BiUF	Fédération Russe
FO		Féroé (Iles)
FJ	u	Fidji (Iles)
FI	BIUFO	Finlande (République de)
FR	BIUFO	France (République française)
GA		Gabon (République du)
GM		Gambie (République de la)
GE	UF	Géorgie (République de)
GQ		Guinée équatoriale (République de)
GF	u	Guinée française
GH	F	Ghana (République du)
GI		Gibraltar
GR	BIUFO	Grèce (République hellénique)
GD	u	Grenade
GL	If	Groenland
GP	bu	Guadeloupe (la ; département français d'outre-mer)
GU	F	Guam
GT	u	Guatemala (République du)
GN		Guinée (République de)
GW		Guinée-Bissau (République de)
GY		Guyana (République de)
HT		Haïti (République d')
HM		Heard et MacDonald (Iles)
HN		Honduras (République du)
HK	BIF	Hong-Kong
HU	BIUFo	Hongrie (République de)
IN	bIUfO	Inde (République de l')
ID	u	Indonésie (République d')

Tableau A.1 : Zones à deux lettres (suite).

Zone	Connexion	Pays
IQ		Irak (République d')
IR	b	Iran (République islamique d')
IE	BIUFO	Irlande
IS	IUFo	Islande (République d')
IL	BIUF	Israël (Etat d')
IT	BIUFO	Italie (République italienne)
JM	u	Jamaïque
JP	BIUF	Japon
JO		Jordanie (royaume hachémite de)
KZ	Uf	Kazakhstan
KE	f	Kenya (République du)
KG	U	Kirghizistan
KI	u	Kiribati (République de)
KW	I	Koweit (Etat du)
LA		Laos (République démocratique populaire du)
LS	u	Lesotho (Royaume du)
LV	IUF	Lettonie (République de)
LB		Liban (République du)
LR		Libéria (République du)
LY		Libye
LI		Liechtenstein (Principauté du)
LT	UFo	Lituanie
LU	bIUFo	Luxembourg (Grand-duché de)
MO	F	Macao (Ao-me'n)
??		Macédoine (anciennement République yougoslave de)
MG		Madagascar (République démocratique de)
MY	bIUF	Malaisie
MW		Malawi (République du)
MV		Maldives (République des)
ML	u	Mali (République du)
MT	u	Malte (République de)

Tableau A.1 : Zones à deux lettres (suite).

Zone	Connexion	Pays
MP		Mariannes du nord (Iles)
MA		Maroc (Royaume du)
MH		Marshall (République des Iles)
MQ		Martinique (Ile de la ; département français d'outre-mer)
MU	f	Maurice (Ile)
MR		Mauritanie (République islamique de)
MX	BIuF	Mexique
FM		Micronésie (Etats fédérés de)
MD	UF	Moldavie (République de)
MC		Monaco (principauté de)
MN		Mongolie (République populaire de)
MS		Montserrat
MZ	u	Mozambique (République populaire du)
MM		Myanmar
NA	u	Namibie
NR		Nauru
NP		Népal (Royaume du)
NI	u	Nicaragua (République du)
NE	u	Niger (République du)
NG		Nigéria (République fédérale du)
NU		Niue
NF		Norfolk (Ile)
NO	BIUFO	Norvège (royaume de)
NC	U	Nouvelle-Calédonie
NZ	IUF	Nouvelle-Zélande
OM		Oman (sultanat d')
UG	f	Ouganda (République d')
UZ	UF	Ouzbékistan
PK	U	Pakistan (République islamique du)
PW		Palau (République de)
PA	buF	Panama (République de)

Tableau A.1 : Zones à deux lettres (suite).

Zone	Connexion	Pays
PG	u	Papouasie-Nouvelle-Guinée
PY	u	Paraguay (République du)
NL	BIUFO	Pays-Bas (Royaume des)
PE	Uf	Pérou (République du)
PH	uF	Philippines (République des)
PN		Pitcairn
PL	BIUF	Pologne (République de)
PF	u	Polynésie française
PR	bIUF	Porto Rico (utilise les noms des U.S.A)
PT	bIUFO	Portugal (République portugaise)
QA		Qatar (Etat de)
RE	u	Réunion (la ; département français d'outre-mer)
RO	Bf	Roumanie
UK	bIUFO	Royaume-Uni (le code officiel est GB)
RW		Ruanda (République du)
EH		Sahara occidental
KN		Saint-Christophe et Nevis (Etat indépendant dans le cadre du Commonwealth)
SH		Sainte-Hélène
LC		Sainte-Lucie
SM		Saint-Marin (République de)
PM		Saint-Pierre-et-Miquelon (département français d'outre-mer)
VC		Saint-Vincent et Grenadines
SB		Salomon (Iles)
SV		Salvador (République du)
WS		Samoa (Etat des, ou Samoa occidentales)
AS		Samoa américaines (ou Samoa orientales)
ST		Sao Tomé et Principe (République démocratique de)
SN	Uf	Sénégal (République du)
SC	u	Seychelles (République des)
SL		Sierra Leone (République de la)

Tableau A.1 : Zones à deux lettres (suite).

Zone	Connexion	Pays
SG	bIuF	Singapour (République de)
SK	bIUF	Slovaquie
SI	IUFO	Slovénie
SO		Somalie (République démocratique de)
SD		Soudan (République démocratique du)
LK	U	Sri Lanka (République socialiste démocratique du)
SE	BIUFo	Suède (royaume de)
CH	BIUFO	Suisse (Confédération helvétique)
SR	u	Surinam (République du)
SJ		Svalbard et Jan Mayen (Iles)
SZ		Swaziland (Royaume de)
SY		Syrie (République arabe de)
TJ	uf	Tadjikistan
TW	BIuF	Taiwan, Province de Chine
TZ	f	Tanzanie (République unie de)
TD		Tchad (République du)
CZ	BIUF	Tchèque (République)
IO		Territoire de l'océan indien britannique
TF		Territoires du sud français
TH	IUF	Thaïlande (Royaume de)
TP		Timor (est)
TG	u	Togo (République du)
TK		Tokelau
TO		Tonga (Royaume de)
TT	u	Trinité et Tobago (Etat indépendant dans le cadre du Commonwealth)
TN	bIUfo	Tunisie
TM	U	Turkménistan
TC		Turques et Caïques (Iles)
TR	BIF	Turquie (République de)
TV		Tuvalu

Tableau A.1 : Zones à deux lettres (suite).

Zone	Connexion	Pays
UA	UF	Ukraine
SU	BiUF	Union soviétique (terme officiellement obsolète, mais encore utilisé)
UY	UF	Uruguay (République orientale de l')
VU	u	Vanuatu (République de ; anciennement Nouvelles-Hébrides)
VA		Vatican (Etat de la cité du)
VE	IU	Venezuela (République du)
VI	f	Vierges américaines (Iles)
VG		Vierges britanniques (Iles)
VN		Viêt -Nam (République socialiste du)
WF		Wallis et Futuna (Iles)
YE		Yémen (République arabe)
YU		Yougoslavie (République socialiste fédérative de)
ZR		Zaïre (République du)
ZM	uf	Zambie (République de)
ZW	uf	Zimbaboué (République du)
NT		Zone neutre (entre l'Arabie Saoudite et l'Irak)

Copyright 1993 Lawrence H. Landweber et The Internet Society. Toute copie ou utilisation de cette liste doit comporter cette notice.

Annexe B
Les prestataires de service

Dans ce chapitre...

Les principaux prestataires de service Internet France
A quel type d'utilisateurs ils s'adressent
Où les contacter
Une liste d'adresses de prestataires en Belgique et en Suisse

Vous êtes prêts pour le grand saut dans le cyberespace. Mais voilà, le plus délicat (ou presque) reste à faire : choisir un prestataire de service. Car tout le monde n'a pas les mêmes besoins pour accéder au Net. Pour certains, un simple accès à une messagerie électronique et aux News de USENET suffira. Pour d'autres, le cyberespace pourra prendre la forme d'un réseau commercial, sorte de BBS géant reproduisant le Net en miniature. Enfin, pour les plus téméraires, il leur faudra entrer dans la danse du "Full Internet", un Internet totalement interactif dans lequel vous n'aurez pratiquement plus de limites et où les FTP, Telnet, Gopher, Mosaïc et autre, Archie n'auront plus de secrets pour vous.

ATT Easy-Link

Orientation commerciale : Offre un service de base simple en E-mail. La facturation est fonction du nombre de signes transmis. Il existe également une possibilité de connexion via un Numéro vert.

Adresse : 52, quai Dion-Bouton

92806 Puteaux Cedex

Téléphone : (1) 47 67 47 87

Calvacom

Orientation commerciale : Réseaux d'informations commerciales. Calvacom propose, via son service CalvaNet, un accès Full Internet.

Adresse : Technopolis Batiment 1

175, rue Jean-Jacques-Rousseau

92138 Issy-les-Moulineaux

Téléphone : (1) 41 08 11 00

CompuServe

Orientation commerciale : Réseaux d'informations commerciales. CompuServe devrait ouvrir, dès la fin de cette année des passerelles vers Internet.

Adresse : Centre Atria-Rueil 2000

21, avenue Edouard-Belin

92566 Rueil-Malmaison Cédex

Téléphone : (1) 47 14 21 50

E-mail : 70006,101

DXNet

Orientation commerciale : Prestataire Internet situé à Strasbourg. C'est le premier hors de la région parisienne. Oléane, son fournisseur, prévoit de couvrir une partie de l'Hexagone (Ouest, Sud-Est et Nord).

Adresse : 21, rue Bosquet

67300 Schiltighein

Téléphone : 88 83 20 66

Eunet

Orientation commerciale : Association de prestataires européens dont le siège est à Amsterdam. Propose une palette de services allant de la connexion IP simple aux connexions grands comptes. Les modes de facturation sont basés sur le volume d'informations transmis par mois.

Adresse : 52, avenue de la Grande-Armée

75017 Paris

Téléphone : (1) 53 81 60 60

E-mail : contact@France.EU.net

France Net

Orientation commerciale : A la fois prestataire Full Internet et réseau commercial.

Adresse : 49, bd du Faubourg Poissonnière

75009 Paris

Téléphone : (1) 40 61 01 76

E-mail : info@francenet.fr

Transpac, France Télécom

Orientation commerciale : Essentiellement pour le raccordement des réseaux d'entreprises vers Internet.

Adresse : 33, avenue du Maine

75015 Paris

Téléphone : (1) 46 48 15 15

French Data Network

Orientation commerciale : Prestataire Full Internet pour les utilisateurs indépendants.

Adresse : 8, rue Belgrand

75020 Paris

Téléphone : (1) 44 62 80 01

Oléane

Orientation commerciale : Orienté grands comptes ou sociétés de service Internet. Oléane équipe un certain nombre de prestataires spécialisés dans la connexion des utilisateurs indépendants.

Adresse : 35, bd de la Libération

94300 Vincennes

Téléphone : (1) 43 28 32 32

E-mail : info@oleane.net

Remcomp

Orientation commerciale : Connexion UUCP pour les particuliers et les PMI/PME. Facturation au volume.

Adresse : 101, rue du Faubourg Saint-Denis

Téléphone : (1) 44 79 06 42

E-mail : info@remcop.fr

World-Net

Orientation commerciale : Prestataire Full Internet pour les utilisateurs indépendants.

Adresse : 7, allée Mozart

94140 Alfortville

Téléphone : (1) 60 20 85 14

E-mail : info@world-net.sct.fr

En Belgique

BELNet

Adresse : DPWB-SPPS

Wetenschapsstratt, 8

1040 Bruxelles

Téléphone : 32-2 2383470

E-mail : helpdesk@belnet.be

EUNet Belgium

Adresse : Stapelhuisstraat 13

B-3000 Leuven

Téléphone : 32-16 236099

Fax : 32- 16 232079

E-mail : info@Belgium.EU.net

Eurokom

Adresse : 1 Blijde Inkomstlaan

B-1040 Bruxelles

Téléphone : 32-2 2303647

European LookData Network

Adresse : DAN-A sa

Dept. Telecom

Avenue Charles Quint 420 - B 189

B-1080 Bruxelles

Téléphone : 32-2 4680547

Connexion : 32-2 34638000

I-COM

Adresse : 1 rue de Genève N°4

Boîte 33

B-1140 Bruxelles

Téléphone : 32-2 2157130

Fax : 32-2 215 89 99

INFOBOARD BBS

Adresse : Buro & Design Center

Esplanade du Heysel 75

1020 Bruxelles

Téléphone : 32-2 4752299

E-mail : info@infoboard.be

INet

Adresse : INet BVBA

Postelarenweg 2 bus 3

2400 Mol

Téléphone : 32-14 319937

E-mail : info@inbe.net

K12Net Belgium

E-mail : lvg@k12.be

KnoopPunt informatie & Kommunikatie Kollektief

Adresse : Snoekstraat 52

B-9000 Gent

Téléphone : 32-9 2258143

E-mail : support@knoopunt.be

Connexion : 32-9 2258143

TFI

Adresse : Telecom Finland International SA

127-129 rue Col. Bourg

B-1140 Bruxelles

Téléphone : 32-2 7323955

E-mail : info@tfi.be

United Callers

Adresse : Rue Rodenbach 70

B-1180 Bruxelles

Téléphone : 32-2 3464850

E-mail : best.of@unicall.be

En Suisse

Active-Net

Connexion : 41-55 261879

EUNet Switzerland

Adresse : Zweirerstrasse 35

CH-8004 Zuerich, Switzerland

E-mail : pr@switzerland.EU.net

Téléphone : 41-1 2914580

Fax : 41-1 2914642

E-mail : info@Switzerland.EU.net

CompuServe Switzerland

Téléphone : 155 31 79 (gratuit)

SWITCH - Swiss Academic and Research Network

Adresse : Limmatquai 138

CH-8001 Zurich

Téléphone : 41-1 2681515

E-mail : postmaster@switch.ch

Index

A

Abréviations, 292
Accès, 308
Adressage,
   dynamique, 45
   statique, 45
Adresses, 66
   postmaster, 76
ANSI (American National Standards Institute), 157
AppleTalk, 41-44
Applications de réseau,
   Macintosh, 330-331
   Windows et DOS, 327-329
Archie, 215, 219-232
   commandes, 221-224, 227, 232
   en direct, 228
   FTP, 228
   méthodes de recherche, 229
      Exact, 223, 229
      Regex (REGular EXpressions), 223, 229
      Sub, 223, 229
      Subcase, 223, 229
   modificateurs de recherche, 229
   serveurs, 220
   variables, 225
   vs. Gopher, 246
   via e-mail, 230
   via-telnet, 221
   xarchie, 230
Archives, 201
   archiveurs, 200
   cpio (CoPy In and Out), 201
   écriture miroir, 210
   tar (Tape ARchive), 201
ARPANET, 8, 21
   National Science Foundation (NSF), 10
   reroutage dynamique, 8
ASCII (American Standard Code for Information Interchange), 181

B

B-Routeurs, 58
Bases de données,
   aviation, 175
   espace, 174
   géographie, 173
   histoire, 174
   littérature, 175
   passerelles, 176
   services commerciaux, 176
   sports et loisirs, 177
BBS (Bulletin Board System), 8
Berkeley mail, 69
Bibliothèque,
   d'Harvard, 172
   de Wellington, 172
   de Yale, 172
   du Collège de Dartmouth, 171
   du Congrès, 170

BinHex, 47, 208
BITFTP, 206
BITNET, 21, 206
Boîtes aux lettres, 37, 66

C

Câble coaxial
   épais (thicknet), 26, 34
   fin (thinnet), 26, 34
Caractères d'interruption, 150
CCITT (Comité Consultatif International pour le Télégraphe et le Téléphone), 93
Circuit virtuel, 58
Client/serveur,
   modèle, 29
   PC et la notion de, 29
CM-5, 249, 303
COMET (COrnell Macintosh EmulaTor), 46
Commandes,
   BACKUP, 49
   cd, 183
   compress, 232
   cpio, 201
   delete, 189
   dir, 183
   finger, 88
   FTP, 35
   get, 184
   help, 232
   lcd, 184
   mdelete, 189
   mget, 186
   mkdir, 189
   mput, 189
   path, 232
   pax, 202
   ping, 274
   prog, 224, 232
   put, 188
   quit, 187, 232
   rcp, 35
   rlogin, 35
   rsh, 35
   servers, 232
   show, 221
   STRU VMS, 49
   talk, 149
   tar, 201
   telnet, 35, 155-164
   tn3270, 164
   whatis, 227, 232
   whois, 92
   ZIP, 49
Commandes à distance, 289
Commutation de circuits, 54-55
Compression (compactage), 196-200
   compress, 198
   gzip, 198
   PKZIP, 196
   zip, 198
Commutation de paquets, 54-55
Concentrateur (hub), 27
Connecteur T, 26, 34
Connexion à distance, 155-167
   rlogin, 164-166

rsh, 167
telnet, 155-164
Connexion FTP anonyme, 190, 209, 253
Conversation interactive, 7
IRC (Internet Relay Chat), 8
Courrier électronique (E-mail), 7
liste de messagerie (mailing list) 7
serveur de messagerie, 7
cpio (CoPy In and Out), 196, 201

D

Domaine, 66
DECnet, 48

E

Ecriture miroir, 210
elm, 69
E-mail (voir Messagerie électronique)
Easynet, 48
Ethernet, 25
câble coaxial épais (thicknet), 26
câble coaxial fin (thinnet), 26
concentrateur (hub), 27
connecteur T, 26
paire torsadée de type non blindé (Unshield Twisted Pair, UTP), 26-27
utilisateurs Mac, 42
Eudora, 46

F

FDDI, 51
Fichiers,
ASCII, 181
binaires, 181
compressés, 196
d'archivage, 196-197
de données, 196
exécutables, 196, 198
texte, 196-197
types, 181, 196-208
finger, 88, 150

Formats,
GIF (Graphic Interchange Format), 203, 212
GIF87, 203
GIF89, 203
GL, 197
JPEG (Joint Photographic Experts Group), 203, 212
MPEG (Moving Photographic Experts Group), 197, 204
PCX, 204
PICT, 205
TARGA, 205
TIFF, 205
Fournisseurs,
américains, 310
anglais, 313
australiens, 313
canadiens, 313
freenet, 314
FTP (voir aussi Transfert de fichiers), 209-215
liste de serveurs, 211-215
serveurs anonymes, 190, 209

G

Gopher, 223-246
commandes, 241
Gopher+, 234
Gopherbook, 235
HGOPHER, 235, 244-246, 327
serveurs, 236
Turbogopher, 235
Veronica, 243
vs. Archie, 246
vs. WAIS, 270
vs. WWW, 270
GNU Ghostscript, 197
Groupes de news (newsgroups), 109, 117, 133-147

H

HGOPHER, 227, 235, 244-246
Hôte, 14
nom d', 14, 17
numéro d', 14
routeur, 14
serveur de terminaux, 14
Hypertext, 261-262

liens, 265

I

ImageMagick, 203
Interfaces série, 25, 27
Protocole PPP (protocole point à point), 25, 28
Protocole SLIP (Serial Line IP), 25, 28
Internet, 3
comment ça marche, 53-61
DOS ou Windows, 29
histoire, 8
Mac, 41-46
protocoles, 8, 55
services, 7-8
terminaux X, 49-50
UNIX, 33-39
VAX, 46-49
Internet Business Journal, 334Internet World, 333
INTERNIC (INTERnet Network, Information Center), 206, 213
IP (Internet Protocol), 55
IRC (Internet Relay Chat), 8, 151
commandes, 152
serveur, 152
ISO (International Standards for Organization), 61

K

Ka9q, 29, 320

L

Liste de messagerie, 7, 101-113
Compilers and Language Processors, 112
Computer Professionals for Social Responsibility, 112
Desktop Publishing, 112
envoyer un message, 107
Frequent Flyers, 111
gestion automatique, 102
gestion manuelle, 102
Info-IBMPC Digest, 112
liste complète, 112
modérateur (censeur), 108

Index 357

Offroad Enthusiasts, 112
Privacy Forum Digest, 111
Readers' Digest, 105
répondre à un message, 109-110
Risks Digest, 111
Tourism Discussions, 111
Transit Issues, 111
vs. USENET, 109
LISTSERV, 103-106
   commandes, 105-107
LocalTalk, 42
LOCIS, 170

M

MacBinary, 47
Machine domestique, 38
Macintosh, 41-46
   AppleTalk, 41-44
   Ethernet, 42
   LocalTalk, 42
   MacTCP (Connexion TCP/IP pour Macintosh), 41-42
   verrouillé
   PhoneNet, 42
   protocoles, 43
   serveurs AppleShare, 43
   serveurs de fichiers Mac, 43
   TCP/IP encapsulé, 44
   Token Ring, 43
MacTCP, 41-42
Mailers (voir Programmes de messagerie)
Mailing lists (voir Listes de messagerie)
Matrix News, 333
mbox, 37, 80
Messagerie électronique (E-mail), 65-85
   adresses, 66
   boîtes aux lettres, 66
   CCITT, 93
   domaine, 66
   logiciel de tri de courrier, 84
      delivermail, 84
   mbox, 80
   MIME (Multipurpose Internet Mail Extensions), 82
   nom utilisateur, 66
   norme et diversité, 93-96
   programmes de messagerie (mailers),

Berkeley mail, 69
elm, 69
xmail, 69
réadressage (remailing), 78
retransmission (forwarding), 78
sauvegarder un message, 79
SMTP (Simple Mail Transfer Protocol), 67
Messagerie SMTP, 30
MILNET, 8
MIME (Multipurpose Internet Mail Extensions), 82
Modem, 28
   V.32, 28
   V.32 bis, 28
Mutitâche, 29

N

NCSA Telnet, 46
Newswatcher, 46
NIS (Network Information System), 37
Nom d'hôte, 14, 17
   système de désignation, 14, 18
   système de nom par domaine (Domain Name System, DNS), 17
Nom utilisateur, 66
   anonyme, 190
Numéro d'hôte, 14
   système de désignation, 14
NFS (Network File System), 36
NSFNET, 10, 213
   règlement de base, 22

O

Organismes Internet,
   The Electronic Frontier Foundation (EFF), 335
   The Internet Society, 334
   The Society for Electronic Access (SEA), 335
Outils de navigation et de recherche d'informations,
   Archie, 219-232
   Gopher, 233-246
   WAIS (Wide Area Information Servers), 249-260

WWW (World Wide Web), 261-270

P

Paire torsadée de type non blindé (Unshield Twisted Pair, UTP), 26-27, 34
Paquets, 55
Passerelles, 7, 56-57
   adressage dynamique, 45
   EtherRoute/TCP, 44
   FastPath, 44
   Gatorbox, 44
   Multiport Gateway, 44
   réseaux SNA, 57
   réseaux DECnet, 57
   utilisateurs DOS, 24
pax, 202
PGP (Pretty Good Privacy), 76
PhoneNet, 42
PKZIP, 196, 200
Ponts, 56
   B-Routeurs, 58
   réseaux Ethernet, 57
POP (voir Protocole POP)
Ports, 59
   numéro de, 60
Poste de travail, 9
Postmaster, 76
PostScript, 197
   GNU Ghostscript, 197
PPP, (voir Protocole PPP)
Problèmes, 273-287
   adresse, 277
   ce qu'il faut savoir, 277
   changements de version, 286
   commande ping, 274
   connexion, 280, 283
   FTP, 282, 285
   liste de messagerie, 279
   panne de réseau, 273
   Token Ring, 276
Programmes,
   3com TCP w/DPA, 320
   AIR pour Windows, 321
   Archie, 219-232
   BinHex, 47, 208
   BW-TCP DOS, 320
   cc:Mail, 68
   Cello, 329
   Chameleon, 320

Comet, 46, 330
compress, 196
cpio, 196, 201
CUTCP/CUTE, 320
delivermail, 84
Distinct TCP, 320
Eudora, 46, 330
exécutables, 198
FTP, 29
FTP Nuz, 327
Fusion, 321
gcat, 200
Gopher, 233-246
Gopherbook, 235
HGopher, 235, 244-246, 327
Hytelnet, 330
ICE/TCP, 321
ImageMagick, 203
InterSLIP, 329
IRC (Internet Relay Chat), 151
Ka9q, 29, 320
LAN Workplace,
LeeMail, 326, 331
LISTSERV, 102-107
MacBinary, 47
MacSLIP, 329
mail, 37
MH, 37, 72
Microsoft Mail, 68
Microsoft TCP/IP pour Windows pour Workgroups, 328
MS-DOS TCP/IP,
mush, 72
NCSA Telnet, 330
NewsWatcher, 331
NS & ARPA Services, 320
Nuntius, 331
NUPop, 328
OS Mail, 328
pack, 196
Pathway Access, 320
pax, 202
PC Eudora, 328
PC Gopher, 328
PC-LINK pour DOS, 321
PC-LINK pour Windows, 321
PC-NFS, 320
PC-TCP, 320
PGP (Pretty Good Privacy), 76
pine, 72
Piper/IP, 321

PKZIP, 196, 200
POP2 (Post Office Protocol), 68
POP3 (Post Office Protocol), 68
QVT/Net, 320
rcp, 35
rlogin, 35, 164-166
rn, 119
rsh, 35
sendmail, 68
slattach, 28
smail, 68
sources, 319-331
SU-Mac/IP, 331
Super-TCP, 320
swais, 251
tar, 196, 201
TeX, 197
TCP/2 pour DOS, 320
TCP/Connect II, 331
TCP/IP Administration pour Macintosh, 329
TCP/IP Connection pour Macintosh, 329
TCP/IP MS-DOS, 320-327
TCP/IP Util. pour LanManager, 321
TCP/IP Windows, 320-327
TCPOppen/Standard, 321
trn, 119
troff, 197
Trumpet, 119, 329
TTCP, 321
Turbogopher, 235
uuconvert.c, 208
uudecode, 208
uuencode, 207
Veronica, 243
VersaTerm, 331
WAIS, 249-260
WATTCP, 320
Windows NT, 321
Windows TCP/IP, 320-327
WINSOCK, 328
WinWais, 255-260
WWW, 261-270
wuarchive, 198
xarchie, 220
xwais, 251
XV, 203
zcat, 199
ZIP, 196
zmail, 72

Programmes de messagerie (mailers),
  Berkeley mail, 69
  elm, 69
  xmail, 69
Protocole IP (Intenert Protocol), 8, 55
Protocoles de communication Mac, 43
Protocoles ISO,
  X.400, 61
  X.500, 61
Protocole POP (Post Office Protocol), 31
  POP2, 31, 68
  POP3, 31, 68
Protocole PPP (Point to Point Protocol), 25, 28
  protocole de couche liaison de données, 28
Protocole SLIP (Serial Line IP), 25, 28
  protocole de couche réseau, 28
Protocole SMTP (Simple Mail Transfer Protocol), 67
Protocole TCP (Transmission Control Protocol), 55
Protocole UDP (User Datagram Protocol), 36, 55
Pseudoterminal, 89, 150
Publications,
  Internet Business Journal, 334
  Internet World, 333
  Matrix News, 333

R

Raccourcis, 289-297
  abréviations, 291
  commandes à distance, 289
  connexion automatique, 292
  FTP, 291
  récurrences, 295
  systèmes multifenêtres, 296
RCP (Remote CoPy), 180, 193
Réadressage (remailing), 78
Reroutage dynamique, 8
Réseau informatique, 4
  étendu (WAN, Wide Area Network), 4
  freenet, 314
  interréseau, 5

Index

local (LAN, Local Area Network), 4
Retransmission (forwarding), 78
rlogin, 164-166
   caractères d'échappement, 165
   tilde, 165
RMS, 48
rn, 119, 125-126
Routeurs, 14, 56-57
   B-Routeurs, 58
   réseaux Ethernet, 56

S

Séquence d'interruption, 187
Serveurs
   AppleShare, 43
   Archie, 220
   de fichiers Mac, 43
   de messagerie (de courrier), 7, 82
   de terminaux, 14, 159
   FTP anonymes, 209
   FTP par courrier, 206
   Gopher, 236
   IBM, 92
   IRC publics, 152
   WWW, 264
SIMTEL-20, 198, 212
SLIP, (voir Protocole SLIP)
Smiley, 75
SMTP, (voir Messagerie SMTP)
SPARC, 198
Station, 9
Supercalculateur, 10, 249, 303
Système de désignation
   par nom, 14, 18
   par numéro, 14
Systèmes de messagerie, 92-100
   America Online, 96
   AT&T Mail, 96
   BITNET, 96
   BIX, 97
   CompuServe, 97
   Easylink, 97
   FIDONET, 98
   MCI Mail, 98
   Prodigy, 98
   Sprintmail (Telemail), 99
   UUCP, 99

Systèmes multifenêtres
   astuces, 296
   FTP, 191
   telnet, 160

T

tar, 196, 201
TCP (Transmission Control TCP), 55
   circuit virtuel, 58
TCP/IP, 24, 55
   encapsulé, 44
   Mac, 41-42
   PPP, 25, 28
   SLIP, 25, 28
   version DOS, 29
   versions VMS, 46-49
   Windows et MS-DOS, 320-327
Telnet, 35, 155-164
   multifenêtre, 49
   NCSA Telnet, 46
   séquence d'échappement, 156
   systèmes multifenêtres, 160
   tn3270, 164, 242
   types de terminaux, 157
Temps partagé, 9
Terminateur, 34
Terminaux, 9
   3101, 157
   3270, 163
   ANSI, 157
   connexion à distance, 155-157
   NVT (Network Virtual Terminal), 162
   ports, 162
   serveurs de, 159
   Télétype, 158
   VT-100 (DEC), 157
   types de, 157
Terminaux virtuels de réseau (NVT), 162
Terminaux X, 49-50
Tilde, 70, 165
tn3270, 164
Token Ring, 25, 27
   utilisateurs Mac, 43
Traitements de texte,
   TeX, 197
   troff, 197
Transfert de fichiers, 179-194

caractères génériques, 186
commandes FTP, 192
FTP (File Transfer Protocol), 29, 180
   via e-mail, 205
   serveurs, 206, 209
   incognito, 190
   RCP (Remote CoPy), 180, 193
   séquence d'interruption, 187
   systèmes multifenêtres, 191
   vocabulaire FTP, 189
      numéros à trois chiffres, 189
trn, 119, 125-126

U

UDP (User Datagram Protocol), 36, 55
UNIX, 33-39
   Boîtes aux lettres, 37
   Réseaux et, 9
   Telnet, 35
USENET, 84, 116-130
   articles, 116
   catégories (codes hiérarchiques), 117-118
   catégories annexes, 144
   distribution, 129
   fichier kill, 120
   fichier shar, 123
   fichier shell archive, 123
   fichiers binaires, 123
   groupes de news (newsgroups), 109, 117, 133-147
   groupes régionaux, 118
   histoire, 116
   NNTP (Net News Transfer Protocol), 116
   noms de groupe, 117
   numéros et identifications, 126
   rot13cipher, 124
   vs. Listes de messagerie, 109
UUCP (Unix to Unix CoPy), 21, 93
uudecode, 208
uuencode, 207
UUNET, 211

V

V.32, 28
V.32 bis, 28
VAX (machine DEC), 46-49
Veronica, 243
VMS (système d'exploitation), 46-49
  commandes,
    BACKUP, 49
    STRU VMS, 49
    ZIP, 49
  DECnet, 48
    DECWRL, 48
  Easynet, 48
  messagerie électronique, 48
  RMS (système de gestion de fichiers), 48
  transfert de fichiers, 48
  versions TCP/IP, 47

W

WAIS (Wide Area Information Servers), 249-260
  CM-5, 249
  commandes, 251, 254
  connexion FTP anonyme, 209, 253
  mots clés, 253
  norme Z39., 250
  via Gopher, 251
  vs. Gopher, 270
  vs. WWW, 270
  WinWais, 255-260
whatis, 227, 232
whois, 91
Windows, 29
  multitâche, 29
  X Windows, 203
WINSOCK (WINdows SOCKet), 31
WinWais, 255-260
wuarchive, 198, 212
WWW (World Wide Web), 261-270
  hypermédia, 261
  hypertext, 261-262
    liens, 265
  serveurs, 264
  vs. Gopher, 270
  vs. WAIS, 270

X

X.25, 59
X.75, 59
X.400, 61, 93
  attributs, 94
X.500, 61, 95
  fred (FRont End to Directories), 95
xmail, 69
X Windows, 203

Z

Z39.50, 250
ZIP (commande VMS), 49
Zones, 18
  ARPANET, 21
  BITNET, 21
  UUCP, 21
  à deux lettres, 19
  à trois lettres, 19
  géographiques, 20, 337, 345

DANS LE MONDE ENTIER

FRANCE
SYBEX
10-12, villa Cœur-de-Vey
75685 Paris cédex 14
Tél. : (1) 40 52 03 00
Télécopie : (1) 45 45 09 90
Minitel : 3615 SYBEX

ALLEMAGNE
SYBEX-Verlag GmbH
Erkrather Straße 345-349
40231 Düsseldorf
ou
Postfach 15 03 61
40080 Düsseldorf
Tél. : (211) 97 39 0
Télécopie : (211) 97 39 199

U.S.A.
SYBEX Inc.
2021 Challenger Drive
Alameda, California 94501
Tél. : (510) 523 8233
Télécopie : (510) 523 2373
Télex : 336311

PAYS-BAS
SYBEX Uitgeverij B.V.
Birkstraat 95
3768 HD Soest
ou
P.O. Box 3177
3760 DD Soest
Tél. : (2155) 276 25
Télécopie : (2155) 265 56

DISTRIBUTEURS ÉTRANGERS

BELGIQUE
Presses de Belgique
117, boulevard de l'Europe
B-1301 Wawre
Tél. (010) 41 59 66
Fax : (010) 41 20 24

SUISSE
Office du Livre
Case Postale 1061
CH-1701 Fribourg
Tél. : (037) 835 111
Fax : (037) 835 466

ALGÉRIE
E. N. A. L.
3, boulevard Zirout Youcef
Alger

PORTUGAL
Lidel
Rua D. Estefânia, 183, r/c.-Dto
1096 Lisboa codex

CANADA
Diffulivre
817, rue Mac Caffrey
Saint-Laurent - Québec H4T 1N3
Tél. (514) 738 29 11
Fax : (514) 738 85 12

ESPAGNE
Diaz de Santos
Lagasca, 95
28008 Madrid

TUNISIE & LYBIE
Librairie de l'Unité Africaine
14, rue Zarkoun
Tunis

CÔTE D'IVOIRE
Medius Computer
Imm. Verdier - 9, ave Houdaille
Abidjan Plateau

SYBEX SARL au capital de 2 886 700 F - RC Paris B 305 418 436 000 47

Achevé d'imprimer le 12 avril 1995 sur les presses de l'imprimerie «La Source d'Or»
63200 Marsat - Dépôt légal : 2ème trimestre 1995 - Imprimeur n°5623